中公クラシックス W14

JN268428

プラトン

ソクラテスの弁明 ほか

田中美知太郎
藤 澤 令 夫 訳

中央公論新社

目次

哲学の源流プラトン

藤澤令夫

「哲学」（philosophia＝〈知〉の愛求）と呼ばれる営為は紀元前六世紀のギリシアにはじまり、プラトン（前四二七―前三四七年）はこの営為に十分な学問的内実を与えて、今日まで脈々と続く哲学の伝統を確立した人である。「ヨーロッパの哲学の伝統の特質を全般的に、いちばん間違いなく言い表わすには、この伝統が、プラトンに対する一連の脚註から成り立っていると述べればよい」というA・N・ホワイトヘッドの言葉は、よく知られていよう。

本書は、プラトンの前期著作群（あとで説明する）に属する『ソクラテスの弁明』『クリトン』『ゴルギアス』を収めるが、これら三篇は、執筆の順序の上で必ずしも最初の著作ではないけれども、しかし内容的には、プラトンがまさにそのような哲学の確立に向けて踏み出した第一歩を画する著作である。だから読者は、今日に至る哲学の伝統がどのようなモチーフに促されて出発したか、その現場の状況に立ち会うのだといってよい。そしてそこから発展したプラトン哲学は、二千数百年後の今日われわれがその中で生きている現実の状況の問題点を、明確に照射してやまないのである。

第一歩を画する著作であるということは、二つの面から言うことができるだろう。

一つは、プラトンを初めて哲学へと向かわせた転機は、ソクラテスの裁判と刑死という出来事——「ソクラテス事件」と呼ぼう——であったが、『ソクラテスの弁明』と『クリトン』はこの事件のことを直接の主題とし、『ゴルギアス』もその延長上に位置すること。

もう一つは、のちのちまでプラトン哲学の発展の基軸となった思想の素型と原方向性が、前期著作のなかでも特にこの三篇に、明確に予示されていること。

以下において、この二つの面にかかわる事項を順次見ていくことで、三篇の理解を助ける参考としたい。

そのまえに、ここで以下の理解のために、プラトンの著作について必要な事項を説明しておきたい。

今日われわれが手にするプラトン全集の原典は、ローマ時代(一世紀)の学者トラシュロスが九つの四部作集(テトラロギアー)の形に編集した、(4×9＝)三六篇の著作である(いくつかの偽作も含まれている)。紀元前のギリシアの思想家や作家の書物の大多数が散逸し失われたなかで、プラトンの著作が一つも失われずに今日まで伝えられたのは、奇跡といえるくらい例外的なことであった。

それぞれの著作の執筆年代・順序を知るための資料は何もないが、一九世紀の終りごろから始まった、文体や用語の傾向の推移をしらべる「文体統計学」は、プラトンの全著作を前期・中期・後期の三グループに大別することに成功した。今日では、この成果を基本にして、これに思想内容の観点を加味した次の分類が、一般に行なわれている（主要な著作を記す）。

前期著作　『カルミデス』『ラケス』『リュシス』『ソクラテスの弁明』『クリトン』『プロタゴラス』『エウテュプロン』『エウテュデモス』『ゴルギアス』『メノン』ほか。――『ゴルギアス』『メノン』が執筆年代の上で、このグループの最後に位置づけられることがほぼ確かであるほかは、各著作間の前後関係はわからない。

中期著作　『饗宴』『パイドン』『国家』『パイドロス』。――プラトン哲学の中核をなすイデア論が表明される対話篇。執筆の順序はこのとおりと推定される。

後期著作　『パルメニデス』『テアイテトス』『ソピステス』『ポリティコス（政治家）』『ピレボス』『ティマイオス』『法律』『書簡集』（一三通の手紙）ほか。――イデア論についての反省と基礎固めを経て最晩年に至る著作。執筆の順序は、『書簡集』を別としてほぼこのとおりであろう。

これらの著作は、『ソクラテスの弁明』（および『書簡集』）以外はすべて対話篇の形で書かれ、『法律』を除くすべての対話篇にソクラテスが――特に前期・中期の対話篇では対話を主導する主役として――登場する。各対話篇の表題は、その大多数が対話人物――ソクラテスの対話相手がほとんど――の名前である。プラトン自身は、『ソクラテスの弁明』(34a, 38b) と『パイドン』(59b) で名前が言及されるだけで、対話人物としては一度も登場しない。

一　ソクラテスと「ソクラテス事件」

まず、『ソクラテスの弁明』と『クリトン』の主題となった「ソクラテス事件」とその背景を、見とどけておこう。

前三九九年、ソクラテスは、政界の実力者アニュトスと弁論家リュコンを後楯とするメレトスという青年によって告発され、被告として裁判の法廷に臨んだ。告発の理由――「宣誓口述書」――は、『ソクラテスの弁明』(24b〜c) の中でも「だいたいこんなふうのもの」として述べられているが、後世まで伝えられた訴状の実物とされるものの文面では、

「ソクラテスは国家の認める神々を認めず、別の新奇なダイモーンの祀《まつ》りを導入するという罪を犯し、かつまた、青年たちに有害な影響を与えるという罪を犯している。これは死刑が相当」(ディオゲネス・ラエルティオス『哲学者列伝』II. 40)

となっている。

いったいソクラテスは、なぜこのような理由で訴えられなければならなかったのだろうか。そもそもソクラテスとは、いかなる人物だったのか。

ソクラテスは、前四六九年にアテナイに生まれた、哲学史に登場する最初のアテナイ人である。当時のアテナイ人としては珍しく、新興の学問にも強い関心を向け、『ソクラテスの弁明』(18b, 19c) に言及されているように、その面でアリストパネスの喜劇『雲』に戯画化されて登場するなど、早くからとかく目立つ存在であった。

われわれにいちばん馴染《なじ》み深いのは、プラトンの対話篇に描かれているソクラテスの姿であろう。彼は街頭や公園や体育場などで、人間の生き方について人びとと対話・問答をかわし、彼のまわりには、その人柄の不思議な魅力に引かれて、若者たちを主とする多くの人びとが集まってサークルを形成していた。プラトンの二人の兄、アデイマントスとグラウコン（ともにプラトンの『国家』の主要登場人物）や叔父のカルミデス、その従兄クリティアス、そしてプラトン自身も、そのサークルの中にいた。

しかし、時代はけっして平和ではなかった。前四三一年、ソクラテスが三十八歳のときに始まったペロポネソス戦争は、アテナイとスパルタをそれぞれの盟主とする民主制諸国と反民主制諸国との間で、断続しながら二七年間戦われたギリシアの世界大戦であるが、そういう国家《ポリス》間の戦いが国内の党派間抗争とからみ合って、複雑で深刻な様相を呈していた。前四〇四年、ペロポネソス戦争そのものはアテナイの降伏によって終結したけれども、アテナイ国内の党派間の抗争はなお尾を引いて、戦後の混乱した状況がひとしきり続く。

すなわちアテナイの敗戦とともに、亡命していた反民主派のクリティアス（前述）たちが帰国し、彼を首領格とする「三十人政権」を樹立。この政権は、スパルタの勢力と結んで独裁権力と化し、反対派やその疑いのある人びとを次つぎと捕えて処刑した。こんどは民主派（反スパルタ派）の人びとが、この恐怖政治を逃れて国外へ亡命する。そのなかには、ソクラテスの古くからの友人カイレポンや、のちにソクラテス告発の主謀者となるアニュトスもいた。

一年後の前四〇三年に、しかし、この「三十人政権」は、亡命していた民主派の武力攻撃によって崩壊し、クリティアスも戦死した。代って、トラシュブロスという人物やアニュトスたちにより、民主制が回復する。ソクラテスが告発された前三九九年という時点は、こうした相つぐ悲惨な出来事が一応収まって、しかし人びとはなお、疑心暗鬼の心で周囲を見わたしていたような時期であった。このときアニュトスの目には、ソクラテスが「三十人政権」のクリティアスやカルミデス、また戦争中祖国への裏切り行為をくり返したアルキビアデスなどと親しい間柄で、彼らはその教えを受けたとみなされていることが、重大な意味をもつ事実として映ったのは想像に難くない。

こうしてアニュトスは、この〝危険人物〟を告発して除去することに踏み切る。ただし、反対派との関係といった政治がらみの理由を、告発の理由に立てることはできなかった。アニュトス自身が主導した前四〇三年の民主制回復のとき、党派間の報復の悪循環を断ち切るために、「(政治的)既往をとがめず」(アムネースティアー)という原則が布告されていたからである。このためにメレトスという一介の青年を直接の訴人に仕立てて、上述のような「神々を認めない、青年に有害な影響を与える」といった、漠然とした理由で告発させることになったと推察される。

ソクラテスのほうでもそのことは十分承知のことだったらしく、『ソクラテスの弁明』の中でソクラテスは、前四〇四年にアニュトスらと共に国外に逃れた民主派のカイレポンとの親密な交友関係に言及したり(20e〜21a)、三十人政権によるレオンなる人物の逮捕命令を、死を恐れず拒否した一部始終を語ったり(32c〜d)することで、自分の立場を弁明している。

このときの裁判の手続き上の経過そのものは、『ソクラテスの弁明』に記されているとおりであったとみてよいだろう。アテナイの法廷は一種の陪審員制度をとっていて、一般市民から選ばれた多数の者(ソクラテス裁判では五〇〇人ないし五〇一人)が、判決の投票権をもつ裁判官を構成していた。弁明演説のあと、まず有罪か無罪かが票決され、比較的小差(二八〇票対二二〇票)で有罪と決まる。ついで刑量の決定に入るが、これは原告と被告がそれぞれ申し出た刑の、どちらかを裁判官たちが選ぶことになっていた。したがって、なるべく裁判官たちが選択しやすい、常識的に考えて妥当な線に近い刑を申し出るのが、法廷での戦略となる。ソクラテス裁判の場合、相手側が申し出ていた死刑は極刑に過ぎる感があるから、もしソクラテスがこの戦略に従って適当な刑量（例えば国外追放など）を申し出ていれば、文句なしに判決はそのほうに落着いていたであろう。

ところがソクラテスは、そういう駆け引きをいっさい無視して、「国立迎賓館における食事（37a）」などと豪語したうえで、結局わずか銀一ムナの罰金刑を申し出た。当時、適度な結婚支度金が三〇ムナくらいと言われているから（『第一三書簡』361e）、この場合一ムナは、死刑の求刑に対していかにも非常識な、少ない金額である。裁判官たちに傲慢不遜《ふそん》の印象を与えたことは、察するに余りある。たまりかねてクリトンやプラトンたちが、これを三〇ムナに訂正させたけれども（『ソクラテスの弁明』38b）、時すでに遅く、投票の結果こんどは大差（三六〇票対一四〇票）をもって、原告側の求刑する死刑が判決されてしまった。

たまたまそのころ、デロス島のアポロン神への国の祭使が遣わされていて、その帰還までは、汚《けが》れを忌《い》んで死刑は行なわれない習わしだったため、ソクラテスの死刑の執行も一カ月ほど延期された。その間、国外へ逃れようと思えば容易にできたし、友人知人たちも用意万端をととのえて熱心にそれをすすめたが、ソクラテスは最後までその申し出を斥《しりぞ》けた。

こうして前三九九年の春、デロス島への祭使がアテナイに帰還した翌日、ソクラテスは、集まった親しい人びとが嘆き悲しむのを逆にたしなめながら、従容《しょうよう》として毒杯を仰いで死んでいった。享年七十。プラトンは病気のためにその場にいなかったが、ソクラテスの最期の情景は、『パイドン』の終りに感動的に語られている。

以上が「ソクラテス事件」の一部始終であるが、謎が残る。なぜソクラテスは法廷において、裁判官たちに対して挑戦的としかいいようのない態度をとって、あえて自分を不利な立場に——つまりは、自分に対する死刑の判決へと——追いこんだのか。なぜ彼は、自分が不当とみなす裁決に、安んじて服従し通したのか。

こうした謎に——それは結局、ソクラテスの生き方死に方の基底に働いて彼を動かしていたものは何か、という問に帰着するのだが、その謎に——全身全霊で取り組むなかで考え書かれていったのが、『ソクラテスの弁明』『クリトン』『ゴルギアス』であり、さらにはそのほか数多くのプラトンの著作である。それらを手掛りに、われわれもあとでこの謎について考えてみよう。

二　哲学への出発
——プラトンの生涯の軌跡——

プラトンが病気でソクラテスの最期に立ち会えなかったというのは、上述の裁判のショックのための病気ではなかったかと想像したくなる。それくらいプラトンの受けた衝撃は、大きかったにちがいない。何よりも、ソクラテス事件を転換点とするプラトンの生涯の軌跡そのものが、明確にそのことを告げている。

彼の生涯を総覧してみよう。

前四二七年、アテナイに生まれる。父アリストン（プラトンが幼少のころ死去）の家系は、アテナイ最後の「王」コドロスまでさかのぼられると伝えられ、母ペリクティオネの血筋は、アテナイ民主政体の基礎をきずいたソロンにつながるというように、名門の家柄であった。かなり年長の兄に前述のアデイマントスとグラウコンがあり、姉（または妹）のポトネは、のちにプラトンが創設した学園アカデメイアの二代目学頭スペウシッポスの母。母の兄弟にカルミデス、その従兄にクリティアスがいることは、先にソクラテスとの関連で述べた。なお、プラトンは生涯独身であった。

当時のアテナイの青年の多くがそうであったように、プラトンも青少年時代、政治家となって国事にたずさわることが、自分の将来の道であると考えていた。

「この私も、かつて若かったころは、多くの人たちと同じ気持でいました。自分のことを自分で処理できる大人になったら、すぐにも国家の公共の仕事におもむこうと思っていたのです」

（『第七書簡』324b〜c）

と、後年彼は回想している。自分が将来哲学の著作を書き残すことになろうとは、思いもよらなかったろう。そもそも「哲学」というようなものは、政治的気風の強い当時のアテナイでは、一人前の人間がやる仕事として全く認められていなかったのである。

そうした状況の中で、これと全く異質の影響を潜在的なかたちでプラトンに与えていたのが、ほかならぬソクラテスであった。先に見たように、プラトンの二人の兄をはじめ身内の者たちは、古くからソクラテスを囲むグループの中にいたから、プラトンもまた、ごく幼少のころから自然にソクラテスに近づいていたはずである。ソクラテスの特異な個性と言行は長年の間に、目立たないけれども確実に、プラトンの若い魂の内に影響を蓄積してきたと考えるべきだろう。

その蓄積はしかし、あくまで潜在的なものであって、自分の前途を見るプラトンの目は、ひとすじに「政治（国事）の実践」ということに注がれたまま、二十三歳にしてペロポネソス戦争の敗戦を迎える。

直後に成立した前述の「三十人政権」は、クリティアスやカルミデスなどの縁者たちが主要メンバーであったから、志望であった政治の実践に踏み出す絶好の機会であるといえたし、すぐにも政権に参加せよとの誘いもかけられた。だがこの政権へのプラトンの期待は、短時日のうちに完全に裏切られ、先にソクラテスに関連して見たような経過によって、三十人政権は崩壊し、民主政体が復活した。

政権をめぐる武力闘争のあと、報復による混乱は避けられなかったけれども、しかしこれも先に触れた「既往をとがめず」（アムネースティアー）の誓いからもうかがわれるように、この新しい政権のやり方は概して穏当だったと、プラトンは判定している。プラトンの内に、「政治活動への意欲が徐々にではあるが、ふたたびよみがえって」くる（『第七書簡』325a）。

ソクラテス事件がプラトンを直撃したのは、ちょうどこのようなときであった。

「ところがまたしても、いかなる偶然によるものか、一部の権力者たちは、われわれの仲間であったあのソクラテスを、およそ神を恐れざる、また誰にもましてソクラテスには最もふさわしからぬ罪名で、法廷に連れ出しました。彼らはソクラテスを、神に対する不敬のかどで召喚し、有罪判決を下し、死刑にしたのです——彼ら自身が亡命の非運にあったころ、亡命者たちの味方であった一人（前述のレオン）を連行しようという、不祥の企てに手を貸すことをあえて拒絶したそのソクラテスを！」（同、325b～c）

と、憤りをこめて彼は書いている。

衝撃は大きく、深かった。敬虔《けいけん》なソクラテスが、神に対する不敬のかどで有罪と判決され、死刑にされたことへの憤激とともに、敬愛するその人の死によっていまやプラトンは、自分にとってソクラテスがどのような存在であったかを、思い知らされる。それまで気づかれぬかたちで彼の内に蓄積されていたソクラテスの影響は、ここで一挙に顕在化したといってよいだろう。彼はソクラテスを主役とする対話篇を書きはじめる（先述の「前期対話篇」）。——ありし日のソクラテスの姿を、生き生きと伝えるために。そして、その生き方死に方を動かしていたものは何であるかを、探り求めて確認するために。

とはいえ、ここで一挙にはっきりと、自覚的に哲学へ向かったというわけではない。政治への志向は依然つよく、衝撃の中でプラトンはなおも、国の政治を改善する道を考えながら、「実際行動に踏みきる機会を待っていた」と書いている(『第七書簡』325e〜326a)。

ただしかし、そのように根づよい政治的実践への志向と、他方、ソクラテスが指し示していた哲学的な生き方とは、どう折り合うのか。プラトンの内にソクラテスの影響が顕在化したことによって、この問もまた、生の選びを迫る問題となって、するどく顕在化せざるをえなかったことは疑いない。彼はその答を懸命にまさぐり求めて、一二年の歳月が過ぎた。これがプラトンの、遍歴時代と呼ばれる。

だが、求める答は、しょせん一つしかありえないだろう。すなわち、プラトンにとって政治の道も哲学の道も、どちらもキャンセルできないとすれば、この二つの道が現状ではどれほど異なっているように見えるとしても、両者を力ずくででも一本の道に合体させること。四十歳にして、どうしてもこれしかないと結論するに至った考えを、プラトンはこう書いている。

「正しく真実に哲学している人びとが国政を支配する座につくか、あるいは、現に諸国において政権を握っている人びとが、何らかの神の配慮によって、ほんとうに哲学するようになるか、

このどちらかが実現するまでは、人類が災いから免れることはないであろう」(『第七書簡』326a〜b)

これが、のちに『国家』(473c〜d)で表明された哲人統治者――「政治的権力と哲学的精神との一体化」――の思想にほかならない。当時アテナイの社会で「哲学者」という呼称がどれだけ侮蔑の対象であったかを思えば、プラトンがこの結論を不可避と思い定めるのに一二年間を要し、それを『国家』(五十歳から六十歳ころの執筆)で実際に公表するまでに、さらに一〇年以上かかっていることも、よく理解できるだろう。

このような思想を胸中にして、プラトンは遍歴時代の最後に、イタリアとシケリア(シチリア)への旅に出る。イタリアでは、タラス(タレントゥム)という都市のすぐれた政治家で、ピュタゴラス派の哲学者でもあったアルキュタスと知り合って、プラトンの哲学に影響を与えたピュタゴラス派の思想を直接摂取することができた。

そしてシケリア島のシュラクサイでは、ディオニュシオス一世治下の強大な僭主独裁制国家の実態を経験して、これがのちのちまでの僭主独裁制(テュラニス)に対する一貫した、きびしい批判の原体験となった。なおこのとき、王の義弟で二十歳くらいの青年ディオンが、プラトンの愛弟子となった。のちにプラトンは前三六七年(プラトン六十歳)と前三六一年(六十六歳)に、このディオンに乞われてシュラクサイの政治改革のために、ふたたび三たびシケリアへ渡航して、煩労を経験することになる。これまで典拠資料としてきた『第七書簡』は、さらにその八年後に、改革が不成功のまま暗殺されたディオンの同志に向けて書かれた手紙である。

こうして前三八七年、旅から帰国したプラトンには、自分が今後為すべき仕事について、もはや迷いはなかった。まず彼は、「アカデメイア」と呼ばれる学園を創設して、哲人統治者の理想に少しでも近づくための人材養成に着手する。この学園は全ギリシアの学問の中心地となり、五二九年に東ローマ皇帝ユスティニアヌスの勅令によって閉鎖されるまで、九〇〇年近く存続した。今日使われる「アカデミー」「アカデミック」などの言葉は、ここから由来している。

同時にこれと並行して彼は、対話篇の執筆を鋭意継続して、ソクラテスの教えを自身の哲学思想へ発展させることに努め、通念とは異なる真の意味での哲学とはどのようなものかを、世に訴えていく。――教育活動も著作活動も、生涯の最後までたゆむことなく続けられ、これによって「哲学」は、社会に認知された営為としても、学問的内実そのものにおいても、はじめて確立されることになったのである。

三 『ソクラテスの弁明』『クリトン』『ゴルギアス』の思想

『ソクラテスの弁明』 この著作が、かつて一時期そう信じられていたように、ソクラテスの裁判と刑死のすぐ後に書かれた、プラトンの最初の著作であるとは考えにくい。裁判の直後、その記憶が人びとにまだ真新しいときに書いても、公表する著作としての意味も効果もあまりないだろうし、プラトン自身も衝撃と動揺のさなかにあっただろうからである。おそらく何年か後に、クセノポンの『ソクラテスの弁明』やポリュクラテスの『ソクラテスの告発』といった同じ主題の文書が出て（その年代は前三九四年〜前三九〇年の範囲内）、あらためてソクラテス事件のことが論議されるようになったなかで、プラトンが自分の受けとめた、法廷におけるソクラテスの真実の姿と言説と信じるところを、世に訴えた著作と考えるのが自然である。

そしてそこにはおのずから、この稿の最初に言ったように、のちのちまでプラトン哲学の基軸となる思想の素型と原方向性が、はっきりと現われている。主だった点を取り上げてみよう。

ソクラテスが「ソクラテス以上の知者はいない」という神託を告げられて、理解に苦しみ、各界の代表的知者とみなされている人物たちをしらべて歩いた結果、次のような結論に至った件《くだり》は、よく知られていよう。

——彼らも自分も、善美にかかわる重要事について何も知ってはいない。しかし彼らは「知らないのに、知っていると思っている」のに対して、自分は「知らないから、そのとおりにまた、知らないと思っている」。このちょっとした違いで、自分のほうがより知者だということになるらしい。そしてこれが、神ならぬ人間に望みうる精いっぱいの知なのだ。（21d, 23a〜b）

この「無知の知」という精神のスタンスこそは、「知者を名のる者」としてのソフィストたちと、「知を求める人」としてのソクラテスとを決定的に区別する一点であり、それゆえにまた、プラトンの哲学を終始一貫して支える基盤ともなった。

中期になって表明されるイデア論というプラトン哲学の中心思想も、この基盤があってこそ、はじめて成立しうる。「無知の知」の構えとは、「ほんとうに知っていること」と、たんに「知っていると思いこんでいること」とをあくまで厳格に区別して、「ほんとうに知っている」と言い切れるための条件を、あらゆる吟味に堪えうるように、かぎりなく高めようとする意志にほかならない。この条件に応《こた》えうるのは、イデア的真実在——例えば「美」について言えば、「真に〈美〉であるところのもの」——の知でしかありえなかった。

ソクラテスは、「死」をも、同じこの「無知の知」の構えで見据えていることを表明する。

——死を知っている者は誰もいないのに、人びとはまるで死が最大の害悪であるとよく知っているかのように、死を恐れる。これこそ、「知らないのに知っていると思う」という、最も不面目な無知にほかならない。私は、あの世のことはよく知らないから、そのとおりにまた、知らないと思っている。(29a〜b)

だから自分は死を恐れないのだ、と彼は言う。よいものか悪いものかわからないから不気味で怖い、というのが、ふつうの反応だろう。知らないからこそ恐れない、と自然に言えるこの「無知の知」の構えは、尋常のものではない。『ソクラテスの弁明』のなかで彼は、同じ語調で再三再四、死を恐れないこと、恐れるべきでないことを語っている（28b〜d, 34e〜35a, 38e〜39a, etc.）。

こうしてソクラテスは、かりにいま裁判官たちから、哲学することをやめるなら無罪放免するが、やめないなら死刑にすると言われたとしても、自分は

「息のつづくかぎり、また私にその力があるかぎり、哲学することをけっしてやめないだろう」（29d）

と宣言して、「いつも語っているのと同じこと」を、いまもアテナイ人たちに「指摘」し「勧告」する。

「世にもすぐれた人よ、君はアテナイ人であり、知と強さにおいて最も偉大な、最も名の聞えた国の一員でありながら、金銭をできるだけ多く得ようとか、評判や名誉のことばかりに汲《きゅう》汲《きゅう》としていて、恥ずかしくないのか。知と真実のことには、そして魂をできるだけすぐれたものにすることには無関心で、心を向けようとしないのか」（29d〜e）

金と評判と名誉への志向と、知と真実と魂をすぐれたものにすることへの志向との、平明にまた力づよく語られたこの対比は、あとで見とどけるように、やがてプラトン哲学の基底をなす明確な構図を形づくることになる。それにしても、このような「指摘」と「勧告」を弁明演説で行なわざるをえない裁判とは、ソクラテスにとって、何であったのだろうか。

「息のつづくかぎり哲学することをやめない」というソクラテスの決意と信念が揺ぎのないものである以上、彼は生まれて初めて被告人として臨んだこの法廷においても、自分の流儀による哲学の営為を守り通すほかはなく、それはアテナイ人たちへのいつもと同じ「指摘」と「勧告」となって、告発者たちを含めた大多数の「諸君」の生き方を、逆に告発し返す言葉とならざるをえなかった。この対決の姿勢の表明の結果が死であろうとなかろうと、ほかにどうすることが彼にできただろうか。

「いずれにしてもこの私は、たとえ幾たび殺されようとも、けっしてこれ以外のことをすることはありえないでしょう」(30c)

と、彼はもう一度駄目を押している。

刑量の申し出に当っての傲慢と思える態度(八ページ)も、彼自身が言うように、けっして「意地を張って」のことでなく、ごく自然体での発言だったのである。だから、票決が彼の予期したとおり「死刑」と出たとき、彼は死刑の投票をした裁判官たちに対して、こう言うことができた。

「いま私のほうは諸君によって死刑を負わされて、他方、諸君は真実によって邪悪と不正の刑を負わされて、ここを立ち去ろうとしている。……これらのことは、おそらくこうならなければならなかったのだろうし、そして私はこれでよいのだと思う」(39b)

こうして「諸君」と「真実」との対置は完成し、ソクラテスはこれを必然的な成り行きと見定めて、その帰結を積極的に受諾する。「死」とはこの場合、彼が守り通した哲学の成就にほかならないのだから。

精神の深部におけるこの揺ぎのない態度決定の前に、国外逃亡をすすめるクリトンの説得が効力をもちえなかったのは、けだし当然であろう。

『クリトン』　しかし『クリトン』でソクラテスは、幼少からの純朴な友クリトンに対して、そのような決意を直接ぶつけることはしなかった。

夜明け前。ソクラテスの処刑が間近に迫ったことを知って獄を訪れたクリトンは、安らかに眠っているソクラテスをしばし見守っていたが、やがて目ざめたソクラテスに、ぜひとも死を逃れてくれと、条理を尽くして熱心に懇願する。その条理とは、大多数の人びとの思わくへの懸念にはじまる、世の常識としての条理ではあるが、国外へ逃れる費用は心配無用であることや、息子さんたちを見捨ててはならないことなど、こまごましたことまで挙げてソクラテスの翻意を促すクリトンの言葉は、誠意と熱意に満ちて、思わずたじたじとなるような迫力がある。

しかしながら、自分の言うとおりにするのが「男らしい徳をそなえた立派な男子が選ぶべき道」(45d)であり、おめおめと死刑にされるのは「君にとっても僕たちにとっても災悪(悪いこと)であり恥辱(醜いこと)」(46a)なのだとクリトンが言うとき、この価値観(「徳」「立派な」「悪い」「醜い」）の中身そのものは、『ソクラテスの弁明』で対置された二つの立場に則して考えるならば、「金銭と評判と名誉」を志向する大多数の人間の価値観のほうにつながるといわなければならない。

だからソクラテスは、裁判の法廷で「諸君」に向かって「いつも語っているのと同じこと」を指摘し勧告したように、いまも同じ哲学の立場からクリトンに向かって、その熱意と友情に感謝しながらも、死刑が迫ったいまも自分が「いつもそうであるような」人間であること、「いままでに僕が語っていた言説を、こういうめぐり合わせになったからといって、放棄することはできない」ことを、まず言明しなければならなかった。

しかしここは、大勢の人の喧騒に充ちた法廷ではなく、二人だけがいる獄中の静かな空間である。ソクラテスは、法廷でやったような力をこめた「勧告」と「指摘」の演説の代りに、「よく考えてみて、これが最上と明らかになる言説《ロゴス》（理）以外のものには従わない」（46b）という「いつもそうであるような」方針を守って、クリトンが説くことを為すべきかどうかの吟味をはじめ、まず多数者の思わくを気にするのは間違っていることを、一歩一歩同意を得ながらクリトンを納得させる。

そのうえで、クリトンのすすめる脱獄という具体的な行為の是非の検討に入るが、ここであらためて、その考察の根本前提となる命題が提示される。

「何よりも大切にしなければならないのは、ただ生きるということでなくて、よく生きるということである」（48b）

これは哲学における不動の大原則ともいうべき命題であって、長く人びとの心に刻まれることになった。

ソクラテスは、この「よく生きる」の「よく」が「美しく」「正しく」と同じであることの同意を得て、脱獄が「正しいこと」か「正しくないこと」かを、クリトンを相手に考察していく。そのなかでまず確認される、

「不正を行なうことは、不正を行なう当の者にとって、害悪（悪いこと）であり、醜悪（醜いこと）である」（49b）

という言葉のうちに、先にクリトンが語っていた同じ「悪いこと」「醜いこと」という語の内容を、訂正する意図がうかがわれよう。

クリトンがすすめる脱獄という行為は、こうして、

——不正を行なうことが無条件に悪いことと認定された以上、たとえ不正な目にあっても不正な仕返しをすることは許されない。（49b〜c）

という基準に照らして、その是非を問われることになる。不正に死刑を判決されたソクラテスが不正の仕返しをするとすれば、その相手はアテナイの法律であろう。ここで、擬人化されたアテ

ナイの法律の問いかけに二人が答えるという対話の形で、法の意味と、脱獄が「不正な仕返しをすること」に相当するゆえんが諄々《じゅんじゅん》と説かれ、クリトンもついに同意して、その申し出は斥けられることになる。

かえりみれば、『ソクラテスの弁明』においてソクラテスは、違法な議決をする審議会の委員としてただ一人、怒号にひるまず反対したことについて、

「私は拘禁や死刑を恐れて、正しくない提案をしている諸君の仲間となるよりは、むしろ法律と正義に与《くみ》して、あらゆる危険を冒さなければならないと思った」(32c)

と語っていた。『クリトン』で彼が説いたことも、語りかける相手と状況の違いはあっても、これと寸分違わないことが明確に見て取られるだろう。正義(正しいこと)は、『ソクラテスの弁明』でもくり返し強調されていたように(32c〜d, 33a)、ソクラテスが生涯守り通した価値であった。

『ゴルギアス』　この対話篇はプラトンが四十歳のころ、イタリアとシケリアへの旅の前か後(たぶん後)に書かれたと推定され、プラトンの対話篇のなかでは、大作『国家』(全一〇巻)と『法律』(全一二巻)を別格とすれば、最も長篇の力作である。

対話篇は、当時一世を風靡《ふうび》していたゴルギアスの弁論術(レートリケー)について、ソクラテスがゴルギアスとポロスを相手に、「弁論術とは何であるか」を一問一答により追求していくところから始まる。真の「技術」(テクネー)が充たすべき条件として、理論性を有することとともに

に、快でなく善を志向しなければならないことが強調されている点は、今日人間が科学技術の提供する利便と快適性にのめりこんで、欲望を限りなく肥大させていく現状への反省を促す。

弁論術の本質の追求は、対話相手がゴルギアスとポロスからさらにカリクレスへと交替するにつれて、人生と道徳の根本問題にまで深まってゆく。そして『ソクラテスの弁明』と『クリトン』を通じて見られたソクラテスの正義の徳は、この新進気鋭の政治家カリクレスによって、それまでの対話篇にはかつて見られなかったような、強烈な抵抗と逆襲を受けることになる。

そのころ、「自然」（ピュシス。自然本来のもの）と「法律習慣」（ノモス。人間の間だけの約束事）との対立の相のもとに物事を見て、道徳上の徳目を、「確固とした自然的根拠をもたない、たんにノモスの上のことにすぎない」と論じる言説が流布していた。この立場の論客カリクレスは熱弁をふるって、弱者が保身のためにつくり上げた「ノモス」の上の正義や節制の道徳を排撃し、優れた強者が何でも欲するままに、力ずくで弱者から取り上げることを「自然の正義」と呼んで礼賛し、その鋭い語気はソクラテスを圧倒せんばかりである（481c〜484c, 491e〜492c）。ここまで過激な反対思想を存分に表明させるプラトンの力業も、瞠目《どうもく》に値しよう。カリクレスの弁説は一九世紀のフリードリッヒ・ニーチェに強い感銘を与え、『善悪の彼岸』や『道徳の系譜』に表明された「価値の転倒」――「奴隷道徳」に対する「君主道徳」の優位――の思想の原型となった。

ソクラテスはしかし、このように論じ立てるカリクレスを、

「ほかの人たちなら、心では思っていても口に出しては言いたがらないようなことを、あからさまにぶちまけてくれる」(492d)

と評して、むしろ大いに歓迎する。まことに世の大多数の人間は、実はカリクレスの言うように、できれば強者となって、思うがままに欲望を充したいと心の内では願っているのが、実情であろう。カリクレスとは、人びとがひそかにいだくそのような本音の願望の、明確かつ強力な代弁者にほかならない。だからこそプラトンは、続けてソクラテスに、

「しからば僕からも君にお願いする。その追及の手をけっしてゆるめないでくれと。人はいかに生きるべきかが、ほんとうに明らかになるために」(同上)

と語らせて、ちょうど『ソクラテスの弁明』に見られたのと同様の、世の大多数の者の志向と哲学との対置を、さらにひときわ鮮明に打ち出したのである。

そのことは、カリクレスがはじめて議論に割って入ったときに、ソクラテスが、君の「恋人」は「アテナイの民衆《デーモス》」、僕が恋しているのは「哲学」、と名指すことによって(481c〜482b)、すでに宣告していたことであった。カリクレスのほうも、反道徳の主張につづけて、自分が語ったような物事の真相がソクラテスにわかっていないのは、いい年をしていつまでも哲学をやっているからだと言って、そういう反哲学の主張を、これまた熱っぽく弁じている(484c〜486d)。

「人はいかに生きるべきか」についての二つの立場の対立は、カリクレスのようなやり方で政治

活動をする生き方を選ぶべきか、それとも、ソクラテスのように哲学（知の愛求）にささげた生き方を選ぶべきか、という問題として語られる（500c）。ただ注目に値するのは、『ゴルギアス』では先へ進んでから、プラトンはソクラテスに、

「僕は、みずから思うところでは、アテナイ人のなかでただ一人とまでは言わないにしても、ほんとうの意味で政治の技術を手がけている少数の人たちのなかに入る人間なのであって、現代の人びとのなかでは僕だけが政治を実践しているのだ」（521d）

と、カリクレスに向かって語らせていることである。これは、「政治」対「哲学」という対立を、

「（カリクレスに代表される）現状における政治家」対「（ソクラテスに代表される）真の政治家＝真の哲学者」

という、これまで見られなかった新たな対立へと移動させたことを意味する。

この新たな対立における「真の政治家＝真の哲学者」が含意しているのはまさに、のちに『国家』で表明される哲人政治家の思想（前節一三〜一四ページ）にほかならないだろう。『ゴルギアス』の執筆がプラトンの四十歳のころとすれば、プラトンはすでにこの思想に到達していたはずである。にもかかわらず、それがこのようにヒントにとどまって、明示的な正式表明には一〇年以上後の『国家』を待たなければならなかったのは、そうするためにぜひとも必要な、世人を納得させるに足るとみずから確信できる内実をこめた「哲学」「哲学者」の像が、彼の内でまだ十

分に形成されていなかったからであろう。その作業はこのあと、『メノン』『パイドン』『国家』を通じて進められた。

カリクレスの強烈な逆襲と攻撃に対してソクラテスは、その主張の中身を一問一答の形にほぐして論を進める「鉄と鋼《はがね》の論理」（509a）によって、哲学と正義の立場を守り通し、最後に、それを支持する死後の裁きの物語《ミュートス》を語って終る。この物語は、『パイドン』『国家』（第一〇巻）『パイドロス』で語られる同様のテーマの物語と合わせて、プラトンの「四大エスカトロジー」（死後における魂の運命を物語る）の「ミュートス」と呼ばれている。

カリクレスはしかし、ソクラテスの論理に心服することから程遠く、しまいには討論の意欲をなくしてしまう。だがソクラテスは委細かまわず、しばしばカリクレスの激越だった口調に応じるかのごとく、強く激しい発言をまじえながら論を進め、最後の物語《ミュートス》を、

「われわれが従わなければならないのは、君が信じてこの僕に勧めているような、あんな言説ではない。あれは何の価値もないものだからね、カリクレスよ」

という、カリクレスを突きはなした呼びかけで結んでいる。

二人の立場と主張は最後まで平行線のまま終ったけれども、この突っ張り合いの平行線は、かえってこの対話篇が、ソクラテスを死に至らしめたアテナイ社会のいっさいの通念に対するプラトンの怒りの書であり、現状での政治に対する決別の書であることを、強く印象づけている。

四　プラトン哲学の基底構図への展開と、その意義

以上、『ソクラテスの弁明』『クリトン』『ゴルギアス』を通じて、大多数の者の志向するところと哲学のそれとの対置、そして前者に対する哲学の闘いが、三篇それぞれが描くそれぞれの状況と様相のもとに打ち出されていた。

この三篇から中期著作へのプラトン哲学の発展は、いくつもの面で跡づけることができる。例えば、三篇を通じて見られたソクラテスの「正義」の価値規範が、主著『国家』において、『ゴルギアス』におけるカリクレスのそれを上まわるほどの深刻な懐疑と否定の洗礼を受けながら、全篇の主題として考察されたこと。『ゴルギアス』ではまだヒントと含意にとどまっているのが見られた哲人政治家の思想が、『国家』においてようやく、対話の主役ソクラテスのためらいの言葉とともに、正式に表明されたこと。そしてその表明にプラトンを踏み切らせた、「哲学」「哲学者」を新たに規定するためのイデア論の成熟、等々。

しかしいまは、右の二つの立場の対比そのものに目を向けて、この対比がさらにどのようにして、プラトン哲学を最後まで導くことになる路線の基本構図を形成するに至ったか、その見取り図だけでも押えておきたい。

中期著作『パイドン』の中にわれわれは、ソクラテスが語る次の言葉を見出す。

「死にのぞんで嘆き悲しむ人を君が見たら、それは、その人が実は、知の愛求者（ピロソポス）ではなく、身体の愛求者（ピロソーマトス）だったことの十分な証拠ではないだろうか。そしてその同じ人は、金銭の愛求者（ピロクレーマトス）でもあり、名誉の愛求者（ピロティーモス）でもある――そのどちらかであるか、両方であるかだろう」（『パイドン』68b〜c）

死にのぞんで嘆き悲しむか、悲しまないかによって区別される二つの生き方、すなわち、

「身体《ソーマ》の愛求者＝金銭の愛求者・名誉の愛求者」

の生き方と、他方、

「知の愛求者」

の生き方とのこの対比は、明らかに、死への態度の点を含めて、『ソクラテスの弁明』におけるアテナイ市民へのソクラテスの「指摘」と「勧告」に見られた、「金銭と評判と名誉」への志向と「知と真実と魂（の卓越性）」への志向との、意図的な再現にほかならないだろう。ただ前者が、「身体《ソーマ》の愛求者」という言葉でくくられたことが、新しい点である。そしてこの対比はまた、『クリトン』に見られた「ただ生きること」と「よく生きること」との区別に、確実に連絡している。この二つの生き方を導く原理のそれぞれを、かりに命名するとすれば、次のようになるだろう。

――「ただ生きる」＝身体・金銭・名誉を愛し、生物的生存の切断としての死を恐れて延命を

願望する、「生き延び」原理。

――「よく生きる」＝生き延び本能を自覚しつつも、それに流されて死を恐れることなく、ひたすら知と真実と魂の卓越性を希求してやまない、「精神」原理。

さて、プラトンの哲学における最も重要なポイントの一つは、人間の生き方を導くこの二つの原理が、必然的にまた、世界・自然をどう見るかという、世界観・自然観の方向性を決めることの見定めである。

自然万有をどう見るかということは、何をもって最も基本的な真実の存在とみなすかによって、その方向性が大きく分かれる。「身体《ソーマ》の愛求者」を導く「生き延び」原理は、当然、生物的生存の直接的な強化・有効化を求め、そして生物的生存の強化・有効化に最も直接に関わるのは、「触れる」「ぶつかる」「摑む」の対象となる、目に見える「物《ソーマ》」（物体）にほかならないから、「物」をもって最も基本的な真実の存在とみなすことになる（ギリシア語の「ソーマ」は、ラテン語の“corpus”、フランス語の“corps”、ドイツ語の“Körper”、また英語の“body”などと同じく、「身体」と「物体」の両方を意味する）。

『パイドン』では、その点について、こう言われている。

「（身体《ソーマ》を愛してきた者の魂は）「物《ソーマ》」的な性格のもの――すなわち、触れたり見たりできるもの、飲み食いできるもの、性愛のために資することのできるもの――ただそのような存在だけが真実のものだと思いこみ、他方、肉眼には隠されてある不可視のもの、思惟《しい》されるだけのもの、哲学（求知）によってこそとらえられるものは、これを嫌い、恐れ、逃げるように習慣づけられている」（81b）

それゆえに、「生き延び」原理が描き出す自然万有の描像は、必然的に、もっぱら「物」の局面だけに着目した自然像となり、他方、「精神」原理のそれは、「物」に一定の第二次的な位置づけを与えながら、しかし最も基本的には、「哲学（求知）によってこそとらえられるもの」としてのイデアとプシューケー（「気」、活力、生命の源）を真の要因に据える自然像――すなわち、「意味」と「価値」と「生命」を基本とする自然万有の像――となる。

こうして、プラトン哲学における基本路線の構図の見取り図が完成する。

――「生き延び」原理→（生き方として）「ただ生きること」→身体・金銭・名誉志向、死への恐れと延命願望→（価値観として）生物的生存の直接的な有効性（すなわち、効率性、利便性、快適性）という単一の価値の希求→（自然観として）「物」の局面にのみ目を向ける自然観。

――「精神」原理→（生き方として）「よく生きること」→知と真実と魂の卓越性への希求、延命にとらわれず死を恐れない→（価値観として）生存の直接的な有効化という単一の価値でなく、人間としてのトータルな価値（善）を求める→（自然観として）「意味」と「価値」と「生命」（活力、気）を基本に据える自然観。

この基本構図を踏まえ、詳細な内実を補足しつつ、「生き延び」原理が指示する人間の生き方と自然万有の見方の諸相と対決し、哲学としての精緻な原理的批判を行なうことが、ソクラテスの遺志を受けついだプラトンの課題となり、その思想的闘いは生涯の最後までつづけられた。「物」の局面にだけ着目する自然観の、歴史上の具体的な姿は、プラトンにやや先立って前五世紀の終りごろ、地球上の他の文化圏のどこにも例のない明確な形をとって史上初めて成立した、レウキッポスとデモクリトスによる原子論の自然像である。すなわち、自然万有のあらゆる事象を、生命や魂をも含めて、「原子《アトモン》」(「不可分のもの」の意)という、「物」としての最小の構成要素に還元して説明する説明方式が、それである。プラトンは、例えば「この液体は細かく調べるとこういう粒子から構成されているから、こういう性質を示すのだ」といった、このたぐいの説明の仕方の説得力を認めて、自然の事象の説明にあたって、あるレベルまではこれを活用するけれども、しかし最終的には、上記のように——ちょうど物質をエネルギーに還元するのと類比的に——こうした「物」としての粒子を、プシューケー(活力、気)という最基本要因へと解体し解消するのである。

さて、二千数百年後の今日、われわれを取りまく状況は、右のプラトン的基本構図の基準に照らして考えると、どのように特徴づけられるだろうか。

おそらく、「生き延び」原理が指示する、金と名誉と長生きを願望する生き方が世の大勢を支配するということ自体は、いつの時代にあっても、それほど変りがないかもしれない。しかし、同じ「生き延び」原理が描き出した原子論の「物」一元の自然像は、近世以降、自然研究の基本に置かれてしたたかな効力を発揮し、自然万有の「物」の局面の仕組みの解明に目ざましい成果を挙げてきた。そしてその推進のおもむくところ、技術と合体して、特に二〇世紀の後半以降になると、この「科学技術」は、一国の政治と経済をもろに巻き込む巨大な運動体に成長する。

いま科学技術は、人間の生物的生存の直接的な有効化という、「生き延び」原理のモチーフのままに、数々の利便と恩恵を人間に与えつつある。同時にしかし、その「有効化」はあくまで直接的な有効化であって、間接的あるいは大局的には、いわば副作用として何が起るかわからない(大規模な自然環境破壊など)。そしてその大本の「物」一元の自然像からは、心や魂や生命そのものが原理的に排除されているから、そこに根ざす科学技術の遮二無二の推進は、人間の生誕と死までが効率の思想のもとに人工化されるような状況のなかで、いつかは不可避的に、心や魂や生命そのものにかかわる諸価値と衝突せざるをえない事態が生じるだろう(生命倫理の諸問題など)。

こうした全般的状況において直面する一つ一つの問題について、諸君諸氏がプラトンの語るところと対話しながら、自身の的確な診断を下し、態度決定していかれることを期待してやまない。

凡　例

一、本書では、底本としてバーネット版プラトン全集（J. Burnet, *Platonis Opera*, 5 vols., Oxford Classical Texts）を用いた。ただし『ゴルギアス』中でドッズ（R. E. Dodds, *Plato, Gorgias*, Oxford, 1959）の読みを採ったところは注として示した。

二、訳文上欄の数字とｂｃｄｅは、ステファヌス版全集（H. Stephanus, *Platonis opera quae extant omnia*, 1578）のページ数と各ページ内のＡＢＣＤＥの段落づけとの対応――おおよその――を示す（ただしａは省略した）。引用は、このページ数と段落により示される（例えば『ゴルギアス』451d）。

三、各対話篇における章分けは、十八世紀以降フィッシャー（J. F. Fischer）の校本に由来すると見られる一般に慣用のものに従う。

四、『クリトン』『ゴルギアス』は、その表題が対話人物の名前から採られていて、その主題・内容がすぐにはわかりにくいので、古くから伝えられている副題から適切と思われるものを選んで付した。

五、ギリシア語の片かな表記は、$\phi\,\theta\,\chi$ と $\pi\,\tau\,\kappa$ とを同じように「プ」「ク」「ト」とし、母音の長短は固有名詞については区別しない。

六、（　）は訳者による文意の補足を示す。

七、各篇の登場人物紹介（中扉裏）、「関係年譜」は藤澤令夫が作成した〈世界の名著〉６『プラトンⅠ』、７『プラトンⅡ』の年譜をもとに編集した。なお、解説「哲学の源流プラトン」中の『ソクラテスの弁明』『クリトン』からの引用は、文脈の都合により必ずしも本篇の田中美知太郎訳と一致していない。

ソクラテスの弁明

田中美知太郎　訳

主な登場人物

ソクラテス　このとき、七十歳。

メレトス　原告。ピットス区の出身で『エウテュプロン』2bによれば、毛髪の硬直した、鬚《ひげ》のうすい、尖《とが》り鼻の若い男で、人に知られてもいない。三十人独裁政権を倒し民主政治を再建してアテナイの政界で有力な地位をしめたアニュトスらの、手先の一人にすぎないとされている。

1

17 アテナイ人諸君①、諸君が、わたしを訴えた人たちのいまの話から、どういう印象を受けられ
たか、それはわかりません。しかしわたしは、自分でも、この人たちの話を聞いていて、もう
すこしで自分を忘れるところでした。そんなに彼らの言うことは、もっともらしかったのです。
　しかしほんとうのことは、ほとんど何も言わなかったと言っていいでしょう。なかでも、彼
らについて、いちばんわたしのあきれたことが一つある。それは、彼らはずいぶんたくさん嘘《うそ》
をついたのですが、そのうちで、あなた方に、用心しろ、さもないとわたしに騙《だま》されるぞと、
b まるでわたしが大した弁論家ででもあるかのように、彼らが言っていたことです。つまり、そ
んなことをぬけぬけと言っているということは、いますぐに、どう見たってわたしが大した弁
論家とは見えないという事実によって、彼らはわたしのために完全に反駁《はんばく》されるにきまってい
るのですから、これこそ彼らの最も恥知らずな点だと思われたわけです。
　もっとも、あるいは、この人たちが真実を語る者を弁論の雄者であると呼ぶのなら、話は別

です。もし彼らの言う意味が、そういうのであるのなら、わたしも、彼らのたぐいではないにしても、一個の弁論家であることを承認するでしょう。
　いずれにしても、この人たちは、わたしに言わせれば、真実のことはほとんど何も言わなかったのです。しかし諸君は、わたしから真実のすべてを聞かれるでしょう。
　もっとも、ゼウスの神かけて、アテナイ人諸君よ、諸君の聞かれるのは、この人たちの弁論
c のように、美辞麗句で飾ったり、こしらえたりしたというようなものではないでしょう。それは、ありあわせの言葉でもって無造作に語られることになるでしょう。つまり、わたしの言おうとしていることが正当だと信ずるからです。そして諸君の何人《なんぴと》も、それ以外の弁論を期待してはいけません。なぜなら、諸君よ、わたしのような年齢《とし》の者が、あなた方の前に呼び出されて、いたずら小僧のように言いわけをこしらえたりするのは、どうも、この年齢に似つかわしくないことにもなるでしょうから。
　それからもう一つ、ぜひ、アテナイ人諸君よ、諸君にお許し願いたいことがある。それは、わたしが、市場《アゴラ》の両替屋の店先や他の場所でも、ふだんしゃべりつけていて、多数諸君がそこ
d で聞かれたのと同じ言葉をつかって、いま弁明するのを聞かれても、そのために驚いたり騒いだりしないでほしいということです。それはつまり、こういう事情があるからなのです。わたしは、もう齢《よわい》七十になっているのですが、裁判所へやって来たのは、いまがはじめてなのです。

つまり、この言葉づかいは、わたしには、まるでよその言葉なのです。だから、かりにわたしがほんとうによそから来た者だとしたら、そのなかでわたしが育てられてきたそのままの言葉を用い、その話し方をしたところで、諸君はきっと、事情を察して、わたしを許してくれるで
18 しょう。ちょうどそれと同じこと、いまもまた、このことを諸君にお願いしても、とにかく不当ではあるまいと思うわけです。

どうか、言葉づかいは、たぶん、下手《へた》な言い方をしているところがあるかもしれないし、まんざらでもないところもあるかもしれませんが、あっさり見すごしておいてください。そしてただ、わたしの言うことが正しいか否かということだけに注意を向けて、それをよく考えてみてください。なぜなら、そうするのが裁判をする人の立派さというものであり、真実を語るというのが弁論する者の立派さだからです。

（1）「裁判官諸君」という慣例的な呼びかけ（『ゴルギアス』522c 参照）を、ソクラテスはわざと避けている。その呼びかけを彼が用いるのは、自分に無罪の投票をした人々に対してだけである。本篇40a 参照。

2

さて、それでは、まず最初に、わたしが当然弁明しなければならないのは、アテナイ人諸君よ、わたしについてなされた最初の偽《いつわ》りの訴えと、その最初の訴人たちに対してでなければならないのです。そしてそれから、その後になされた訴えと、そのようなあとからの訴人たちを
b 相手にしなければならないのです。

そのわけは、わたしをあなた方に向かって訴えている者は多数いるのでして、彼らはすでに早くから、多年にわたって、しかも、なに一つほんとうのことを言わないで、そうしているからです。

わたしはその連中を、アニュトス[1]一派の人たちよりももっと恐れているのです。むろん、この一派の人たちも手ごわい人たちに相違ないのですが、しかしその連中は、諸君よ、もっと手ごわい相手なのです。それはつまり、彼らが諸君の大多数を子供のうちから手中にまるめこんで、ソクラテスというやつがいるけれども、これは空中のことを思案したり、地下のいっさいをしらべあげたり、弱い議論を強弁したりする、一種妙な知恵をもっているやつなのだといった、なに一つほんとうのことはない話をしきりにして聞かせて、わたしのことを讒訴《ざんそ》していたからなのです。

c アテナイ人諸君、こういう噂《うわさ》を撒《ま》きちらしたこういう連中が、つまり、わたしを訴えている手ごわい連中なのです。それは、だれだって、こういう噂を聞けば、そういうことを探りだそうとしているのなら、きっと神々を認めないことにもなるだろうと考えるからです。しかも、こういう訴人は多数いるのです。そして、長い時間をかけて訴えてきたのです。しかもそのうえに、彼らが諸君に話しかけた時というのが、諸君の最も信じやすかった年代においてなのでして、そのころ諸君は、あるいは少年であり、あるいは青年だったわけで、なんのことはない、わたしは欠席裁判にかけられたようなものでして、彼らの訴えに対してだれひとり弁明する者もなかったわけなのです。

d そして、なんとも言いようのない、いちばん困ったことは、その連中がだれなのか、名前さえも、ちょうど一人喜劇作者②がいるということを除いては、知ることも口にすることもできないということです。そして、その喜劇作者を除く他の連中ときたら、嫉妬《しっと》にかられて、中傷のために、諸君を欺《あざむ》くような話をしていたわけでして、彼らのうちには、自分でもすっかりそう信じこんで、それを他人に説いているような者もあるのですが、いずれもみな厄介《やっかい》至極の連中なのです。というのは、彼らのうちだれかをこのところへひっぱり出してきて、これを吟味《ぎんみ》にかけるということなど、とうていできないし、これに弁明をするというのは、なんのことはない、まるで自分の影と戦うようなことをしなければならないのでして、だれも答えてくれる者なしに吟味をおこなわなければならないからです。

だから、どうか諸君も、わたしの言うとおりに、わたしを訴えた人たちは二通りあるのだと
いうことを認めてください。それはつまり、近ごろ訴えた人たちと、わたしのいま言っている、
e 古くからの訴人たちです。そして、まず最初にわたしが弁明しなければならないのは、この連
中に対してであると思ってください。諸君もまた、彼らの訴えのほうを、後代のここにいる人
たちからよりももっとさきに、いっそう多く聞かされたわけですから。

しかしまあ、それはそれとして、さあ、弁明をしなければならない、アテナイ人諸君。そし
19 て諸君が、彼らの中傷の結果、長い時間をかけてもつようになったものを、諸君から取り除く
ことをこころみなければならないのです。それも短時間のうちにそうしなければならないので
す。だからわたしは、わたしの弁明が成功して、その取り除きができることを、もしそのほう
が、諸君のためにもなり、わたしのためにもなるのなら、そうなることを希望したいと思いま
す。しかしそれは、むずかしいと思うのです。またわたしには、それがどんな仕事になるかと
いうことが、ぜんぜんわからないわけではないのです。しかしまあ、とにかく、ことの成行き
は神の御心におまかせして、ただ法律の規定にしたがい、弁明をしなければなりません。

（1）原告メレトス側の弁護人。しかしほんとうは、この告発の陰の主謀者であったことが、ここではっきりと示されている。皮なめし業者出身で、ペロポンネソス戦争後にできたクリティアスらの三十人

独裁政権を倒して民主政治の再建につくし、アテナイ政界で有力な地位をしめていた民主派の政治家。『メノン』では、ソクラテスとの対話者の一人として登場し、この告発の真の動機をうかがわせるような発言をしている。

（2）告発の二十四年前、ソクラテスが四十六歳のころ、初演された『雲』の作者アリストパネス（プラトンの別の著作『饗宴』の登場人物にもなっている）をさす。

3

b さあ、それでは、最初から出なおすことにしようではありませんか。わたしに対する中傷がそれによって結実し、メレトスもまさにそれを信ずることによってこの公訴を提起したところの、そのもとの訴えとは、どういうものなのか。そうだ、中傷者たちは、いったい、どういうことを言って中傷をしていたのか、それが問われなければならないのです。

だから、彼らをちょうど訴人のように見立てて、彼らの宣誓口述書を読みあげてみなければならない。いわく、「ソクラテスは犯罪者である、彼は天上地下のことを探求し、弱論を強弁c するなど、いらざるふるまいをなし、かつ、この同じことを他人にも教えている」というようなのが、まあ、それです。

つまり、これはまた、諸君が直接にアリストパネス喜劇(1)の舞台で見られたことなのです。そこでは、一人のソクラテスという人物が、からくりによって運ばれながら、大気を踏んまえているのだと見得《みえ》をきったり、その他いろいろ、わけのわからないおしゃべりをするのですが、それらについては、大にも小にも、まるっきりわたしは理解がつかないのです。といってもそれはまた、もしだれか、こういうことがらについて特別の知恵をもっている人がいるとしたら、そういう種類の知識を軽蔑《けいべつ》する意味で言っているわけではないのです。わたしはメレトスから、何らかの形で、そういう大罪を問われたくありません。

しかしまあ、これはこれでいいでしょう。これらのことは、アテナイ人諸君よ、わたしのす
d こしも与《あずか》り知らないことだからです。そしてそれには、あらためて、あなた方の大多数をわたしの証人にしましょう。そして、わたしは要求しますが、かつてわたしの問答を聞いたことのある諸君は、諸君のうちに多数おられるわけですから、どうぞ、おたがいに打ち明けて話しあい、教えあってください。さあ、それでは、あなた方はだれか、わたしが、こういうことがらについて大なり小なり問答していたのを、いつか聞いたことがあるかどうか、おたがいに打ち明けて話しあってください。そうすれば、多くの人たちがわたしについて言っている、これ以外のこともまた、これと同じようなものであることを、そこから悟られるでしょう。

(1)『雲』をさす。ソクラテスは、この喜劇の初演よりかなり以前から、『雲』のなかの人物のようなも

のとして、一般に考えられていたらしい。ここにあらわれるソクラテスは、きびしい文法家であるとともに自然学者であり、いろいろな気象現象を自然科学的に説明して、これらの現象をつかさどるゼウス神の世界支配を否定し、また、正邪にかかわらず弱論を強弁する方法を教えて、青年に悪影響を与える新教育の代表、危険なソフィストとして扱われている。

4

いずれにしても、それらのことはどれも事実ではないのですから、かまわないわけですし、
e また、わたしが人間教育ということに手を出して、そのために金銭をもらい受けているという
ようなことを、諸君がだれかから聞かれたとしても、それもまた、ほんとうではないのです。
もっとも、こういうことも、もしだれかが人間を人間として教育することができるのなら結
構なことだと、わたしは思っているのです。ちょうど、レオンティノイのゴルギアス、ケオス
のプロディコス、エリスのヒッピアス①などが、それにあたるでしょう。というのは、これらの
連中はだれでも、諸君よ、できるのです。彼らは、どこの国へでも出かけていって、そこの青
20 年たちに、自分の国の人ならだれとでも好きな人とただで交際することができるのに、そうい
う人たちとの交際をすてて自分たちといっしょになるように説きすすめ、それに対して金銭を

支払わせ、おまけに感謝の情まで起こさせるという、そういうことができるのです。
そういえば、もう一人、パロスの人で、いまこちらに来ている知者②がいますよ。わたしは、その者がこの地に滞在しているのを知ったのです。というのは、ソフィストに対してほかの人たちが全部で支払ったよりももっと多くの金銭をつかった人、つまり、ヒッポニコスのところのカリアス③に、ちょうど出会ったからです。そのとき、わたしは、彼に聞いてやりました。というのは、彼には二人の息子があったからです。

カリアスよ、とわたしは言ったのです。君の息子たちがかりに仔馬や仔牛であったとしたら、
b 彼らのために監督者となる者を見つけだし、これに報酬をはらって、息子たちをしかるべき徳をそなえた、立派な者にしてもらうことができるだろう。また、そういう監督者は、だれか馬事や農事に明るい者のなかから見つけることができただろう。しかし現実には、君の息子たちは人間なのだから、君はどういう者を彼らの監督者としてとるつもりでいるのかね？　だれか、そういうふうな、人間として、また一国の市民としてもつべき徳を、知っている者があるだろうか。つまり君は、息子さんをもっているのだから、そういうことはもう考えていると思うのだ。ね、どうだろう、だれかあるかしら？　それとも、ないだろうか？

こうわたしが言ったら、あるとも、大ありだと、彼は答えたのです。それはだれだ？　とわたしは言いました。そしてどこの者だ？　またいくら出せば、教えてくれるのだ？　とも聞き

ました。
そうすると、エウエノス[4]というのだ、ソクラテス、パロスの者で、報酬は五ムナ[5]だ、と言い
c ました。で、わたしは、そのエウエノスが、ほんとうにそういう技術の心得があって、そのようなころあいの値段で教えているのなら、けっこうな人だと言ってやりました。
じっさい、とにかく、もしわたしにそういう知識があるとしたら、自分でも、それを栄《は》えあることとして、さぞ得意になったことでしょうからね。しかし間違わないでください、わたしはそういう知識をもってはいないのですから、アテナイ人諸君。

（1）以上三名は、ともに当時の高名のソフィスト。
（2）すこしさきで（20b）名前があげられているパロス島出身のソフィスト、エウエノスをさす。
（3）ギリシア第一級の富裕な家に生まれた政治家で、いわばパトロン的な存在であった。『プロタゴラス』によれば、彼の邸《やしき》には多くのソフィストが滞在していた。ヒッポニコスはその父の名。
（4）ソフィストの一人。『パイドン』では詩人としても扱われ、『パイドロス』では、賞讃や非難の間接的な表現方法を工夫した弁論家として取り扱われている。
（5）一ムナは百ドラクメ。プロタゴラスは授業料として百ムナを要求したと伝えられているから、それにくらべると安い報酬である。

5

そうすると、だれか、あなた方のうちで、たぶん、すぐに、こうたずねる人があるでしょう。しかしソクラテス、君の仕事は何なのだ？　どこから、君に対する、こういう中傷が生まれてきたのだ？　なぜなら、君という人が、ほかの人のしない、よけいなことは、何もことさらにしていないのに、それなのに、こういう噂や評判がたつはずは、きっとたぶん、なかっただろう。もしも君が、大多数の人たちと何か違ったことをしていたのではないならば、だね。だか
d ら、どうか、君のしていることが何なのか、われわれに言ってくれたまえ。そうすればわれわれも、君について軽率な判断はしないですむだろう。

と、こう言う人があるなら、わたしはそれを、もっともな言い分であると思う。だからわたしも、いったい何がわたしに、こういう名前をもたらし、こういう中傷を受けるようにしたのかを、諸君にはっきりとわかるようにしてみましょう。

さあ、聞いてください。そしてたぶん、諸君のうちには、わたしが冗談を言っているのだと思う人もあるかもしれないけれども、しかし、これからわたしが話そうとすることは、全部ほんとうのことなのだから、どうか、そのつもりで[1]聞いてください。

というのは、アテナイ人諸君、わたしがこの名前を得ているのは、とにかく、ある一つの知

恵をもっているからだということには間違いないのです。すると、それはいったい、どういう種類の知恵なのでしょうか。それはたぶん、人間なみの知恵なのでしょう。なぜなら、じっさいにわたしがもっているらしい知恵というのは、おそらく、そういう知恵らしいからです。
e　これに反して、わたしがいましがた話題にしていた人たち[2]というのは、たぶん、なにか人間なみ以上の知恵をもつ知者なのかもしれません。それとも、何と言ったらよいか、わたしにはわかりません。なぜなら、とにかくわたしは、そういう知恵を心得てはいないからです。それをしかし、わたしが心得ていると主張する人があるなら、それは嘘をついているのです。そういうことを言うのは、わたしを中傷するためなのです。

それで、どうか、アテナイ人諸君よ、わたしがなにか大きなことを言っていると思われたにしても、騒がないようにしてください。というのは、これからここで言われることは、わたしがそれを言うにしても、それはわたしの言葉ではないのでして、わたしは、その言葉がちゃんとした権威にもとづいていることを、あなた方にはっきりと示すことができるからです。というのは、わたしになにか知恵があるとすれば、そのわたしの知恵について、それがまたどういう種類のものであるかということについて、わたしはデルポイの神（アポロン）の証言を諸君に提出するでしょう。

21　というのは、カイレポン[3]を、諸君はたぶんご存じであろう。あれは、わたしの若いときからの友人で、あなた方の大多数とも同じ仲間に属し、先年はあなた方といっしょに国外に亡命して、またいっしょに帰国しました。そして、カイレポンがどういう性質の者だったかということも、諸君はご存じだ。あれは、何をやりだしても熱中するたちだった。それでこのばあいも、いつだったか、デルポイへ出かけていって、こういうことで神託《しんたく》を受けることをあえてしたのです。それで、そのことをこれからお話しするわけなのですが、どうか諸君、そのことで騒がないようにしていてください。

それはつまり、わたしよりもだれか知恵のある者がいるかどうかということを、たずねたのです。すると、そこの巫女《みこ》は、より知恵のある者はだれもいないと答えたのです。そしてこれらのことについては、彼はもうこの世の人ではないのですから、ここに来ている彼の兄弟(4)が、あなた方に対して証言するでしょう。

(証人の証言がおこなわれる)

(1)「知者」という名前。34e にも言及されている。
(2) 本篇 19e 以下で名前があげられていたソフィストたちをさす。
(3) アリストパネスの喜劇では、ソクラテスの内輪の仲間として扱われている(『ゴルギアス』一三八ページ参照)。しかし彼はまた、ソクラテス告発の主謀者アニュトスと同じ民主派で、クリティアスを頭目とする三十人独裁制革命のときには国外に亡命し、アテナイに民主制が回復するまでアニュトスらの同志たちと行動をともにした。ソクラテスが「あれは……あなた方の大多数とも、同じ仲間に属し」と述べているのも、自分のほんとうの仲間は、むしろ三十人政権に対して抵抗したアニュトスらの民主派のうちにあったことを示して、自分をクリティアスの一味とすることの不当を暗示したものであろう。

(4) クセノポン『ソクラテスの思い出』第二巻三章に出ているカイレクラテスのことであろう。

6

b さあ、それでは、何のためにわたしがこういうことを言うのか、考えてみてください。それはつまり、わたしに対する中傷がどこから生じたかを、いまこれから諸君にわかってもらいたいと思うからなのです。

というのは、いまの神託のことを聞いてから、わたしは、心にこういうふうに考えたのです。いったい何を、神は言おうとしているのだろうか。いったい何の謎《なぞ》をかけているのだろうか。なぜなら、わたしは自分が、大にも小にも、知恵のある者なんかではないのだと自覚しているのだから。すると、そのわたしをいちばん知恵があると宣言することによって、いったい何を神は言おうとしているのだろうか。というのは、まさか嘘を言うはずはないからだ。神にあっては、それはあるまじきことであるからだ。
　そして長いあいだ、いったい何を神は言おうとしているのであろうかと、わたしは思い迷っていたのです。そして、まったくやっとのことで、その意味を、つぎのような仕方で、たずねてみることにしたのです。それは、だれか知恵があると思われている者の一人を訪ねることだ
c ったのです。ほかはとにかく、そこへ行けば、神託を反駁して、ほら、この者のほうがわたしよりも知恵があるのです、それだのにあなたは、わたしを知者だと言われた、というふうに、託宣《たくせん》に向かってはっきり言うことができるだろうというわけなのです。
　ところがその人物——というだけで、とくに名前をあげる必要はないでしょう、それは政界の人だったのですが、その人物を相手に問答しながら仔細《しさい》に観察しているうちに、アテナイ人諸君よ、わたしは次のようなことを経験したのです。つまり、この人は他の多くの人たちに知恵のある人物だと思われているらしく、また、とくに自分自身でもそう思いこんでいるらしいけれども、じつはそうではないのだとわたしには思われるようになったのです。そしてそうなったとき、わたしは、彼に、君は知恵があると思っているけれどもそうではないのだと、はっきりわからせてやろうとつとめたのです。するとその結果、わたしは、その男にも、そして、
d その場にいた多くの者にも、憎まれることになったのです。
　しかしわたしは、彼と別れて帰る途《みち》で、自分を相手にこう考えたのです。この人間より、わ

たしは知恵がある。なぜなら、この男も、わたしも、おそらく善美のことがらは何も知らないらしいけれど、この男は、知らないのに何か知っているように思っているが、わたしは、知らないから、そのとおりにまた、知らないと思っている。だから、つまり、このちょっとしたことで、わたしのほうが知恵があることになるらしい。つまり、わたしは、知らないことは知らないと思う、ただそれだけのことで、まさっているらしいのです。

そして、その者のところから、また別の、もっと知恵があると思われている者のところへも
e 行ったのですが、やはりまた、わたしはそれと同じ思いをしたのです。そしてまた、そこにおいても、その者や他の多くの者どもの憎しみを受けることになったのです。

7

それで、それ以後、今日まで、つぎからつぎへと歩いてみたのです。自分が憎まれているということはわかっていたし、それが苦にもなり心配にもなったのですが、しかしそれでも、やはり、神のことはいちばん大切にしなければならないと思えたのです。ですから、神託の意味をたずねて、およそ何か知っていると思われる人があれば、だれのところへでも、すべて行かなければならないと思ったのです。

22 そして犬に誓って、①アテナイ人諸君、諸君にはほんとうのことを言わなければならないのですから、誓って言いますが、わたしとしてはこういう経験をしたのです。つまり、名前のいちばんよく聞こえている人のほうが、神命によってしらべてみると、思慮の点ではまあ九分九厘まで、かえって最も多く欠けているとわたしには思えたのです。これに反して、つまらない身分の人のほうが、その点、むしろ立派に思えたのです。

まあ、とにかく、わたしのその遍歴というものを、諸君のお目にかけなければならない。それは、まるでヘラクレスの難行みたいなものなのですが、結局は、神託に言われていたことが、わたしにとっては、否定できないものなのだということになるのです。

b さて、そのことですが、政治家のつぎにわたしがたずねて行ったのは、悲劇作者やディテュランボス作者、②その他の作者のところなのです。こんどこそは、わたしがその人たちよりも知恵のないところを現場でおさえられるだろうという見こみだったのです。そこで、彼らの作品から、わたしが見ていちばん入念の仕事がしてあると思えたのを取り上げて、これは何を言おうとしたのかと、つっこんで質問をしてみたのです。それは同時に何かまた、もっと彼らから教えてもらえるものがあるだろうというわけだったのです。

ところが、諸君、わたしは、諸君にほんとうのことを言うのにためらいを感じる。けれども、やはり、それは話さなければならないことなのです。言ってみれば、その場にいたほとんど全部といってもよいくらいの人たちのほうが、作者たる彼ら自身よりも、その作品について、もっとよくその意味を語ることができただろうということなのです。

その結果、これらの作家についてもまた、わずかのあいだに、こういうことを知ったのです。
c 彼らがその作品をつくるのは、自分の知恵によるのではなくて、生まれつきのままのものによるのであり、神がかりになるからなのであって、これは、神の啓示を取り次ぎ、神託を伝える人たちと同じようなものなのだと。なぜなら、この人たちも、けっこうなことをいろいろとたくさん口では言うけれども、その言っていることの意味は何も知っていないからです。わたしの見るところでは、作家たちもまた、これに似たような弱点をもっていることが明らかなのです。そしてそれと同時に、彼らが、作家として活動しているということから、自分は世にもたいへん知恵のある人間なのだと、自分がじっさいにはそうでない、他のことがらについても、信じこんでいるのに、わたしは気づいたのです。そこでわたしは、彼らのところからも離れさったわけです。ちょうど政治家のばあいと同じ違いでもって、わたしのほうがまだましだと思いながら。

（1） 誓いのさい、神々の名を軽々しく用いることをはばかるばあいなど、かわりに用いた誓いの言葉。
（2） 『ゴルギアス』502a 参照。

8

それから最後に、わたしは、手に技能をもった人たちのところへ行きました。それは、わた
d し自身にはほとんど何の心得もないことが直接よくわかっていたし、これに反して彼らのほうには、いろいろ立派な心得のあることがやがて明らかになるにきまっているとわかっていたからです。そしてこの点において、わたしは欺かれなかったわけで、彼らは、わたしの知らないことがらを知っていて、その点でわたしよりもすぐれた知恵をもっていました。

しかしながら、アテナイ人諸君、わたしには、このすぐれた手工者たちもまた、作家たちと同じ誤りをおかしているように思えたのです。つまり、技術的な仕上げをうまくやれるからというので、めいめい、それ以外の大切なことがらについても、当然、自分が最高の知者だと考
e えているのでして、彼らのそういう不調法が、せっかくの彼らの知恵をおおい隠すようになっていたのです。

そこでわたしは、神託にかわって、わたし自身に問いなおしてみたのです。わたしにとってはどちらが我慢のできることなのか、いまわたしは彼らのもっている知恵はすこしももっていないし、また、彼らの無知もそのままわたし自身の無知とはなっていないが、これはこのままのほうがいいのか、それとも、彼らの知恵と無知とを二つとも所有するほうがいいのか、どっ

ちだろう？　というのです。これに対してわたしは、わたし自身と神託とに、このままでいるほうがわたしのためにいいのだ、という答えをしたのです。

9

23 つまり、こういう詮索《せんさく》をしたことから、アテナイ人諸君、たくさんの敵意がわたしに向けられることになってしまったのです。しかもそれは、いかにも厄介至極な、このうえなく耐えがたいものなのでして、多くの中傷もここから生ずる結果となったのです。しかし名前は、知者だというように言われるのです。なぜなら、どのばあいにおいても、わたしが他の者を何かのことでやりこめたりすると、そのことについてはわたし自身は知恵をもっているのだと、その場にいる人たちは考えるからなのです。

しかしじっさいは、諸君よ、おそらく、神だけがほんとうの知者なのかもしれないのです。そして、人間の知恵というようなものは、なにかもう、まるで価値のないものだと、神はこの神託のなかで言おうとしているのかもしれません。そしてそれは、ここにいるこのソクラテス
b のことを言っているように見えますが、わたしの名前はつけたしに用いているだけのようです。
つまり、わたしを一例にとって、人間たちよ、おまえたちのうちでいちばん知恵のある者とい

うのは、だれであれ、ソクラテスのように、自分は知恵に対してはじっさい何の値打ちもないのだということを知った者がそれなのだと、言おうとしているもののようなのです。

だから、これがつまり、わたしがいまだにそこらを歩きまわって、この町の者であれ、よその者であれ、だれか知恵のある者だと思えば、神の指図にしたがってこれを探し、しらべあげているわけなのです。そして知恵があるとは思えないばあいには、神の手助けをして、知者ではないぞということを明らかにしているわけなのです。そしてこの仕事が忙しいために、公私
c いずれのことも、これぞというほどのことをおこなう暇《いとま》がなく、ひどい貧乏をしているのですが、これも神に仕えるためだったのです。

10

なおまた、そのほかに、若い者で、自分は暇もたくさんあり、家には金もたくさんあるといったような者が、何ということなしに自分たちのほうからわたしについて来て、世間の人がしらべあげられるのを興味をもって傍聴し、しばしば自分たちでわたしの真似《まね》をして、そのため、他の人をしらべあげるようなことをしてみることにもなったのです。そしてその結果、世間には、何か知っているつもりで、そのじつ、わずかしか知らないか、何も知らないという者が、

むやみにたくさんいることを発見したのだと思います。
すると、そのことから、彼らによってしらべあげられた人たちは、自分自身に対して腹を立
d てないで、わたしに向かって腹を立て、ソクラテスはじつにけしからんやつだ、若い者によく
ない影響を与えている、と言うようになったのです。そして、それは何をし何を教えるからな
のですか、とたずねる人があっても、そんなことは知らないし、答えることもできないのです。
しかし、その困っているところを、そう思われないように、学問をしている者についてすぐに
言われるような、例の「空中や地下のこと」とか、「神々を認めない」とか「弱論を強弁する」
とかいったものをもち出すわけなのです。それはつまり、彼らがほんとうのことを言いたくな
いからだろうと思うのです。なぜなら、そうすれば、知ったかぶりをしていても、何も知らな
e いのだということが暴露するからなのです。そこで彼らは、負けん気だけは強いですから、は
げしい勢いで、多人数をなし、組織的かつ説得的に、わたしについて語り、以前から今日にい
たるまで、猛烈な中傷をおこなって、諸君の耳をふさいでしまったのです。

メレトスがわたしに攻撃を加えたのも、アニュトスやリュコン[1]がそうしたのも、こういうこ
とがもとなのでして、メレトスは作家を代表し、アニュトスは手工者と政治家のために、リュ
24 コンは弁論家の立場から、わたしを憎んでいるわけなのです。

したがって、ちょうど最初に言ったことですが、いまやこんな大きくなってしまったこの中

傷を、このわずかの時間で諸君から取り除くことがわたしにできるとしたら、わたしはそれを不思議とするでしょう。

このことは、いいですか、アテナイ人諸君、ほんとうのことなのです。わたしは諸君に対して、大にも小にも、隠しだてせず、ごまかしもせずに、話をしているのです。むろん、そんなことをするからこそ憎まれるのだということも、知らないではありません。しかしそれこそまさに、わたしの言っていることがほんとうだという、証拠になるのです。つまり、わたしに対
b する中傷が、いまお話ししたようなものであり、その原因も以上のごときものだということなのです。そしていまからでも、また別の機会にでも、このことを諸君がしらべてみられるなら、いま言ったようなことがわかるでしょう。

(1) アニュトスと同じく、原告メレトス側の弁護人であり、ディオゲネス・ラエルティオスの史書によると（第二巻三八節）、彼がソクラテス告訴のいっさいの準備をしたとも言われる。

11

以上で、わたしの、最初の訴人が訴えていたことがらについての、諸君に対する弁明は、一応じゅうぶんだということにしたいのです。しかしこれから、メレトスという善良なる自称愛

国者をはじめとする、後期の訴人に対する弁明を、こころみなければなりません。

すなわち、それでは、もう一度、この人たちを別種の訴人とみなして、その宣誓口述書なるものを別に取り上げてみましょう。それは、だいたいこんなふうなものなのです。ソクラテス
c は犯罪人である、青年に対して有害な影響を与え、国家の認める神々を認めず、別の新しいダイモンのたぐいを祭るがゆえに、とこういう訴えなのですが、この訴えの各項を一つずつしらべてみることにしましょう。

すなわち、その主張するところによれば、わたしの罪は青年に害を与えているということにあるわけですが、これに対してわたしは、アテナイ人諸君、メレトスこそ犯罪人であると主張する。なぜなら、彼はこれまでにすこしも関心をもったことのないことがらについてまじめに心配しているようなふりをして、軽々しく人を裁判沙汰にまきこんだりしているが、これは、ふざけていながらまじめなふりをしているということなのです。どうして、しかし、それがそうなのかということは、これから諸君にも、はっきりわかるようにしてみましょう。

12

d では、メレトス君、どうか、ここへ来て、答えてくれたまえ。どうだね、君が大切だと思っ

ていることは、年下の諸君ができるだけ善くなってくれるようにということなのかね？

「そうだ」

さあ、それなら、こんどは、彼らをだんだんに善いほうへ向けてくれるのはだれかということを、この人たちに言ってくれたまえ。なぜなら、君がこのことに関心をもっているかぎり、君はむろん、知っているはずなのだから。つまり君は、害を与えて悪くするやつを見つけだしたというふれこみでぼくを訴えて、この人たちの前に呼びだしているくらいなのだからね。しかしそれなら、善いほうへ導くのは何者なのか、さあ、それを言って、この人たちに明かしてくれたまえ。

ほら見たまえ、メレトス君、君は答えることができずに、黙っているではないか。しかしこれは、恥ずかしいことだと、君には思えないのかね？ そしてこれは、ちょうどぼくの言っている、君はこれに何の関心ももってはいなかったということの、じゅうぶんな証拠になるとは思わないのか。

まあ、とにかく、君、言ってくれたまえ。彼らを善いほうへ導くのは何ものなのか。

「法律だ」

e いや、しかしそれは、ぼくの聞いていることではないのだよ、君。むしろ人間を聞いているのだ。その法律というものを、直接、最初に知るのはだれなのかということなのだ。

「それは、ソクラテス、ここにいる裁判官たちだ」

というと、どういう意味なのかね、メレトス？　この人たちが、青年を教育することができるのであり、彼らを善いほうへと導いているのだというのかね？

「大いにそのとおりだ」

それは、ここにいるすべての人がそうなのか、それとも、このうちにも、そうする人とそうしない人とがあるのかね？

「このすべての人が、そうするのだ」

いや、君の話は、ヘラに誓って、たしかにけっこうな話だ。善くしてくれる人が、ありあまるほどたくさんいるというわけだからね。それなら、いったい、どうなのかね？　ここにいる
25 傍聴人たちは善いほうへ導くのだろうか、それとも、そうではないのだろうか。

「この人たちも、そうなのだ」

では、政務審議会①の人たちは、いったい、どうなのかね？

「政務審議会の人たちも、そうなのだ」

しかし、それなら、メレトス君、国民議会に集まるあの議員たちが、年少者たちに害を与えるということは、まさかあるまいね？　いや、あの人たちもまた、全員が善いほうへ導くわけなのだろう？

「そうだ、あの人たちもだ」
してみると、ぼくを除けば、アテナイ人のすべてが、立派な善い人間をつくっているのであ
って、ただぼくだけがこれを悪くしていると、こう君は言おうとしているのかね？
「そうとも、それがわたしの、せつに、大いに言おうとしていることなのだ」
いや、これはたいへんな不幸せを、ぼくは君のために認められたことになる。
それなら、どうか、ひとつ答えてくれたまえ。そもそも君は、馬についても、そうだと思う
b かね？　これを善くするのは、人間だれでもすべてがそうなのであって、だれか一人だけがそ
れを悪くするのだろうか。それとも、むしろその正反対で、これを善くすることができるのは、
馬の扱い方を知っている者だれか一人だけ、あるいはごく少数だけなのであって、大部分の人
間は、馬といっしょにいて馬を扱ったりすれば、これを悪くするのではないか。
どうだね、メレトス君？　こうではないのか、馬のことにしても、その他の動物のことにし
てもね。君やアニュトスがこれに反対しようと賛成しようと、いずれにしても、それにきまっ
ていると思うのだ。なぜなら、青年たちのために、もしただ一人だけがこれに害を与えて、そ
の他の者はみな利益を与えるのだとしたら、それは、なんともたいへん幸福なことになるだろ
c うからね。いや、しかし、メレトス君、君はすっかり、はっきりさせてくれたことになるのだ。
青年のことなど、君はこれまでに一度も心配したことはなかったのだということをね。つまり、

ぼくをここへひっぱり出した、その問題について、君は何の関心ももっていなかったという、その無関心ぶりを、いまはっきりと、君は示しているのだ。

（1）アテナイ国民は十部族に分けられ、各部族から五十人ずつ、計五百人が抽籤《ちゅうせん》によって選ばれて、政務審議会を構成し、主としてこれによってアテナイの国政は処理されていた。

13

しかし、もう一つ、われわれのために、ゼウスの神かけて言ってもらいたいことがあるのだ、メレトス君。つまり、住むには、善い市民のうちに住むのと、悪い市民のうちに住むのと、どっちがいいだろうね？

ええ、君、君の答えを、どうか言ってくれたまえ。ぼくの聞いていることは、ほら、ね？　なにもむずかしいことではないのだ。悪い人というものは、それぞれのばあいに、自分の近くにいる者に対して何か悪いことをするけれども、善い人は善いことをするのではないか。

d 「まったく」

それなら、自分といっしょにいる者から、利益を受けるよりも、むしろ害を受けることを欲するような人があるだろうか。どうだね、君？　何とか答えるようにしてくれたまえ。ちょうど、法律も答えを命じているのだし。どうだね？　だれか害を受けることを欲する人があるだろうか。

「むろん、ないにきまってる」

さあ、それなら、君がぼくをここへひっぱり出しているのは、ぼくが若い者に悪い影響を及ぼしているからだということになっているが、それは、ぼくが故意にそうしているという意味なのか、それとも、故意にではないというのか。

「故意にだと、わたしは断言する」

すると、いったい、どういうことになるのかね、メレトス君？　ぼくはもうこの年になって、君はまだその年だというのに、かえって君のほうがぼくよりもそんなにも知恵があるというのかね。君のほうは、悪い人はいつも自分にいちばん近い者に対して悪いことをするが善い人は
e 善いことをするというのを、知っているのに、ぼくのほうは、いっしょにいる者のだれかを悪くしたら、その者から何か悪いことを受けとる危険があるだろうというのに、それさえもわからないというのだから、無知も無知、ずいぶんひどいことになっているのではなかろうか。そしてその結果、そういうたいへんな害悪を、ぼくはみずから求め、つくりだそうとしているというのが君の主張だけれど、そんなことがあるだろうか。

ぼくは君の言うことが信じられないのだよ、メレトス君。そしてまた、世間の人だってだれ

も信じないだろうと思う。むしろぼくは、じっさいは人に悪い影響を及ぼしていないか、ある
いは、これを悪化させているとしてもそれはぼくの本意ではないということになる。だから君
26 は、このどちらにおいても、嘘をついていることになる。そしてもし、悪い影響を及ぼしているのがぼくの本意ではないとするならば、このような不本意の誤りについては、こんな場所へひっぱり出したりしないで、個人的に会って教え諭すのが、法なのだ。なぜなら、教えてもらえば、故意にやっているのではないから、それをやめるだろうということはわかりきったことなのだからね。ところが君は、ぼくに会って教えるということを避けたのだ。つまり、その意志がなかったからだ。そしてこんな場所へ、ぼくをひっぱり出している。ここは、懲らしめを必要とする者が呼びだされて来るところなのであって、教えを必要とする者の来るところにはなっていないのだ。

14

b しかしながら、アテナイ人諸君よ、メレトスが、いまのことがらについて、大にも小にも関心をもったことなど一度もなかったということは、わたしの言っていたとおり、もうはっきりしているのだから、これ以上立ち入らないことにしましょう。

しかしそれでもなお、君には、われわれのために、言ってもらわなければならないことがあるのだ。メレトス、君はぼくが青年に害悪を及ぼしていると主張しているが、そのやり方はどうだと言うのかね？　いや、むろんそれは、君の出した訴状によれば、ぼくが国家の認める神々を認めないで、ほかの新しいダイモンのたぐいを認めるよう教えているからだということになる。どうだ？　ぼくがこういうことを教えることによって害悪を及ぼしているというのが、君の言い分ではないのか。

「そうだとも、それこそまったく、わたしのせつに言おうとしていることなのだ」

それなら、メレトスよ、いま言われているその神々にかけて、直接にもっとはっきり、このぼくにも、ここにいる人たちにも、言ってくれたまえ。

c　というのは、どっちなのか、ぼくにはわかりかねる点があるからだ。つまり、君の言おうとしているのは、ある種の神々についてはぼくもその存在を認めるように教え、したがって、ぼく自身神々の存在を信じているのであって、純然たる神の否定者ではないから、また、その点では罪をおかしてはいないのであるが、しかし国家の認める神々はこれを認めないで、ほかの神々を信じているから、このつまり異神を信じている点が、君のぼくに対して、罪を鳴らす点なのであろうか。それともまた、君の主張では、ぼくは自分でもぜんぜん神々を認めていないし、また、そのことを他の人たちにも教えているというのだろうか。

d 「そうだ、それをわたしは言うのだ。ぜんぜんあんたは神を認めていない」

いや、驚いたね、メレトス。何のために君はそんなことを言うのかね？　それだと、ぼくは、日輪や月輪が神だということを、他の人たちのように認めていないというわけかね？

「ゼウスに誓って、そうなのだ、裁判官の諸君、日輪は石、月輪は土だと主張しているのです」

それはアナクサゴラス[1]なのだよ、愛するメレトス、君が訴えているつもりの人は。そしてそれだけ、君は、ここにいる諸君をばかにしているわけなのだ。つまり君は、この諸君が文字を解しない人たちで、クラゾメナイのアナクサゴラスの書物には、いま君の言ったような議論が、いっぱい載っているということを知らないと思っているのだ。おまけに、青年たちがこんなことをわたしから教えてもらうと思っているのだ。これは、おりがあったら市場へ行って、せい
e ぜい高くても一ドラクメ[2]も出せば買えるものなのだから、ソクラテスがそれを自説らしく見せかけたりしたら、すぐ笑ってやれるものなのだ。なにしろ、奇妙な説だからね。

まあ、とにかく、ゼウスの神かけて聞くけれど、君はそんなふうにぼくを考えているのかね？　神の存在を、ぼくがひとつも認めないなんて。

「そうだとも、ゼウスに誓って、あんたはどんなにしても、神を認めてはいないのだ」

いや、メレトス、君の言うことは信用できないね。そのうえ、しかも君自身だって、ぼくの見るところでは信じてはいないのだ。

つまり、わたしの見るところでは、この男は、アテナイ人諸君、まったく不遜《ふそん》で不躾《ぶしつけ》な男の
27 ようです。そして、なんのことはない、このような訴えをしたのも、不遜と不躾と若気のため
だと思われます。つまり、謎を仕組んでためしているようなものです。はたしてソクラテスは、
知者だというけれども、わたしが自家撞着《どうちゃく》のことを言ってふざけているのがわかるだろうか、
それとも、わたしは、彼を、その他の聴衆もいっしょに、欺きとおせるだろうか、というわけ
なのです。というのは、この男が訴状のなかで言っていることは自家撞着だと思われるからで
す。つまり、ソクラテスは、神々を認めないで、神々を認めているから、その点において罪を
おかしている、と言っているようなものなのです。しかしこんなことは、ふざけていなければ
言えないことです。

（1）『ゴルギアス』二一六ページ注（2）参照。ペリクレスの客としてアテナイに三十年間滞在した。ペリクレスの政敵によって、ここであげられているような天文学説のために不敬の罪を問われ、アテナイを退去し、晩年はギリシア北部のランプサコスというところにひっこんで、そこで死んだと言われている。

（2）一ムナの百分の一。

15

さあ、それでは、諸君、いっしょによく見てください。この男の言うことは、いまお話ししたような意味になるものと、わたしは見るのですが、そのわけはどうしてなのかを見てください。

b しかし君は、メレトス、われわれのために答えてくれたまえ。

また諸君も、はじめに[1]諸君にお願いしたことを忘れないようにして、わたしがいつもの流儀で話をすすめていっても、どうか騒がないようにしていてください。

どうだね、メレトス？　世のなかには、人間に交渉のあることがらは、その存在を認めるけれども、人間の存在は認めない、というような者があるだろうか。

諸君、この男に答えさせてください。いつまでも、手をかえ品をかえて騒ぎたてることのないようにしてください。

どうだね？　馬は認めないけれども馬に交渉のあることがらは認めるというような者があるだろうか。また、笛吹きの存在は認めないけれども、笛吹きに交渉のあることがらは認めるというような者があるだろうか。世にもすぐれた人よ、そういう者はないのだ。もし君が答えたくないなら、ぼくは、君のためにも、ここにいる他の諸君のためにも、そう言うことにする。

c
しかしこれにつづくことだけは、答えてくれたまえ。どうだね？　ダイモンに交渉のあることがらは存在を認めるけれどもダイモンは認めないという者があるだろうか。

「ない」

いや、なんという有難いことだ。やっと返事をしてくれたね。ここにいる人たちの手前、やむをえない返事だったにしてもさ。さあ、それでは、ぼくがダイモンのたぐいを認めてこれを教えているというのが、君の主張なのだね？　そうすると、それが新しいものか古くからあるものかということはつぎのことにして、とにかく君の言うところによれば、ぼくがダイモンのたぐいを認めているのは間違いないわけで、君の訴状のなかにもそのことが宣誓されている。しかし、ダイモンのたぐいという、ダイモンに交渉のあることがらを認めているとすれば、きっとまた、ぼくがダイモンを認めるという必然性も大いにあるわけだろうと思う。そうではないかね？

いや、むろん、そうだとも。というのは、君が答えてくれないから、同意したものと認めるわけだ。

d
ところで、そのダイモンというものを、われわれは神もしくは神の子と考えているのではないか。どうだ？　君はそれに賛成するかね、反対するかね？

「まったく賛成する」

すると、君の主張のようにぼくがダイモンを信じているとするならば、そのダイモンがまたなにか神だということになると、君の謎遊び、ふざけ仕事であるとぼくが主張するゆえんのものが結果するだろう。

つまり、神を信じないはずのぼくがダイモンを信じているかぎりにおいて逆に神を信じている、というのが君の主張だということになるだろう。また他方、ダイモンというものが神の傍系の子供であって、女精《ニュンペ》その他の伝説されているような女性から生まれてきたものであるとするならば、神の子の存在は信ずるけれども神は信じないなどという者が世にだれかあるだろう
e か。それはちょうど、騾馬《らば》というものを馬と驢馬《ろば》のあいの子として認めながら、馬と驢馬の存在を信じないのと同じようなもので、奇妙なことになるだろう。

しかし、メレトス、君がこんな訴えをしたのは、この点で、われわれをためしてみているのか、あるいはぼくを訴えるためのほんとうの罪状が見あたらないためかの、どちらかであって、どうしても、それ以外ではない。また、君が、いささかでも知性のある人間をつかまえて、同じ人間がダイモンに交渉のあることがらを信じて神に交渉のあることがらを信じなかったり、
28 さらにまた、それらのことがらを信ずる、同じ人間が、ダイモンも神も半神も信じなかったりしていることができる、というようなことを納得させようとしても、そんなことのできる途《みち》は一つもないのだ。

（1）本篇17d参照。

16

しかし、もうたくさんでしょう、アテナイ人諸君。なぜなら、わたしがメレトスの訴えていることがらに関して罪をおかしている者ではないということは、多くの弁明を必要としないのでして、いま言われたことで、もうたくさんだとわたしは思います。

しかし、まえにもお話ししておいたことですが、わたしは多くの人たちからいろいろ憎まれているのでして、このことは、いいですか、諸君、たしかにほんとうなのです。そして、もしわたしが罪をおわせられるとすれば、そのばあい、わたしにそれをおわせる者は、メレトスでもなければアニュトスでもなく、まさに、いま言われたことがその原因となるでしょう。つまり、多くの人たちの中傷と嫉妬《しっと》が、そうするのです。まさにこれこそが、ほかにも多くのすぐ
b れた人たちを罪におとしたものなのでして、これからもまた罪をおわせることになりましょう。それがわたしで終りになるようなことは、おそらく、けっしてないでしょう。

しかし、そうすると、たぶん、こう言う人が出てくるかもしれません。それにしても、ソクラテス、君は恥ずかしくないのか、そんな日常をおくって、そのために、いま死の危険にさら

されているなんて。

しかしわたしは、その人に答えて、当然こう言うでしょう。君の言うことは感心できないよ、君。もしも君の考えというのが、すこしでもなすところのある人物は、ことをおこなうにあたって、それが正しいおこないとなるか、不正のおこないとなるか、すぐれた人のなすことであるか、悪しき人のなすことであるかという、ただこれだけのことを考えるのではなくて、生きるか死ぬかの危険も勘定に入れなければならないというのだとしたらね。

c なぜなら、君のそういう議論からすれば、あのトロイアで生涯を閉じた半神たちはくだらない連中だったということになるだろうからね。なかでも、あのテティスの息子（アキレウス）などは、恥ずべきことを我慢するくらいならそんな危険はなんでもない、と考えたのだからね。だから、ヘクトル討ち取りの念に燃えている彼に対して、女神であったその母親が、わが子よ、おまえが親友パトロクロスの仇《あだ》を討ってヘクトルを殺すようなことがあれば、自分も死ぬことになるのだよ、ヘクトルのあとですぐ死神がおまえを捉《とら》えようと待ちうけているのだからねと、なんでも、こんなようなことを言ったとわたしは思うのですが、するとアキレウスは、この言
d 葉を聞いても、死や危険はものの数に入れず、むしろ友のために仇討ちもしないで卑怯者として生きることを恐れて、あの悪者に罰を加えさえしたらすぐに死んでもかまいません、わたしはこの世にとどまって、地上の荷厄介になりながら、舳《へさき》のまがった船のかたわらで笑いものと

なっていたくはありません、と答えたのです。まさか君は、彼が死を心配し危険を気にしたとは思わないだろう。

　なぜなら、アテナイ人諸君よ、真実はつぎのとおりだからです。人は、どこかの場所に、そこを最善と信じて自己を配置したり、長上の者によってそこに配置されたりしたばあい、そこに踏みとどまって危険をおかさなければならない、とわたしは思うのでして、死も、他のいかなることも、勘定には入りません。それよりはむしろ、まず恥を知らなければならないのです。

17

e　だから、わたしは、アテナイ人諸君、もしもわたしが、諸君の選んでくれた、わたしの長上官の命によって、ポテイダイアでも、アンピポリスでも、またデリオン[1]でも、彼らによって配置された場所に、他の人と同様、踏みとどまって、死の危険をおかしておきながら、いま神の命によって——とわたしは信じ、また解したわけなのですが——わたし自身も、他の人も、だれでも、よくしらべて、知を愛し求めながら生きてゆかなければならないことになっているの
29 に、その場において、死を恐れるとか、なにか他のものを恐れるとかして、命ぜられた持ち場を放棄するとしたなら、それこそわたしは、とんでもない間違いをおかしたことになるでしょ

う。そしてそのときこそ、神々の存在を認めない者であるとしてわたしを裁判所へひっぱり出すのが、ほんとうに正しいことになるでしょう。神託の意にしたがわず、死を恐れ、知恵がないのに知恵があると思っているのですからね。

　なぜなら、死を恐れるということは、いいですか、諸君、知恵がないのにあると思っていることにほかならないのです。なぜなら、それは、知らないことを知っていると思うことだからです。なぜなら、死を知っている者はだれもいないからです。ひょっとすると、それはまた、人間にとって、いっさいの善いもののうちの最大のものかもしれないのですが、しかし彼らは、
b それを恐れているのです。つまり、それが害悪の最大のものであることをよく知っているかのようにです。そしてこれこそ、どう見ても、知らないのに知っていると思っているというので、いまさんざんに悪く言われた無知というものにほかならないのではないでしょうか。

　しかしわたしは、諸君よ、その点で、このばあいも、たぶん、多くの人たちとは違うのです。だから、わたしのほうが人よりも何らかの点で知恵があるということを、もし主張するとなれば、わたしは、つまりその、あの世のことについてはよくは知らないから、そのとおりにまた、知らないと思っているという点をあげるでしょう。これに対して、不正をなすということ、神でも人でも、自分よりすぐれている者があるのに、これに服従しないということが悪であり醜であるということは、知っているのです。だからわたしは、悪だと知っているこれらの悪しき

ものよりも、ひょっとしたら善いものかもしれないもののほうを、まず恐れたり避けたりするようなことは、けっしてしないでしょう。

c だから、いま、アニュトスは、あなた方に向かって、もしわたしがこの裁判で無罪放免になるようなことがあれば、そのときはもう、あなた方の息子たちはソクラテスの教えていることを日常のつとめとするようになって、すべての者がすっかり悪くなってしまうだろうと言って、いったんここへわたしを呼び出したからには、わたしを死刑にしないでおくことはできないのであって、もしそうしないのなら、はじめからこんなところへわたしを呼び出すべきではなかったのだということを主張したわけですが、もしあなた方が、いまアニュトスの言葉を信用しないで、わたしを放免するとしたら、すなわち、アニュトスのいまの言い分を考慮に入れたうえで、わたしにこう言うとしたら、――ソクラテスよ、いまわれわれはアニュトスの言にしたがわないで君を放免することにするが、それには、しかしながら、つぎのような条件があるの
d だ、つまり、これまでしてきたような探求生活はもうしないこと、知を愛し求めることはもうしないこと、そして君が依然としてそのようなことをしているところを押さえられるばあいには、君は殺されるだろう――と、そういうわけで、わたしを、いま言ったような、つまり、そういう条件で放免してくれるとしても、わたしは諸君に言うだろう。

わたしは、アテナイ人諸君よ、君たちに対して切実な愛情をいだいている。しかし君たちに

服するよりは、むしろ神に服するだろう。すなわち、わたしの息のつづくかぎり、わたしにそれができるかぎり、けっして知を愛し求めることはやめないだろう。わたしは、いつだれに会っても、諸君に勧告し、言明することをやめないだろう。

そしてそのときのわたしの言葉は、いつもの言葉と変わりはしない。——世にもすぐれた人よ、君は、アテナイという、知力においても武力においても最も評判の高い偉大な国都《ポリス》の人でありながら、ただ金銭をできるだけ多く自分のものにしたいというようなことにばかり気をつ
e かっていて、恥ずかしくはないのか。評判や地位のことは気にしても思慮や真実のことは気にかけず、魂（いのち）をできるだけすぐれたものにするということに気もつかわず心配もしていないとは。

とこう言い、諸君のうちのだれかがこれに異議をさしはさみ、自分はそれに心を用いていると主張するならば、わたしは、その者をすぐには去らしめず、また、わたしもたち去ることをせず、これに問いかけて、しらべたり、吟味したりするでしょう。そしてその者が、すぐれたもの（徳）をもっているように主張しているけれども、じつはもっていないと思われたなら、
30 わたしは、いちばん大切なことをいちばんそまつにし、つまらないことを不相応に大切にしていると言って、その者を非難するでしょう。このことは、老若《ろうにゃく》を問わず、だれに会っても、わたしのおこなおうとすることであって、よそから来た者であれ、この都市の者であれ、そう

するでしょう。しかしどちらかと言えば、この都市の者に対してはよけいにそうするでしょう。あなた方は種族的にわたしに近いわけですからね。

つまり、わたしがこういうことをしているのは、いいかね、諸君、それが神の命令だからなのです。この点は、よく承知しておいてほしいものです。そしてわたしの信ずるところでは、諸君のために、この国都のなかで、神に対するわたしのこの奉仕以上に大きな善は、まだ一つもおこなわれたことがないのです。

つまり、わたしが歩きまわっておこなっていることはといえば、ただ、つぎのことだけなの
b です。諸君のうちの若い人にも、年寄りの人にも、だれにでも、魂ができるだけすぐれたものになるよう、ずいぶん気をつかうべきであって、それよりもさきに、もしくは同程度にでも、身体や金銭のことを気にしてはならない、と説くわけなのです。そしてそれは、いくら金銭をつんでも、そこから、すぐれた魂が生まれてくるわけではなく、金銭その他のものが人間のために善いものとなるのは、公私いずれにおいても、すべては、魂のすぐれていることによるのだから、というわけなのです。

だから、もしわたしが、こういうことを言うことによって青年たちに悪い影響を及ぼしているのなら、わたしの言うことは有害なのかもしれません。しかし、これ以外のことをわたしが言っていると主張する人があっても、それは嘘です。

さあ、アテナイ人諸君、以上のことをよく考えたうえで、アニュトスの言にしたがうなり、したがわないなりしてください、とわたしは言いたい。そして、わたしを放免するにしても、
c しないにしても、わたしはたとえ何度殺されることになっても、これ以外のことはしないだろうことを、ご承知願いたいのです。

（1）以上の三つはいずれもソクラテスが従軍した戦場の地名。ポテイダイアは、北部バルカンのカルキディケ三半島のパレネ半島にある都市。ソクラテスの出征したのは、約三十七歳のとき。アンピポリスも、同じ北部バルカンのギリシア植民都市。ソクラテスの出征は、約四十七歳のときとされているが、あるいは、前四三七～六年のアンピポリス市建設のときに出征したのではないかとも言われている。デリオンは、隣国ボイオティアの東端にあって、アポロンの宮のある地点。ソクラテスの出征は、約四十五歳のとき。このときソクラテスはアテナイ軍敗退のしんがりをつとめて沈着の勇を示したことが『ラケス』181b 以下や『饗宴』221a 以下に語られている。

18

どうか騒がないでください、アテナイ人諸君。どうか、わたしが諸君にお願いしたことをまもって、わたしの言うことに何でもすぐ騒ぎたてるようなことはしないで、まあ、聞いていてください。そうすれば、聞いてまた、諸君のためになることもあるだろうと、わたしは思うの

です。というのは、じつのところ、これからまだ、諸君にお話ししなければならないことが別にあるのです。それを聞いたら、諸君は、たぶんどなりだすでしょう。しかしどうか、そういうことはいっさいしないようにしていてください。

それはつまり、こういうことなのです、諸君。もし諸君がわたしを殺してしまうなら、わた
しはこれからお話しするような人間なのですから、それは、わたしの損害であるよりも、むし
ろあなた方自身の損害になるほうが大きいでしょう。というのは、メレトスも、アニュトスも、
わたしに害を加えるというようなことは何もできないからです。彼らはまた、そういうことの
d できる者でもないでしょうしね。というのは、すぐれた人間が劣った人間から害を受けるとい
うようなことはあるまじきことだと思うからです。

なるほど、死刑にしたり、追放にしたり、公民権を奪ったりすることは、たぶんできるでしょう。しかしながら、こういうことは、この男にかぎらず、他の人にも、たぶん、たいへんな災悪だと思われることなのでしょうが、しかしわたしは、そうは思わないのです。むしろ、この男がいましているようなことをするのが、はるかに災悪の大なるものだと思うのです。つまり、人を不正な仕方で殺そうとくわだてることがです。

だから、アテナイ人諸君、いまのこの弁明も、わたしがわたし自身のためにしていると、あるいは思う人もあるかもしれないが、そういうようなものでは、とうていない、むしろ諸君の

ためなのです。諸君がわたしを有罪処分にして、せっかく神から授けられた贈り物についてあ
e やまちをおかすことのないように、というためなのです。なぜなら、もし諸君がわたしを死刑にしてしまうならば、またほかにこういう人間を見つけることは容易ではないでしょうから。

わたしは、なんのことはない、すこし滑稽《こっけい》な言い方になるけれども、神によってこの国都《ポリス》に付着させられている者なのです。それはちょうど、ここに一匹の馬がいるとして、これは素姓のよい大きな馬なのですが、大きいためにかえってふつうより鈍いところがあり、目をさましているのには、なにか虻《あぶ》のようなものが必要だという、そういうばあいにあたるのです。つまり神は、わたしをちょうどその虻のようなものとしてこの国都に付着させたのではないかと、わたしには思われるのです。つまりわたしは、あなた方を目ざめさせるのに、各人一人一人に、
31 どこへでもついていって、膝をまじえて、まる一日、説得したり、非難したりすることを、すこしもやめない者なのです。

だから、こういう人間をもう一人探すといっても、諸君よ、そうたやすく諸君には得られないでしょう。むしろ、もし諸君にわたしの言う意味がわかるならば、諸君はわたしを大切にしておかなければならないことになるでしょう。しかし諸君は、たぶん、眠りかけているところを起こされた人たちのように腹を立てて、アニュトスの言にしたがい、わたしを叩いて、軽々に殺してしまうでしょう。そしてそれからの一生を、眠りつづけることになるでしょう。もし

神が、諸君のことを心配して、だれかもう一人、別の者を諸君のところへ、もう一度つかわされるのでないならばです。

ところで、わたしがまさに、神によってこの国都に与えられたような者であるということに
b ついては、つぎのようなところから、諸君のご理解が得られるかもしれない。すなわち、わたしは、すでに多年にわたって、自分自身のことはいっさいかえりみることをせず、自分の家のこともそのままかまわずに、いつも諸君のことをしていたということは、それも、私交のかたちで、あたかも父や兄のように、一人一人に接触して、魂（いのち）を立派にすることに留意せよと説いてきたということは、人間だけの分別や力でできることとは見えないからです。

それに、もしもしかし、こういうことをして、そこから何か得をしていたとか、報酬をもらってこういう説教をしていたとかいうのならば、これは何とか説明もつけられることでしょう。しかしじっさいは、諸君も直接に見て知っておられるように、わたしを訴えた人たちは、わたしを訴えるのにずいぶん恥知らずな仕方で、他のことは何でも取り上げたのですが、さすがに
c このことだけは、いくら恥知らずなことをするにしても、証人をあげて訴えることはできなかったのです。つまりわたしが、いつか、だれかに、報酬を払わせたとか、要求したとかいうことを、ですね。それはそのはず、わたしのいま言っていることがほんとうだということについては、わたしはじゅうぶんな証拠を出せるからです。それはつまり、わたしの貧乏です。

19

それにしても、たぶん、おかしなことだと思われるかもしれません。わたしが、私交のかたちでは、いまお話ししたようなことを勧告してまわり、よけいなおせっかいをしていながら、公けには、大衆の前にあらわれて諸君のなすべきことを国家社会《ポリス》に勧告することをあえてしないというのは。しかしこれには、わけがあるのです。

つまり、わたしから諸君はたびたびその話を聞かれたでしょうが、わたしには、なにか神からの知らせとか、ダイモンからの合図とかいったようなものが、よくおこるのです。それは、d メレトスも訴状のなかに茶化して書いておいたものです。これは、わたしには、子供のときからはじまったもので、一種の声となってあらわれるのでして、それがあらわれるのは、いつでも、わたしが何かをしようとしているとき、それをわたしにさしとめるのでして、何かをなせとすすめることは、いかなるばあいにもないのです。そして、まさにこのものが、わたしに対して、国政にたずさわることに反対しているわけなのです。そしてそれが反対するというのは、じゅうぶん肯《うなず》けることのように、わたしには思えるのです。

なぜなら、いいですか、アテナイ人諸君、もしわたしが以前から国政上のごたごたに携わる

e ことをくわだてていたとしたら、わたしはとっくに身を亡《ほろ》ぼして、あなた方のためにも、わたし自身のためにも、何ら益することがなかったでしょう。そしてどうか、わたしがほんとうのことを言うのに腹を立てないでください。というのは、諸君なり、他の大多数の人たちなりに、正直一途《いちず》の反対をして、多くの不正や違法が国家社会のうちにおこなわれるのをどこまでも妨害しようとしたら、人間だれも身を全うする者はないでしょう。

32 むしろ、ほんとうに正義のために戦おうとする者は、そしてすこしのあいだ、身を全うしていようとするならば、私人としてあることが必要なのでして、公人として行動すべきではないのです。

20

そして、これの有力な証拠となるものを、わたしから、諸君に提出するとしましょう。それは、たんなる言葉ではなくて、諸君の尊重されるもの、すなわち、事実なのです。

それでは、さあ、聞いてください。わたしのお話しするのは、わたしの一身上のできごとなのです。これを諸君が聞かれたなら、わたしが死を恐れて正義に反した譲歩をおこなうというようなことは、いかなる人に対してもありえないだろうことを、しかし、もし譲歩しなければ、同時に身を亡ぼすことになるだろうことを、知られるでしょう。わたしのこれからお話ししようとすることは、法廷でよく聞かれる俗っぽいことがらなのですが、しかし事実は事実なのです。

それはつまり、アテナイ人諸君、わたしはこれまで、いまだかつて、ほかに公職についたこ
b とはないのですが、ただ政務審議会の一員となったことはあるのです。そしてちょうどわたしの属するアンティオキス区がその執行部[1]となったとき、あなた方は、十人の軍事委員を、あの海戦で漂流者を救出しなかったというので、一括して裁判に付することを議決したのです[2]。しかしそれは、あとになって諸君のすべてが認められたように、違法の措置だったのです[3]。そのときはしかし、執行部の委員のなかでわたし一人だけがあなた方に反対して、いかなる違法をもおこなわせまいとし、投票も反対投票をしたのです。そして、議員たちがわたしをいまにも告発し逮捕させようとし、諸君もそうしろとどなりたてているなかで、わたしは、拘禁《こうきん》や死刑
c を恐れて正しくない提案をしている諸君の仲間となるよりは、むしろ法律と正義に与《くみ》してあらゆる危険をおかさなければならないと思っていたのです。

そしてこれは、まだ国家が民主制のもとにあったときのことなのですが、寡頭《かとう》政治がおこなわれるようになったときにはまた、こんどは、例の三十人の革命委員[4]が、わたしを他の四人とともに、彼らの本部があった円堂《トロス》[5]へ呼び出して、サラミスの人レオン[6]を殺すために、サラミス

へ行って連れてくるようにと命令したのです。これに似たようなことを彼らは、他の多くの人たちに対しても、いろいろ命令していたのでして、それは、できるだけ多くの人間を自分たちの犯行に連座させようとする魂胆から出たものなのです。

d そのときは、しかしわたしは、言葉によってではなく行動によって、もう一度こういうことを示したのです。つまり、わたしには死は、ちっとも——と言って乱暴すぎる言い方にならないのなら——気にならないが、不正不義はけっしておこなわないということ、このことにはあらゆる注意をはらっているということです。つまり、当時の支配者たちは、あれほど強力なものでしたが、わたしをおどかして不正をおこなわせることはできなかったのです。わたしたちが本部の円堂《トロス》を退出したとき、他の四人はサラミスへ行って、レオンを連れてきましたが、わたしは家へ帰ってきてしまったのです。そして、もし当時の政権がすぐに崩壊しなかったなら、
e わたしは、たぶん、いまお話ししたことのゆえに、殺されたでしょう。このことについても、諸君に証言する人は、たくさんいるはずです。

(証人の証言あり)

(1) 本篇三一ページ注(1)および、『ゴルギアス』二五四ページ注(1)参照。

(2) ペロポンネソス戦争末期(前四〇六年)、レスボス島の近くにあるアルギヌゥサイ島沖で海戦がおこなわれて、結局はアテナイ側の勝利となったのだが、アテナイ側の沈没艦船の人員救助が暴風雨に

妨げられてじゅうぶんでなく、そのために十人の軍事委負の将軍が責任を問われることになった。そのうち二名は他の地域にあったので直接の関係がなく、他の二名は召喚に応じなかったので、じっさいに裁判されたのは六名だけだった。
(3)クセノポン『ギリシア史』第一巻七章三五節によると、六人の軍事委員の死刑後、後悔したアテナイ人たちは、国民をあざむいたというかどで軍事委員たちを訴えた人々をまた逆に訴えた。
(4)前四〇四年、アテナイ敗戦後、占領軍スパルタの武力を背景とする、クリティアスらの三十人独裁政権のこと。この政権の仕事は、はじめは戦時中の非行者を摘発処罰するだけだったのが、やがて、危険分子を除くという口実で、いろいろな人々を殺す仕事にかわり、恐怖政治となるに至ったが、約八ヵ月あまりで倒れた。
(5)円形の建物で、政務審議会の議場の近くにあり、執行委員たちはここで会食した。革命後、三十人の革命委員たちによって占有されていたのであろう。
(6)アテナイの将軍。他にも多くの人が三十人独裁政権によって殺されたが、とくにレオンの場合は不当と思われたらしい。

21

そうすると、もしわたしが、公けの仕事に従事するとして、善き人にふさわしい仕方でこれに従事して、正義に助勢し、また、当然そうあるべきように、このことをいちばん大切にした

としたなら、そもそも、わたしは、この年まで生きのびることができたと、諸君は考えられる
33 でしょうか。それはとても、とてもできることではないのです、アテナイ人諸君。それは世界
じゅうの、他の何人《なにびと》にもできることではないでしょう。しかしとにかく、わたしという人間は、
全生涯を通じて、もし公けに何かをなしたとしても、このような者であることが明らかにされ
るでしょうし、私生活においても、この同じ人間としてあるでしょう。つまりわたしは、正義
に反することは、何ごとでも、いまだかつて、何人にも譲歩したことはないのでして、わたし
を中傷する人たちがわたしの弟子だと言っている者[1]どもの何人に対してもまた、譲歩したこと
はないのです。

　なおまた、わたしは、いまだかつて何人の師となったこともありません。しかしだれか、わ
たしの本業としてのわたしの話を聞きたいという人があるなら、老若を問わず何人にも、聞か
b せることを惜しんだことは、いまだかつてありません。また、金銭をもらえば問答に応ずるけ
れども、もらわなければ応じないというようなことはしないで、金持ちからも、貧乏人からも、
同じように質問を受けることにしているのであって、また、もし希望があれば、わたしの言お
うとしていることについては何でも答え手になって聞いてもらうことにしているのです。そし
て、それらの人たちについて、わたしは、だれが善くなろうと、なるまいと、まだだれにも何
の知識を授ける約束もしたことはなし、またじっさいに教えたこともないのだとすれば、責任

をおう筋はないということになるでしょう。また、もしだれかが、わたしのところから、ほかのだれでも聞いているのとは違うなにか別のものを、個人的に教えてもらったとか、聞いたとか言っても、いいですか、諸君、その言うことはほんとうではないのです。

（1）アルキビアデスのような戦争責任者や、クリティアスのような独裁革命の犯罪的行為者を暗にさすものと思われる。いずれもソクラテス的新教育が生みだした者ではないかと、人々は疑っていたわけで、ソクラテス告発の陰の原因と考えられる。

22

c しかしそれなら、好んでわたしといっしょに長い時間をすごす者があるのは、いったい、どうしてなのでしょうか。そのわけは、すでに聞かれたとおりです、アテナイ人諸君。わたしは諸君に、その真実をすべてお話ししたはずです。つまり彼らは、知恵があると思っている人がしらべられて、そうでないことになるのを、聞いているのが、面白いからなのです。たしかに、面白くないことはないのですからね。

しかしそれは、わたしにとっては、わたしの主張では、神によってなせと命じられたことなのです。それは神託によっても伝えられたし、夢知らせによっても伝えられたのです。また、

ほかに、神の決定で、人間に対して、まあ何であれ、何かをなすことが命ぜられるばあいの、
あらゆる伝達の方法がとられたのです。

以上、わたしのお話ししてきたことは、アテナイ人諸君、真実なのですし、また、その真偽
d を吟味することも容易なのです。というのは、もしほんとうにわたしが青年に害悪を与えてい
るとか、与えたとかいうのであれば、それらの者のうちには、年が長じてから、自分の若いと
きにわたしからなにか悪いことを勧められたことがあるのに気がつく者もあるわけで、もしそ
ういう者があるなら、いまのこの機会に、自分でこの場にあらわれて、わたしを告訴して、仕
返しをしなければならないはずでしょうから。また、自分は欲しなくても、その者の家人のだ
れかが、つまり、父親なり、兄弟なり、ほかの親類縁者にあたる者なり、自分の家の者なりが、
わたしのためになにか害悪を受けたのであれば、それをいま、ぶちまけて、仕返しをしなけれ
ばならんはずだと思うのです。

いずれにしても、ここには、わたしの見るところでは、そういう者がたくさん来ています。
e まず、あそこにはクリトンがいる。わたしと同年、同区の者で、ここにいるクリトブゥロスの
父親になるわけです。そのつぎには、スペトス区のリュサニアスがいる。ここにいるアイスキ
ネスの父親なのです。さらにまた、あそこにはケピシア区のアンティポンがいるが、これはエ
ピゲネスの父親です。それから、ほかには、兄弟が、いまお話ししたような、わたしの問答仲

34 間だった者が来ています。テオドトスの兄弟では、テオゾティデスのところのニコストラトスが来ていますが、テオドトスはもう亡くなってしまっているから、兄弟の彼に頼みこんで証言をやめさせるようなことはなかったはずです。また、デモドコスのところのパラリオスがここにいるけれど、テアゲス[1]は、これの兄弟だったのです。また、ここには、アリストンの子のアデイマントス[2]がいるが、これの兄弟が、そこにいるプラトン[3]なのです。また、アイアントドロスも来ているが、ここにいるアポロドロスは、あれの兄弟なのです。

　そしてほかにも、わたしは、諸君にたくさんの名をあげることができます。そしてそのうちのだれかを、メレトスは、自分の弁論の最中に、証人として出すのがいちばん得策だったはずなのです。もし、あのときは忘れたのなら、いま出したらよい。わたしは、発言の権利を譲るから、彼になにかそうしたものがあるなら言ってもらいたいものです。

　しかしじっさいは、諸君、まるでその正反対なのを見られるでしょう。これらの者は、だれ
もみな、わたしを助けるつもりで来ているのです。そのわたしは、メレトスやアニュトスの主
張では、彼らに害悪をおよぼし、彼らの家人に対して悪を働いたはずの者なのです。つまり、
b 害悪を受けてしまった者が助けに来るのなら、本人には、たぶん、それだけの理由があるかも
しれません。しかし害悪を受けなかった人たち、すでに年も長じている人たち、彼らの親類に
なる人たちは、ほかにいかなる理由があって、わたしを助けようとしているのでしょうか。そ

れはただ、メレトスのは虚偽でわたしのは真実であるというのを直接によく知っているからという、正当でもあり正義にもかなう理由によるのではないでしょうか。

（証人の証言がおこなわれる）

（1）『国家』496bでは、病身のために政治活動に入れないので哲学をやめないでいる人物だと言われている。

（2）プラトンの父と長兄の名がここに出ている。このころ、父アリストンはすでに亡く、長兄アデイマントスはプラトンの父代わりになるほど年長であったらしい。

（3）プラトンがその著作のなかで自分の名を出すのは、この箇所と本篇38bと『パイドン』59bの三回だけ。

23

さあ、それでは、諸君、これはこれでよいということにしましょう。わたしに弁明できることといえば、まあ、だいたい以上でつきているわけで、これ以上やってもたぶん、これと同じようなことになるでしょう。

c しかしおそらく、諸君のうちには、自分自身のばあいを思い出して、これに不満な方もあるでしょう。自分は、これよりも小さな訴訟事件の当事者であったときにも、多くの涙を流し、できるだけ多くの同情をかち得るために自分の子供を登場させ、ほかにまた、家人や友人にも多数出てもらって、裁判する諸君に哀訴嘆願したのに、わたしはと見れば、そういうことを一つもしようとしないではないか、しかもひじょうに危険な立場にいる、と思われるのに、そんなことでは、というわけなのでしょう。だから、そういう点が念頭にあるためにわたしに対する気持が硬化して、まさにそのことへの腹立ちから、腹立ちまぎれに投票するというような人も出てくるかもしれません。

d もしはたして、諸君のうちに、こういう気持でいる人があるとしたら――というのは、わたしは求めてそう考えようとしているわけではないのですから、とにかく、もしそういう人があるとしたら、わたしはそういう人に対して、こういうふうに言ったら、よいのではないかと思う。わたしには、君よ、家族の者も幾人かいます。なぜなら、このばあいも、ホメロスの言葉がそのままあてはまるのです。わたしも《木石《ぼくせき》から生まれた者ではなく①》て、人間から生まれた者なのです。だから、わたしの家族の者もいるわけで、しかも息子が、アテナイ人諸君、三人いるのです。一人はもう青年ですが、二人は小さな子供です②。しかしそれでも、わたしは、彼らの一人をもここへ登場させないでしょう。それによって、わたしを無罪にするための投票を諸君にお願いするようなことは、しないでしょう。

それなら、いったい何ゆえに、わたしはそういうことを一つもしようとしないのか。それは、
e アテナイ人諸君、わたしの強情のためでもなければ、諸君を軽蔑しているからでもないのです。
わたしが死に直面してびくともしない気持でいるか否かは別問題として、とにかく、わたしの
ためにも、諸君のためにも、また、国家全体のためにも、外聞というものを考えてみると、わ
たしという人間が、この年で、しかも、まあ、嘘にせよ、ほんとうにせよ、ああいう名前[3]をも
っていながら、いまお話ししたようなことをするのは、見よいものではないと、わたしには思
われるからです。とにかく、いずれにしても、ソクラテスという人間が、大多数の人間よりも
何かの点で違っているということは、すでにきまりきったことのように考えられているのです
からね。それで、もし諸君のうちで、知恵とか、勇気とか、あるいは他の何らかの徳において
傑出していると思われている者が、いまお話ししたようなていたらくであろうなら、それは醜
態というものでしょう。

ところが、まさにそのようなていたらくの人を、わたしはしばしば見たのです。いざ裁判にかけられるとなると、それまではひとかどの人物と思われていた者が、あきれるようなことをするのです。まるで、もし諸君が彼らを死刑にさえしなければ、いつまでも死ぬことはないかのように、死刑になることをたいへんな目にあうことだと考えているらしいのです。こういう連中は国家に恥辱をぬりつけるものであると、わたしには思われます。だから、外国から来た

b 者のうちにも、こう考える人が出てくるでしょう。アテナイ人で、すぐれたところのある、傑出した人物というのが、直接、彼らのあいだで、とくに選ばれて国家の要職その他の名誉ある地位についているが、これらの人物は、婦女子とすこしも異なるところがないではないかと。

なぜなら、アテナイ人諸君よ、こういうことは、われわれが、何かすこしでも世に聞こえるところのある者だとしたならば、してはならないことなのです。また諸君も、われわれがこれをしたばあいに、われわれのするままにしておいてはならないのです。むしろ、あなた方は、そのばあい、はっきり示さなければならないことがあるのです。それはつまり、こんな哀れっぽい芝居をして国家を物笑いのたねにするような者は、そうでなくて平然としている者よりも、むしろずっと多く有罪処分にするぞという、まさにそのことをです。

(1) ホメロスの『オデュッセイア』第一九巻一六三行。
(2) 長男はラムプロクレス、次男はソプロニスコス、三男はメネクセノスと呼ばれた。三男はまだ幼児だったらしい。
(3)「知者」という名前。本篇 23a 参照。

24

c また、外聞のことは、諸君よ、しばらくおくとしても、裁判する者に頼みこむとか、頼んで無罪にしてもらうとかいうことは、正しいことではないと、わたしは思うのであって、むしろ、教えて、説得すべきものと考えるのです。なぜなら、裁判官という者は何のためにそこへ坐《すわ》っているのかといえば、それは正邪を判別するためであって、それを依怙《えこ》の沙汰《さた》とするためではないのです。また彼は、自分の気に入った者を依怙ひいきすることなく、法律にしたがって裁判すべきことを誓ったのです。だから、われわれも、諸君に誓いを破るような習慣をつけさせるべきではないし、諸君もまた、自分でそういう習慣をつけてはならないのです。なぜなら、それによって、われわれはどちらも、神を敬ってはいないということになるでしょうから。

d このゆえに、アテナイ人諸君よ、諸君のわたしに対する要求は、わたしが見よいこととも正しいこととも神意にかなうこととも考えていないようなことを諸君に対しておこなうべしとするようなものであってはならないのです。とくにまた、ゼウスに誓って、わたしはこのメレトスによって不敬の罪を問われているのですから、どうか、そういうことのないようにしてください。なぜなら、もしわたしが諸君を説いて、せっかく誓いをたてているのに、頼みこんで無理をさせるとしたら、それは明らかに、神の存在を信じないように諸君を教えたことになり、わたしは、なんのことはない、弁明に立っていながら、自分自身を神々を認めない者として告発していることになるでしょうから。

しかしそういうことは、とてもありえないことなのです。なぜなら、わたしは神を信じているからです。アテナイ人諸君、わたしを訴えている人のだれもくらべものにはならないくらいに、信じているからです。そして、どうすればわたしのためにも諸君のためにもいちばんよいことになるかということを、わたしについて判決することは、諸君に一任するとともに、これを神にゆだねているのです。

（有罪か無罪かの決定が、投票によって、おこなわれる）

25

e さて、アテナイ人諸君、諸君がわたしを有罪と票決したこの結果に対して、わたしは、憤慨
36 しないということで、これには、ほかにもいろいろ、わたしなりの理由はあるけれども、なによりも、この結果が、わたしには意外ではなかったのです。それよりはむしろ、双方の投票の結果出てきた数に、大いに驚いているのです。というのは、わたしは、それが、こんなわずかの差ではなくて、もっと大きな差になるものと思っていたからです。ところが、いまの模様で

は、ただの三十票だけでもこれの逆の側へ行けば、わたしは無罪になっていたでしょう。(1)

かくて、メレトスに対しては、わたしはいまも、まったくの無罪放免であると信じている。いや、たんに無罪放免であるというばかりでなく、もしアニュトスやリュコンがわたしを訴え
b るために登場しなかったとしたら、彼は投票の五分の一を獲得できないで、さらにまた、一千ドラクメの罰金をとられることになっていたでしょう。(2) とにかく、このことは何人《なんぴと》にも明らかなことです

（有罪決定の後、つぎには刑量を決めるために、もう一度、被告の申し立てがおこなわれる）(3)

（1） 裁判官の数を五百人とすれば、ソクラテスを有罪としたのは二百八十票、無罪に投票したのは二百二十票ということになる。

（2） ソクラテスの有罪に投票した二百八十票は、法的にはもちろん原告メレトス一人の得票になるわけだが、仮りに弁護人のアニュトスやリュコンをも原告として得票を三分してみると、メレトス一人の得票数は約九十三票となって、五百票の五分の一には達しないことになる。軽率な訴訟を防ぐための措置として、原告が全投票数の五分の一を獲得できなかったばあいには、一千ドラクメの罰金をとられたり、市民権すら奪われることになっていた。

（3） 訴訟の種類によって刑量がはじめから定まっているか、定まっていないで裁判官によって裁定されるばあいもあった。ソクラテスのばあいの不敬の訴えは後者に属していた。原告がまず刑量を提議し、つぎに被告が別の刑量を申し出て、裁判官たちはそのどちらかに罪を決めたわけである。

26

さて、ところでこの男は、わたしに対して、死刑を求刑している。よろしい。それなら、これに対して、わたしは、いかなる刑を申し出るべきでしょうか。アテナイ人諸君、むろん、それ相応の、でしょう？

では、それは何でしょうか。わたしが一生をおとなしくはしていなかったということに対しては、何の刑を受け何の償いをするのが相応なのでしょうか。

わたしはしかし、大多数の人たちとは異なり、銭をもうけるとか、家事をみるとか、あるいは、軍隊の指揮や民衆への呼びかけに活動するとか、そのほかまた、官職につくとか、徒党を組んで騒動を起こす等々、いまの国家社会《ポリス》にふつうおこなわれていることには関心をもたなか
c ったのですが、それは、そういうことに入っていって身を全うするのには、自分は、ほんとうのところ、善良すぎると考えたからなのです。それで、そこへ入っていっても、あなた方のためにもわたし自身のためにも、何の利益もあるはずのないようなところへは、わたしは行かないで、最大の親切とわたしが自負するところのものを、そこへ行けば、各人に個人的に尽すことになるような、そういうところへ赴いたのです。つまり、あなた方の一人一人をつかまえて、

自分自身ができるだけすぐれた者となり思慮ある者となるように気をつけて、自分にとって付属物となるだけのものをけっしてそれに優先して気づかうようなことをしてはならない、また、国家社会のことも、それに付属するだけのものを、そのもの自体よりもさきにすることなく、
d その他のこともこれと同じ仕方で気づかうようにと、説得することをこころみていたのです。

　すると、このようなことをしてきたわたしは、何を受けるのが至当でしょうか。なにか善いことをでなければなりません、アテナイ人諸君。もしも、ほんとうに至当の評価を受くべきものだとすればです。しかもそれは、わたしに適当するような、そうした善いものでなければなりません。それなら、何が適当するでしょうか。

　諸君に親切をつくしたその男は、貧乏人なのでして、しかもいま、諸君を説き励ますのに時間の余裕を必要としているのです。およそ、アテナイ人諸君、この者がこのような事情にあるとすれば、市の迎賓館《プリュタネイオン》[1]において給食を受けるほど適当なことはないのです。それは、オリュンピアの競技で諸君のだれかが一頭もしくは二頭、四頭の馬で勝利を得たばあいに、そうされるよりも、ずっと適切なことなのです。なぜなら、その人は諸君を、ただ幸福だと思われるようにするだけですが、わたしは幸福であるようにしているのですから。しかも、馬を出場させ
e るような人は、なにも給食を必要としないけれども、わたしは必要とするのです。

　だから、わたしが正義にしたがって、至当の評価で自分の受けなければならぬものを申し出

37 るべきだとするならば、これがわたしの申し出る科料です。すなわち、市の迎賓館における食事。

(1) 執行委員の執務する集会所で、国家の中心であった。家の中心にかまどがあるように、ここには「公共のかまど」が置かれ、そこで公式の饗応が、外国の使節、自国の勲功者、オリンピックの勝利者などに対してなされた。

27

そうするとたぶん、あなた方には、わたしがこういうことを言うのも、さきに哀訴嘆願について語ったときと同じように、意地をはってこんなことを言っているのだと、思われるでしょう。しかしそれは、アテナイ人諸君、そうではなくて、むしろ、こうなのです。

わたしの確信では、世の何人に対してもわたしは故意に不正を加え、罪をおかすようなことはしていません。ただ、その点をあなた方になかなか納得してもらえないでいるのです。これは、おたがいに話しあえた時間[1]がわずかしかなかったからです。というのは、わたしの考えでは、もしあなた方の法律が、他の国でも見られるように、死刑の裁判はただの一日でするので
b はなくて、幾日もかけることになっていたなら、あなた方の納得も得られたことでしょう。し

かしいまは、わずかの時間で重大な中傷を解こうとするのですから、容易なことではありません。かくて、わたしの確信では、何人にも不正を加えることはしていないのですから、自分自身について、自分のほうから何かの害悪を受けるのが当然であると言って、自分自身のために何かそういう科料を申し出て、自分自身に不正を加えようとすることは、わたしの思いも及ばぬことなのです。いったい何を恐れて、そんなことをしなければならないのでしょうか。メレトスがわたしに求刑しているところのものを、そもそも受けないためでしょうか。

それはしかし、善いものなのか、悪いものなのか、わたしは知らないと言っているものなのです。[2] それなのに、そういうもののかわりに、それが悪であることをよく知っているものの何かを、わたしはとらなければならないのでしょうか。そういうものを、わたしの科料として申し出なければならないでしょうか。

c 拘留の申し出は、どうでしょうか。そうすれば、わたしは刑務所のなかで、その時々にその任につく十一人の役人[3]の奴隷となって生きてゆかなければならないわけですが、何のためにそんなことをしなければならないのでしょうか。

むしろ罰金を申し出て、それを払いきるまで拘留される、というのはどうでしょうか。しかしそれは、わたしにとっては、いまお話ししていたことと同じです。なぜなら、その支払いをするお金が、わたしにはないからです。

いや、それなら、国外追放の刑を申し出ましょうか。たぶん、諸君がわたしのために裁定さ
れる刑は、これになるかもしれません。しかしながらわたしは、よほど命が惜しいのでなけれ
ば、きっと、そんな筋道の立たない考え方はしないでしょう。それではわたしは、こういうこ
d とを考える能力がないことになるでしょう。つまり、あなた方は、わたしの同市民だけれども、
わたしが日常していること、とくにその言論を我慢することができなくなっており、それは諸
君にとって、ますます耐えがたく嫌悪すべきものとなってしまい、いまはそれから解放される
ことを諸君は求めておられるのであるが、外国の者なら、どうでしょう？ それをたやすく我
慢してくれるだろうか。とても、とても、そんなことはありえないのです、アテナイ人諸君。
そうだとすれば、わたしの生活は、けっこうなことになるだろう。この年齢《とし》で外国追放にな
って、一国から他国へと追いだされては、住む国をとりかえながら生きていく生活というもの
はね。というのは、わたしはよく知っているのです。どこへわたしが行こうとも、わたしの言
論を常連として聞いてくれるのは、ここと同様、青年たちでしょう。そして、もしわたしが彼
e らを追いはらうならば、こんどは彼らのほうが、年長者を説いて、わたしを追いだすことにな
るでしょう。しかしまた、追いはらわなければ、彼らの父親や家人が、まさにその青年たちの
ゆえに、わたしを追いだすでしょう。

(1) スパルタの風習をさしたものと考えられる。

（2）死のことをさす。本篇29a～b参照。
（3）いわゆる十一人の刑務委員。この委員は、毎年、十部族から各一名ずつが選出され、これに書記一名をつけた組織になっていた。

28

そうすると、たぶん、こう言う人があるかもしれない。ソクラテスよ、君は、われわれのと
ころを退去したら、どうか沈黙をまもって、おとなしく生きていってもらえないだろうかと。
ところが、これこそ、あなた方のだれかを納得させるのに何よりも困難なことなのです。なぜ
38 なら、そうすることは神に対する不服従であるから、そのゆえに、おとなしくしていることは
できないのだとわたしが言っても、諸君は、わたしが空とぼけているのだと考えて、わたしの
言うことを信じないでしょう。さらにまた、人間にとっては、徳その他のことについて毎日談
論するという、このことが、まさに最大の善きことなのであって、わたしがそれらについて問
答しながら自分と他人を吟味しているのを諸君は聞かれているわけであるが、これに反して、
吟味のない生活というものは人間の生きる生活ではないと言っても、わたしがこう言うのを諸
君はなおさら信じないであろう。しかしそのことは、まさにわたしの言うとおりなのです、諸

君。ただ、それを信じさせることが容易でないのです。

また同時に、わたしとしては、自分がどのような害悪でも悪を受けるのが当然だと考えるようなことには、すこしもなれてはいません。というのは、もしわたしにお金があったなら、わたしの払おうと思う金額を科料として申し出たでしょう。b わたしには実害は何もないでしょうからね。しかしいまは、違います。そういうお金はないのですからね。もっとも、わたしが払ってしまえるくらいの金額を、わたしの科料として諸君が裁定してやろうというのなら、話は別です。そしてたぶん、銀一ムナなら、諸君にお払いすることができるでしょう。それでは、この金額の科料を、わたしは申し出ることにします。

いや、しかしプラトンが、いまここへ来て、アテナイ人諸君よ、クリトン、クリトブゥロス、アポロドロスなどとともに、三十ムナの科料(1)を申し出るように言っているのです。自分たちがそれの保証に立つと言うのです。それでは、その金額をわたしは申し出ることにする。その銀《ぎん》子《す》の諸君に対する保証人には、この人たちがなるでしょう。じゅうぶん信用できる人たちです。

（刑量の票決がおこなわれる(2)）

（1）本篇一四ページ注（5）参照。ほぼ四、五万円くらい。

（2）この票決の結果、ソクラテスは死刑ときまった。ディオゲネス・ラエルティオスの史書によると（第二巻四二節）、このときにはソクラテスを死刑にせよという投票が第一回の投票のときよりさらに八十票多かったという。つまり、三百六十票対百四十票をもって死刑に決定したことになる。そして、これでソクラテスの裁判はおわったことになる。以下の演説は、もはや本来の法廷弁論には属さないものである。

29

c わずかばかりの時間のことで、アテナイ人諸君よ、諸君は悪名を得、とがめを受けるでしょう。この国の人間を悪く言おうとする者によって、あなた方は、知者のソクラテスを殺したというので非難されるでしょう。むろん、知者だということは、たといわたしがそうでなくても、あなた方の非をとがめだてようとする意図から、彼らはそう主張するでしょうからね。とにかく、もうすこしのあいだ待てば、諸君の望む結果がひとりでに得られたでしょうに。なぜなら、ほら、諸君の見られるとおり、わたしの年齢は、生をすでに遠くまで来ていて、死に近づいているのです。

d しかしわたしがこう言っているのは、あなた方全部に対してではないのでして、ただ、わたしの死を票決した人たちに言っているのです。そしてもう一つ、つぎのことを、同じその諸君に言いたいのです。諸君よ、諸君はたぶん、わたしの敗訴になったのは、言葉に窮したからだと考えておられるでしょう。つまりわたしが、どんなことでも言い、どんなことでもおこなって、無罪放免にならねばならぬと思ったなら、それを用いて諸君を説得したかもしれないような、そういう種類の言葉の不足から、わたしは敗れたのだというのです。

とんでもない。わたしが敗訴になったのは、不足は不足でも、言葉のそれではなくて、厚顔と無恥の不足のためなのです。つまり、諸君が聞くのを最も好まれるようなことを、諸君に言うつもりになれなかったからなのです。諸君が求めておられるのは、わたしが泣いたり、わめ
e いたりすることであり、その他いろいろ、わたしにふさわしくないようなこと――だと、わたしは主張するのであるが、そういうことをおこなったり言ったりすることなのであって、それこそまた、諸君が他の人間から聞きなれておられることなのです。

しかしながら、さきほどもわたしは、危険があるからといって、いやしいおこないをするということは一つもあってはならないことだと思っていたのですが、いまもまた、いまのようなやり方で弁明をおこなったことを、後悔はしていません。むしろ、人々のやり方をして生きているよりも、いまのこのやり方で弁明をおこなって、その結果死ぬようなことになったとしても、むしろ、そのほうがずっとましだと思っています。

39 なぜなら、裁判のばあいにしても戦争のばあいにしても、わたしにかぎらず他のだれでも、死を免れるためには何でもやるというような工夫は、なすべきものではないからです。という

のは、戦場においても、ただ死だけを免れるというのならば、武器をすてて追い手の情けにすがればできるということが、いくたびも明らかにされているからです。そしてほかにも、危険のそれぞれに応じて、あえて何でもおこない、何でも言うとなれば、死を免れる工夫はたくさんあるのです。

いや、むずかしいのは、そういうことではないでしょう。諸君、死を免れるということでは
b ないでしょう。むしろ、下劣を免れるほうが、ずっとむずかしい。なぜなら、そのほうが死よりも足が早いからです。

だからいまも、わたしは年とって、足がのろいから、のろいほうの死に負かされたけれども、わたしを訴えた人たちは鋭利敏速の士だから、早いほうの、邪悪というものに負かされたのです。だからいまも、わたしは、あなた方から死の刑罰をおわされて、この場を立ち去ろうとしているが、この諸君は、真実というものによって兇悪《きょうあく》と不正の刑をおわされて、ここから出て行くのです。わたしもこの裁定に服するが、この諸君もまた、そうすべきである。しかしこれらのことは、たぶん、おそらくこうならなければならなかったのでしょう。わたしも、これでけっこうだと思っている。

30
c　さて、それでは、つぎには、わたしに有罪の投票をした諸君よ、諸君のために予言をしておきたいと思う。なぜなら、わたしもいま、すでに、人間が最もよく予言するときにあるからです。つまり、まさに死なんとするときにあたっているのです。

　わたしの言うことは、すなわち、こういうことです。諸君よ、諸君はわたしの死を決定したが、そのわたしの死後、まもなく諸君に懲罰がくだされるでしょう。それは、諸君がわたしを死刑にしたのよりも、ゼウスに誓って、もっとつらい刑罰となるでしょう。なぜなら、いま諸君がこういうことをしたのは、生活の吟味を受けることから解放されたいと思ったからでしょう。しかしじっさいの結果は、わたしの主張を言わせてもらえば、多くはその反対となるでし
d ょう。諸君を吟味にかける人間はもっと多くなるでしょう。彼らをいままでわたしがひきとめていたので、諸君は気づかないでいたわけなのです。そして彼らは、若いから、それだけまた手ごわく、諸君もまたそれだけつらい思いをすることになるでしょう。

　というのは、もし諸君が、人を殺すことによって、諸君の生き方の正しくないことを人が非難するのをやめさせようと思っているのなら、それはいい考えではないでしょう。なぜなら、そういう仕方で片づけるということは、立派なことではないし、完全にできることでもないの

ですから。むしろ、他人を押さえつけるよりも、自分自身をできるだけ善い人になるようにするほうがはるかに立派で、ずっと容易なやり方なのです。

さて、以上が、わたしに死刑の投票をした諸君に対する、わたしの予言なのであって、これでもう、お別れです。

31

e　しかしながら、わたしに無罪の投票をしてくれた諸君とは、いまここで起こったことがらについて、しばらく話しあいたいと思う。① しばらくのあいだは、役人たちも事務上の仕事があって、わたしもまだ、わたしの死に場所② へ行けないのです。

まあ、とにかく、どうか諸君、そのあいだだけ、ここにいてください。というのは、ゆるさ
40 れた時間中はおたがいに心おきなく語りあうのに何のさしつかえもないからです。というのは、諸君をわたしのじつの友だちとして、いまのわたしの一身上のできごとが、いったい何を意味するのかということを、わかってもらえるようにしたいと思うからです。

それはつまり、裁判官諸君③――というのは、諸君こそ、わたしが正しい呼び方で裁判官と呼べる人たちなのだ――わたしに妙なことが起こったのです。というのは、わたしにいつも起こ

る例の神のお告げというものは、これまでの全生涯を通じていつもたいへん数しげくあらわれて、ごく些細《ささい》なことについても、わたしのおこなおうとしていることが当を得ていないばあいには、反対したものなのです。ところでこのたび、わたしの身に起ったことは、諸君も親しく見て知っておられるとおりでして、これこそ災悪の最大なるものと人が考えるかもしれないことであり一般にはそう認められていることです。ところが、そのわたしに対して、朝、家を
b 出てくるときにも、神の例の合図は、反対しなかったのです。また、ここにやって来て、この法廷に入ろうとしたときにも、反対しなかったし、弁論の途中でも、わたしが何かを言おうとしているどのようなばあいにも、反対しなかったのです。

　ところが他のばあいには、話をしていると、それこそほうぼうで、わたしの話を、それは途中からさしとめたものなのです。ところがこのたびは、いまの事件に関するかぎり、行動においても、言論においても、わたしは反対を受けないでしまったのです。

　それなら、何が原因なのでしょうか。わたしの考えていることを、あなた方にお話ししよう。
c つまり、このたびのできごとは、どうも、わたしにとっては善いことだったらしいのです。そして、もしわれわれが死ぬことを災悪だと思っているのなら、そういうわれわれすべての考えは、どうしても正しくはないのです。なによりも、わたしの身に起ったことが、それの大きな証拠です。なぜなら、例の神の合図がわたしに反対しなかったということは、わたしのこれ

からしようとしていたことが、なにかわたしのために善いものではなかったなら、どんなにしても起こりえないことだったのですから。

（1）この箇所以下は、無罪の投票をした者、とりわけ親しい友人たちに対する、ソクラテスの真情を吐露した告別の辞である。
（2）刑務所をさす。
（3）この呼びかけがソクラテスによって用いられるのは、これがはじめてである。本篇26dおよび五ページの注（1）参照。

32

しかし、考えてみようではないですか。またこういうふうにしても、それが善いものだということは、大いに期待できるからです。つまり、死ぬということは、つぎの二つのうちの一つなのです。あるいは、まったくない無といったようなもので、死者は何もすこしも感じないか、あるいは、言い伝え(1)にあるように、それは魂にとって、ここの場所から他の場所へと、ちょうど場所をとりかえて住居を移すようなことになるわけなのです。

そして、もしそれが何の感覚もなくなることであって、人が寝て夢ひとつ見ないようなばあ

d いの眠りのごときものであるとすれば、死とは、びっくりするほどの儲《もう》けものであるということになるでしょう。なぜなら、わたしの思うに、もし人が夢も見ないくらいに熟睡した夜を選びだして、その夜にならべて、自分の全生涯の、それ以外の昼と夜とをおき、これを比較対照するかたちで観察して、この夜よりももっと善く、もっと楽しく生きた昼と夜とが自分の生涯のうちにどれだけあったかを言わなければならないとしたら、思うに、ふつうの人はむろんの
e こと、ペルシア大王②といえども、そういう昼夜が、そうでない昼夜にくらべて、ごく数えるほどしかないことを発見するでしょう。だから、死がもしこのようなものであるとしたならば、それは儲けものであるとわたしは言うのです。なぜなら、その全時間は、このような事情にあっては、ただの一夜よりもすこしも長いことはないようにも見られるからです。

また他方、死というものが、ここから他の場所へ旅に出るようなものであって、人は死ねばだれでもかしこへ行くという言い伝えがほんとうだとすれば、これよりも大きい、どんな善いことがあるでしょうか、裁判官諸君。なぜなら、人はハデスの住まいに行きつけば、この世の
41 自称裁判官たちから解放されて、本物の裁判官が見られるというのであれば、つまりミノスとかラダマンテュスとかアイアコスとかトリプトレモス③とか、その他、その生涯において正義の士であった半神たちが、ちょうどまた、かの世で裁判をしていると言われているのですが、もしそうであれば、この道行《みちゆき》ははたしてつまらないということになるでしょうか。

あるいはまた、オルペウスやムゥサイオス[4]、ヘシオドスやホメロスなどといっしょになるこ
とを、諸君のうちには、どんなに多くを払っても受け入れたいと思う人があるのではないでし
ょうか。というのは、わたしは、いま言われたことがもしほんとうなら、何度死んでもいいと
b 思っているからです。わたし自身にも、そこの暮らしはすばらしいことになるでしょうからね。
パラメデスとかテラモンの子アイアス[5]とか、その他、むかしの人で、不正の判決を受けて殺
された人に出会ったようなばあいに、わたし自身の経験と彼らの身の上とをくらべてみるとし
たら、それはまんざら愉快でないこともないでしょう。またそのうえ、最大の楽しみとしては、
かの世の人たちを、この世の者と同様に、だれが彼らのうちの知者であり、だれが知者とは思
ってはいるがそうではないのかと吟味し、検査して暮らすということがあるのです。また、か
c のトロイアへ大軍を率いていった人[6]とか、オデュッセウスとかシシュポス[7]とか、あるいは、ほ
かにも無数の男女の名をあげることができるでしょうが、そういう人たちを吟味できるとした
ら、これを自分でするためには人はどれほどのものを支払うことでしょうか。それらの人たちと、
かの世において、問答し、親しく交わり、吟味するということは、はかり知れない幸福となる
でしょう。

なんにしても、そのために死刑にするというようなことは、かの世の人たちは、きっとしな
いでしょう。というのは、ほかの点でも、かの世の人は、この世の者にくらべて、もっと幸福

にしているのですが、とくにまた、その後生《ごしょう》においては、もし言い伝えがほんとうだとすれば、彼らはすでに不死なのですからね。

(1) 宗教上の言い伝えをさす。
(2) ギリシアでは、世俗的幸福の代表的人物と考えられていた。
(3) ミノスはクレタ島の王、ラダマンテュスはその弟、アイアコスはアイギナ島の王と伝えられる。いずれも、生前、公正で敬虔な立法者としての生を送ったため、死後はあの世の裁判官に任じられたと言われる。『ゴルギアス』523e〜524a 参照。トリプトレモスは、五穀豊穣の女神デメテルに農耕の方法を学んだ半神で、竜車に乗ってエレウシスの住民にその方法を教えてまわったと伝えられ、これまた死者の裁判官に列せしめられたと言われる。
(4) いずれも伝説上の詩人。いわゆるオルペウス教がこれらの人々の名に結びついて伝えられている。
(5) パラメデスは、オデュッセウスがトロイア戦争に参加するのを免れようとして狂人をよそおっていたのを看破して、参加を余儀なくさせたために、のちにオデュッセウスに復讐《ふくしゅう》され、トロイア方に内通したという裏切りの罪におとしいれられ、殺されるが、それはまったく無実の罪であったと言われる。
　アイアスも、トロイアのギリシア遠征軍中、アキレウスにつぐ勇将だが、アキレウスの死後、その遺品の武具分配でオデュッセウスと争って敗れたために狂気となり、自殺する。人々の評決が正しくないと信じたからである。
(6) トロイア遠征軍の総帥アガメムノンのこと。

（7）コリントスの王と伝説され、オデュッセウスと同じような狡知《こうち》の代表者。死後、冥界《めいかい》で永遠の刑罰を受けた。『ゴルギアス』525e 参照。

33

しかしながら諸君にも、裁判官諸君、死というものに対して善い希望をもってもらわなけれ
d ばなりません。そして善き人には、生きているときも、死んでからも、悪しきことは一つもないのであって、その人は、何に取り組んでいても、神々の配慮を受けないということはないのだという、この一事を、真実のこととして、心にとめておいてもらわなければなりません。

わたしのこのことも、いわれなしに、いま生じたのではありません。もう死んで、面倒から解放されたほうが、わたしのためには、むしろ善かったのだということが、わたしにははっきりわかるのです。このゆえにまた、例の神の合図も、わたしをどこにおいても、阻止しなかったのです。

また、わたしとしても、わたしに有罪の投票をした人たちや、わたしを訴えた人たちに対して、ひどく怒る気持もないわけなのです。もっとも、あの人たちは、べつに、そういうことを考えてわたしを訴えたり有罪に決めたりしたわけではなくて、むしろ害を加えるつもりだった

e のですから、その点において当然、かれらは非難されなければなりませんが。
とはいえ、わたしがかの人たちに求めるのは、ただこれだけのことです。わたしの息子たち
が成人したら、どうか、諸君、わたしが諸君を苦しめていたのと同じことで苦しめて、仕返し
をしてくれたまえ。もし彼らが、自己自身を善くすることよりも金銭その他のことをまずさき
に注意しているように思われたり、また、なんの実《じつ》もないのにすでに何ものかであるように考
えているようでしたら、わたしが諸君にしたのと同じように、留意すべきことに留意せず、何
の値打ちもない者なのにひとかどの者のように思っていると言って、彼らの非をとがめてくだ
42 さい。そうすれば、諸君がこれらのことをしてくれるときに、わたしは、自分自身も、息子も、
諸君から正しい仕置きを受けたことになるでしょう。

しかし、もう終りにしましょう、時刻ですからね。もう行かなければならないのです。わたしはこれから死ぬために、諸君はこれから生きるために。しかしわれわれの行く手に待っているものは、どちらがよいのか、だれにもはっきりはわからないのです。神でなければ。

クリトン

行動はいかにあるべきかということについて

田中美知太郎　訳

主な登場人物

ソクラテス　裁判が終わってから約一ヵ月後。

クリトン　ソクラテスと同じアロペケ区の出身、同年輩、幼少のころからの親友で、富裕廉直な農民。『ソクラテスの弁明』38bでは、ソクラテスの裁判に出席して、彼に罰金刑を申し出るようにすすめた一人として名があげられている。『パイドン』では、ソクラテスの臨終のまぎわまでいろいろと身辺の世話をやく友人として描かれている。

1

ソクラテス
43 どうしてなのだ、いまじぶん、やって来たりして、クリトン？ それとも、もう早いことはないのかね？

クリトン
いや、早いことは早いのだよ。

ソクラテス
いったい何時《なんどき》だね？

クリトン
夜明けすこしまえだ。

ソクラテス
妙だね、どうして君を、看守がとおす気になったのかしらん？

クリトン
もうぼくとなじみになっているのだ、ソクラテス、よくここへ通うからね。それに、ぼくのほうから、なにかと心づけもしているのでね。

ソクラテス
それで、君がやって来たのは、たったいまなのかね、それとも、さっきからなのかね？

クリトン
かなりさっきからだ。

ソクラテス
b
それでいて、どうしてすぐにぼくを起こさなかったのだ？　黙ってそばに坐《すわ》っていたりして。

クリトン
とんでもない、ソクラテス。ぼくだって、君の身になったとしたら、こんな苦しみのなかを、眠らずにいたいなどとは思わなかっただろう。
それればかりでない、君がいかにも気持よさそうに眠っているのを認めて、さっきから感心していたのだ。そしてわざと、君を起こさずにいたのだ。できるだけ気持よくすごしてもらおうと思ってね。そして以前にもたびたび、君は一生を通じて幸せな性分の人だと思ったことがあるけれど、こんどのこの禍《わざわ》いで、とくにそのことを感じたね。いかにもやすやすとそれに耐えて、とり乱すところがないものね。

ソクラテス　それは、クリトン、こんな年になって、いよいよ死期が迫ってきたのをむずかったりするのも、へんなものだろうからね。

c **クリトン**　ほかにも、ソクラテス、そのくらいの年でこういう災難にまきこまれる者もいるけど、年をとっているからといって、不運に当面した彼らがむずからないでいられるということは、すこしも保証されないのでね。

ソクラテス　それはそうだ。しかし、いったい何で、こんなに早くやって来たのかね？

クリトン　知らせを、ソクラテス、もってきたのだ。つらい知らせをね。それは、君には、あるいはそれほどでもないかもしれない——とぼくには見えるが、しかし、ぼくにとっても、ほかの君の知人のすべてにとっても、つらい知らせなのだ。とくにこのぼくにとっては、なんとも耐えがたい、重苦しいきわみの知らせだと、自分で考えているのだ。

ソクラテス

何の知らせだね、それは？　あるいは、例の船[1]がデロスから帰ってきたというのではないか
d ね？　あの船が着けば、ぼくの死刑執行ということになるはずだったね。

クリトン

いや、まだ着いたというわけではないのだ。しかしぼくの考えでは、今日は帰ってくるだろうと思う。スニオン[2]で下船してそこからやって来た人たちの報告を総合するとね。つまり、その報告だと、船はむろん、今日帰って来るだろうから、したがって当然、ソクラテスよ、君の生涯における最後の日は、明日だということになるだろう。

(1)『パイドン』58b〜c参照。

(2) アッティカ最南端の岬。その東側に入江があって、逆風が吹いたときなど、この岬をまわれない船が停泊した。このときも、逆風が吹いて、祭使を乗せた船はしばらくそこに泊まったらしい。

2

ソクラテス

いや、クリトン、それはありがたい幸せというもので、そうあるのが神々の御意にかなうことなら、そうあってほしいものだ。しかしぼくは、船の帰ってくるのは今日ではないだろうと

思うのだがね。

44 **クリトン** それは、どこから推しての話かね？

ソクラテス それは、つまり、こういう話なのだ。ぼくが死刑になる日というのは、例の船が帰ったらその翌日ということになっていたと思うのだが。

クリトン うん、とにかくその筋の者[1]の言うところはそうだね。

ソクラテス それなら、船が帰ってくるのは今日これからではなくて、もう一日たってからだろうと思う。ぼくがこういう推測をするのは、いますこしまえの、まだ夜のうちに、一つの夢を見たからなのだ。そして、君がぼくを起こそうとしなかったのは、おそらく、ちょうどよかったのかもしれないね。

クリトン だけれど、その夢というのは、何だったのかね？

ソクラテス

b ひとりの女性がぼくのところへやって来たのだ。それは白衣をまとっていて、みめよく美しい姿をしていたが、ぼくに呼びかけて、こう言ったように思うのだ、

――ソクラテスよ、そなたは、《三日目にして、ゆたけきプティエの地に着くならむ(2)》とね。

クリトン

妙な、それは夢だねえ、ソクラテス！

ソクラテス

いや、明々白々の夢だと、とにかく、ぼくは思うのだがね、クリトン。

(1) 十一人の刑務委員たち。『ソクラテスの弁明』七二ページ注(3)参照。

(2) ホメロスの『イリアス』第九巻三六三行参照。怒れるアキレウスは、この言葉によって、ギリシア軍を去ってテッタリアにある自分の故郷プティエに帰る決意であることを、アガメムノンの使者に知らせている。ソクラテスは夢知らせに受けたこの詩句を解釈して、三日目に死刑が執行され、あの世にある本来の故郷に帰ることになるのだ、ととったわけである。

3

クリトン

うん、大いにそうかもしれないね。しかし、まあ、それはそうとして、ソクラテス、いまか

らでもまだ間にあうのだが、君はぼくの言を容《い》れて、自分を救うことをやってみないかね？　ぼくにとって君に死なれることは、一つの災難にとどまらないのだ。ぼくがけっして二度と見つけられない、そういう知人を失うというだけではない。そういうことをおいても、なおまた、
c 君のこともぼくのこともよくは知らない大多数の人たちに、ぼくは、金銭をつかう気になりさえすれば君を救うことができたのに、君のことをかまわないでしまったように思われるだろう。しかし友人よりも金銭を大事にしたと思われるなんて、これより不面目《ふめんぼく》な思われようが何かあるだろうか。というのは、大多数の人たちは、われわれが熱心に望んだにもかかわらず君のほうが自発的にここから出てゆくことを欲しなかったのだと言っても、そんなことは信じないだろうからね。

ソクラテス

しかし、なぜぼくたちは、幸せなクリトンよ、大多数の者の思惑《おもわく》を、それほどに気にしなければならんのかね？　なぜなら、むしろ当然ぼくたちが気づかわなければならないのは、とくにすぐれた人たちのことなのであって、その人たちなら、どんな行動でも、事実おこなわれたとおりに受け取ってくれるだろうからね。

クリトン

d しかしいまは、ソクラテス、君も見るとおり、大多数の思惑も気にする必要があるのだ。げ

んに、こんどのことが直接にそれを明らかにしている。大衆というものは、けっして最小とは言えないような災悪をつくりだすことができるんでねえ。もし彼らのあいだで中傷を受け、悪く思われていたりすれば、その結果は、ほとんど最大と言えるような災悪をこうむることになるだろうね。

ソクラテス　いや、それは、ほんとうに、大衆というものがそういう最大の災悪をつくりだすことのできるものだったらと願うね、クリトン。そうすればまた、善福も最大のものをつくりだすことができようからね。そうだとしたら、結構なことだろうよ。しかしじっさいは、どちらもできはしないのだ。彼らは人を賢くすることもできなければ、愚かにする能力もありはしない。彼らのすることは、何にしても、その場かぎりのことなのだよ。

4

クリトン　うん、それはまあ、そうだということにしておいてもいいがね。しかし、ソクラテス、このことはどうなのか、ぼくに聞かせてくれたまえ。

e

まさか君は、ぼくや他の知人たちのことで、取り越し苦労をしているのではあるまいね？　もし君がここから逃げだしたなら、密告者連中がぼくたちに、君をここからこっそり連れだしたというので、面倒なことをもちかけてきはしまいか、つまり、ぼくたちが全財産なり巨額の金銭なりを投げださなければならなくなるのではないかとか、あるいは、なおそのうえに、ほかのなにか被害をこうむるようなはめにおちいるのではないかといったことを心配してだね。
45 というのは、もし君の恐れることが、なにかこういうことにあるのだとしたなら、それはもう、放っておくことにしてくれたまえ。ぼくたちは、君を救うのに、それくらいの危険をおかすのは当然だと思っているのだから。いや、必要とあれば、さらにそれ以上の危険をおかしてもいいのだ。とにかく、そういう心配はしないで、ぼくの言うとおりにしてくれたまえ。君にいやと言われては、困るのだ。

ソクラテス　うん、それはねえ、君の言うような心配も考えてはいるがね。しかしクリトン、ほかにもいろいろ気がかりの点があるのだよ。

クリトン　それなら、いまのことは心配しないでくれたまえ。また、お金もそうたくさん出さなくたって、君をここから連れだして救ってくれようとする者はあるんだからねえ。それにまた、例の密告者連なんて、どんなに安く買収できるものか、君は知らないのか。彼らには、なにも大した金銭は必要ないだろう。

b 君のためにはぼくのお金をいつでもご用立てするが、それでじゅうぶん間にあうとぼくは思っている。それからまた、もし君がぼくに遠慮して、ぼくの金をつかってはいけないと思うのなら、ここへ来ている、あの外国の連中が、いつでもその金を出すつもりでいるのだ。ちょうど、そのためにじゅうぶんのお金を用意して来た者が、一人いるのだ。テバイから来たシミアスがそれだ。またケベス(1)にも、その用意があるし、ほかにもそういう者がとてもたくさんいるのだ。

だから、いま言っていたことだけれど、こういうことについてむだな心配をして、君自身を救いだすことをあきらめてはいけない。また、君が法廷で述べていたような(2)、たといここを逃れ出ても自分自身をどうしようもないというようなことが、君の悩みのたねになることもない
c のだ。なぜなら、君はどこへ行ったって、大事にしてもらえるところがほかにもたくさんあるのだから。そして、もし君がテッタリアへ行く気があるなら、あそこにはぼくの家の客分にあたる者がいるから、君を大切にして、君の安全をはかってくれるだろう。だから、君を苦しめるような者は、テッタリア人のうちには一人もいないことになる。

(1) シミアスもケベスもテバイ出身で、もとピュタゴラス派のピロラオスの弟子だったが、ピロラオス

がテバイを去るに及んでアテナイのソクラテスを慕い、親交があった。『パイドン』では、ソクラテスの主要な対話者になっている。

(2)『ソクラテスの弁明』37c〜d参照。

5

なおまた、ソクラテス、君がおこなおうとしていることは、正しいことではないように思われるのだ。君は、助かることができるのに、自分自身を見すてようとしているのだからねえ。君が君の一身上に成就《じょうじゅ》しようとして一所懸命になっていることは、それはちょうど、君の敵なら、まさに一所懸命になったかもしれないようなことなのであって、じじつまた、彼らは、君を破滅させようと思って一所懸命にそれの努力をしたのだ。

　また、そのうえ、君は、君の息子さん[1]たちを見すてようとしているようにぼくには思われる。
d つまり、あの人たちを君は扶養し教育してやることができるのに、それを置き去りにして、君は行ってしまうことになるのだ。だから、君の了見《りょうけん》では、あの人たちはどうなろうとすこしもかまわないということになる。あの人たちは、孤児が孤児の境遇において通常あわなければならないような目に、たぶんあうことになるだろうというのにねえ。つまり、はじめから子供

をつくらないのなら別だけれども、そうでなければ、これを扶養し教育するという苦労をどこ
までもいっしょにしてやらなければならないのに、君はいちばん安易な途《みち》を選ぼうとしている
ようにぼくには思われるのでねえ。
　しかし選ぶのは、男らしい徳をそなえた立派な男子が選ぶはずの途でなければなるまい。と
にかく、一生を通じて徳に留意すべきことを説いてきているからには、なおさらだ。というの
e は、ぼくは君のためにも、また、君の知人であるぼくたちのためにも、これは恥だと思うのだ。
君をめぐる、このたびの事件というのも、全体としては、われわれの側に男らしさが欠けてい
たからこういうことになってしまったのだと、思われはしないだろうか。黒白の決定を法廷へ
もちこんだことだって、もちこまないでもすんだのに、②もちこまれるようなことになったのだ
し、また、黒白のあらそいそのものだって、あの始末だったし、③そして、そのあげくがこれ④で
はもう、まるでわれわれのやり方に対する嘲笑《ちょうしょう》のようなもので、われわれは自分たちがなに
46 か無能であり、男らしさを欠いているために、事件をすっかりとり逃がしてしまったのだと、
思われはしないだろうか。つまり、われわれは、すこしでもましなところのある者だったなら、
君を救いだす条件はそろっているのだから、それができたのに、それをしなかったし、君も自
分で助かろうとしなかった、ということになる。
　だから、ソクラテス、これは君にとっても、ぼくたちにとっても、一つの災悪であるにとど

まらず、同時にまた、恥辱となるかもしれないのだから、どうか、そういうことにならないように、気をつけてくれたまえ。

まあ、とにかく、どうしたらよいかを考えてくれたまえ。いや、もう考えているなんて時ではない。考えをきめてしまわなければならないのだ。それも、一つの考えにきめなければならない。むしろ、なにしろ、今晩じゅうに万事を片づけてしまわなければならないので、もし、なおぐずぐずしているようなことがあれば、それこそ、もう可能の条件が失われて、できなくなってしまうのだ。

もう、よけいなことは言わない。なんでもいいから、ソクラテス、ぼくの言うとおりにしてくれ。いやだなんて、どうか、言わないでくれ。

(1)『ソクラテスの弁明』34d および六三ページ注(2)参照。
(2) 予審のまえにソクラテスが国外へ逃れていたら、という意味であろう。
(3) ソクラテスが、法廷において、裁判官たちの心証をあえて害するような言動に終始したことを意味しているものと思われる。
(4) 死刑の判決と執行までのあいだに、脱獄の機会を利用しなかったことを意味しているのであろう。

6

ソクラテス

b おお、愛するクリトン、君の熱意は大いに尊重しなければならない、もし、なにか正しさをともなっているとすればね。しかしそうでないと、それは、大きければ大きいだけ、いっそう厄介《やっかい》なことになる。

だから、君の言うようなことをなすべきか否か、ぼくたちはしらべてみなければならない。というのは、ぼくという人間は、自分でよく考えてみて、結論としてこれがぼくのうちの最上だということが明らかになったものでなければ、他のいかなるものにもしたがわないような人間なのであって、これは、いまにはじまったことではなく、いつもそうなのだ。だから、これまでにぼくが言っていた結論を、ぼくがこういうめぐり合わせになったからといって、いまさら放棄することはできないのだ。

むしろ、それはぼくにとって、以前とほとんど変わらないものに見えるのであって、ぼくは
c そこに言われている同じ原則に対して、以前にはらっていたのとちょうど同じ敬意をはらい、これを尊重しているのだ。だから、もしわれわれが、これまでに言われたこと以上にもっとすぐれたことを、いまこの場で言うことができなければ、いいかね、君、ぼくはけっして君に譲

歩しないだろう。たとい大衆の威力が、いまげんにある以上のものをもって、監禁とか、死刑とか、財産没収とかいうことをわれわれの頭上にひらめかして、子供たちをお化けでおどかすようにわれわれをおどかしても、ぼくは退《ひ》かないのだ。

　すると、この問題は、どういうふうに考えてみたらいちばん適当だろうか。まず最初に、
d 人々の思惑についての——君も話に出しているのだから——あの説を、取り上げてみたらどう
だろうね？　そういう思惑に対しては、そのあるものには注意をはらわなければならないが、他のものには心を用いる必要がないと、これまでに言われていたけれども、これは、いかなるばあいにもこれでよかったのか、それとも、そうではなかったのかしらん？　つまり別の言葉で言えば、これは、ぼくが死刑と決まらないうちはこれでよかったけれども、いまになってみると、こんな議論はただの議論のために何のあてもなく言われたものであり、冗談であり、それこそほんとうに無駄言《むだごと》だったということが、もうすっかりわかってしまうというようなものだったのだろうか。

　ぼくはぜひ、クリトン、君といっしょによく考えてみたいのだ。これまでに言われていたことは、ぼくがこういう事情になったために、ぼくにはもう、なにかなじめない、よそよそしい主張のように感じられることになるだろうか、それとも、依然として同じ印象を保つことになるだろうか。われわれは、そこに言われていることに、もう訣別《けつべつ》すべきであろうか、それとも、

その言にしたがうべきであろうか。
　それはなんでも、こんなふうに言われていたと、ぼくは思うんだ——どんなばあいにしても、
一理あると思って人が言っているのは、ちょうどいましがた、ぼくが言っていたようなことな
e のだが、つまり、人間の思いなす思いなしというものは、そのあるものは尊重しなければなら
ないけれども、他のものはその必要がないと言うのだ。これは、神々に誓って、クリトンよ、
47 君には善《よ》い説だと思われないかね？　というのは、人間界の事情だけで言えば、君は明日死な
なければならないというようなことの外にあるから、目前の非運が君の心をかきみだすという
ようなこともありえないだろうからね。

　だから、さあ、よく考えてみてくれたまえ。人間の思惑というものは、これをすべて尊重すべきものではなくて、そのあるものは尊重しなければならないけれども、あるものはそうではなく、また、すべての人の思惑が尊重さるべきではなくて、ある人たちのそれは尊重さるべきものであるけれども他の者のそれは尊重するに及ばない、ということが言われているが、これは君には満足すべきものとは思われないかね？　君の意見はどうだね？　この説は、これでよくはないのかね？

クリトン　うん、いいね。

ソクラテス
それなら、尊重しなければならないのは有用な思いなしのほうであって、有害なものは、そうするに及ばないのではないか。

クリトン
うん、そうだ。

ソクラテス
ところで、思慮ある人の思いなしは有用だけれども、思慮のない人のは有害なのではないかね？

クリトン
それに、違いない。

7

ソクラテス
さあ、それなら、こんどは、つぎのようなことはどう言われていたかね？　いま、体育の練
b 習をしていて、本気でこれの勉強をしている者があるとしたら、彼は、だれかれの区別なくす

べての人の賞讃《しょうさん》とか、非難とか、思いなしとかいうものに注意をはらうだろうか。それとも、ただ一人の、医者であるとか、体育家であるとかいう、まさにそういう者だけの思いなしに注意をはらうだろうか。

クリトン　それは、そのただ一人だけに注意をはらうだろう。

ソクラテス　そうすると、非難を恐れ賞讃を喜ばねばならないのは、そういうただ一人のそれであって、かの多数者のそれではないことになる。

クリトン　むろん、そうでなければならない。

ソクラテス　したがって彼は、飲食にも、体育にも、一般に行動については、そのただ一人の、その道の専門家である人を監督に仰いで、その人の思いなしにしたがわなければならないのであって、それ以外の人たちの思惑は、これを全部あわせても、このただ一人のそれに及ばないわけだ。

クリトン　それは、そのとおりだ。

ソクラテス
c さあ、それなら、もしそのただ一人の人の言にしたがわないとしたら、どうだろう？　その思いなしも賞讃も尊重しないで、多数の何もわからない連中のそれをありがたがるとしたら、それで何の害も受けないというようなことが、はたしてありうるだろうか。

クリトン
いや、どうしてそんなことがありえよう。

ソクラテス
ところで、そのばあいの害悪とは、何だろうか。それはどこに属し、その不服従の者のもっている何に関係するものなのかね？

クリトン
むろん、身体《からだ》に関係する。これを、それは破壊するのだからね。

ソクラテス
うん、それでいい。そうすると、これ以外のことも、いちいち数えあげないが、クリトン、これと同じことではないのかね？　したがってまた、正、邪、美、醜、善、悪など、いまぼくたちが考えてみなければならない、これらのことについても、どうだね？
d われわれは多数者の思惑を恐れて、これにしたがわなければならないのだろうか。それともまた、ただ一人でも、もしだれかそれに通じている人があるなら、その人の思いなしにしたがい、この一人の人を、それ以外の人を全部あわせたよりももっと恐れ、その人のまえに恥じなければならないのではないかね？

そして、もしわれわれがこの先達《せんだつ》にしたがわないようなことがあれば、われわれは、かのものを虐待し破滅させることになるだろう。かのものとは、正しさによって向上し、不正によって亡《ほろ》びるものだったのだが、それとも、そういうものは、何もないわけなのかね？

クリトン　いや、わたしは、あると思うよ、ソクラテス。

（1）精神、魂のことである。「……だったのだが」と言われているのは、いまのこの対話ではなく、これまでの対話のさいに認められたことがあった、というくらいの意味。

8

ソクラテス　さあ、それなら、健康に連なるものによって良化され、病的なものによって破滅させられるかのものを、もしわれわれが、専門家の思いなしにしたがわないで、壊してしまったとしたら、

e われわれは、それを破壊されても、なお生きる甲斐《かい》がはたしてあるだろうか。そして、かのものというのは、身体にあたるだろうと思うが、それとも、そうではないかね？

クリトン いや、そうだ。

ソクラテス そうすると、はたしてわれわれは、破壊されてだめになった身体をもって、生き甲斐のある生き方ができるだろうか。

クリトン いや、とてもできない。

ソクラテス しかしそれなら、不正が損ない正がそのためになるところのかのものが、もし破壊されてしまったとしたら、われわれは、はたして生き甲斐のある生き方をすることができるであろうか。それとも、それは身体にくらべれば大したものではないというのが、ぼくたちの考えになるの
48 だろうか。それが、われわれのもっているもののうちで、いったい、どういうものなのかということは、しばらくおき、とにかく、不正と正義とがそれにかかわりをもっているものなのだ。

クリトン

いや、それはけっして、つまらないものだなどとは考えられないよ。

ソクラテス
むしろ、身体よりももっと貴重なものではないのか。

クリトン
大いに、そうだ。

ソクラテス
そうすると、善き友よ、あの多数の者どもがぼくたちのことをどう言うだろうかといったことは、そんなに気づかわなければならないことではまったくない、ということになる。むしろ、一人でも、正、不正についてよく知っているその人が何と言うか、また、真理そのものが何と言うかということのほうが、大切なのだ。

だから、まず第一、君のさっきの話のもちだし方は間違っているのだ。なぜなら、君のもちだした話というのは、われわれは正、美、善と、その反対のものとについての、多数者の思惑を気にしなければならないというのだったからね。しかし、そんなことを言ったって、その多数者は、ぼくたちを殺すことができるんだぜと、こう言う人も、きっとあるかもしれないね。

クリトン
b うん、むろん、そういうこともあるね。そう言う人だって、あるかもしれないからね、ソクラテス。

ソクラテス　うん、君の言うとおりさ。しかしながら、おもしろいことには、君、はじめに言われた原則は、こうやってしらべてみても、やはり、以前と変わらず同様の意味をもっているように、ぼくには思われるのだ。

そこで、こんどは、もう一つ、こういうのは、ぼくたちにとって、依然として動かないか否かということを、よく見てくれたまえ。それはつまり、大切にしなければならないのは、ただ生きるということではなくて、善く生きるということなのだというのだ(1)。

クリトン　いや、その原則は動かないよ。

ソクラテス　ところで、その「善く」というのは、「美しく」とか「正しく」とかいうのと同じだというのは、どうかね？　動かないだろうか、それとも動くだろうか。

クリトン　動かないよ。

(1) ソクラテスの有名な言葉。『ゴルギアス』512d 以下参照。

9

ソクラテス

それなら、そういうふうに同意されていることにもとづいて、当の問題を考えてみなければならないわけだ。つまり、ぼくが、アテナイ人の許しを得ないで、ここから出て行こうとここ
c ろみることは正しいことなのか、正しくないことなのか、という問題だ。そして、もしそれが正しいということが明らかになったなら、ぼくたちはそうやってみようではないか。しかしそれの不正が明らかになったなら、やめることにしようではないか。

しかし、君の言おうとする、金銭のかかりとか、人々の思惑とか、子供の養育とかについて考えることは、これは、クリトン、ほんとうのところ、かの多数者の考えることなのかもしれないね。彼らなら、すこしも知性を用いないで、軽々に人を殺しておいて、できればまた生きかえらせようとするかもしれないような連中なのだから、そんなことを考えてくれるかもしれない。しかしぼくたちは、言論の結果が、いま言われたように、はっきりと出ているのだから、いまぼくが言っていたことを問題として考えるよりほかには、断じて何もないはずなのだ。つ
d まり、ぼくたちは、ぼくをここから連れだしてくれる人たちに金銭を支払い、感謝をささげて、おたがいに連れだしたり連れだされたりするのがはたして正しい行為となるのか、それとも、

ほんとうは、すべてそんなことをするのは不正となるのか、どちらであるかを考えてみなければならない。そして、もしぼくたちの所業が明らかに不正だということになれば、このままじっとしてここにいたのでは殺されてしまうに違いないとか、あるいはまた、ほかになにかしらん、ひどい目にあうだろうとかいったことを、こせこせと思案して、そのために、不正をおこなうことになりはしないかということのほうを忘れてしまうようなことは、断じてゆるされないだろう。

クリトン ソクラテス、君の言うことは立派なことだと、ぼくは思うのだが、しかしそれなら、見たまえ、ぼくたちはどうすればいいのだ？

ソクラテス
e いっしょに、君、よく見てみようではないか。そして、ぼくの言うことに何か君が反対して言うことがあるなら、その反対論をやってくれたまえ。そしてその結果、ぼくは君の言にしたがうことになるかもしれない。しかしそうでなければ、もうそのときは、どうか、君、何度も同じことを言うのはやめてくれたまえ。ぜひここから、たといアテナイ人が不承知でも、ぼくに出て行かせようとするのは、やめてくれたまえ。つまり、ぼくのとる行動は、君を説得してからということを大切な条件としているのであって、君が不承知なのにそういうことをするつもりはないというわけなのだ。

49 まあ、しかし、見てくれたまえ。いっしょに考えてゆくのに、出発点は、こういう言い方でじゅうぶんかどうか。それからまた、どうか、ぼくの質問には、君が至極もっともだと思うところにしたがって答えるようにしてくれたまえ。

クリトン いや、それは、そうやってみるよ。

10

ソクラテス ぼくたちの主張では、どんなにしても故意に不正をおこなってはならない、ということになるのか、それとも、不正をおこなっていいばあいと、いけないばあいとがあるということになるのか、どっちだね？

いや、むしろ、とにかく不正というものは、善いものでもなければ美しいものでもない、それは、これまでに何度もわれわれが同意したとおりだ、ということになるのかね？

それとも、われわれがまえに同意した、あんなものは、どれもみな、この数日のあいだにす

っかりご破算になってしまったので、むかしは、クリトン、こんな年をして、おたがいに真面
b 目になって話しあっていたのが、いまになってみれば、子供とちっとも違わなかったのに、ぼくたち自身は気がつかなかったのだ、ということになるのだろうか。

それとも、あのときわれわれの言ったことは、何にもまして、まさにそのとおりなのであって、世の多数がこれに賛成しようが反対しようが、また、われわれが、いまよりもなおもっとひどい目にあわねばならないとしても、あるいは、多少おだやかな取り扱いを受けることになるとしても、そんなことにはかかわりなく、とにかく不正というものは、不正をおこなう者には、どんなにしても、まさに害悪であり醜悪である、ということになるのではないか。

どうだね、ぼくたちの主張は、これかね？　それとも、これではないかね？

クリトン

それだ、ぼくたちの主張は。

ソクラテス

それなら、どんなにしても、不正をおこなってはならないということになる。

クリトン

むろん、そうだ。

ソクラテス

そうすると、たとい不正な目にあっても、世の多数の者が考えるように、不正の仕返しをするということは、とにかく、どんなにしても不正をおこなってはならないのだとすると、そういうこともゆるされないことになる。

クリトン　それは、明らかにそうだ。

c **ソクラテス**　ところで、どうだね、害悪を加えるということは、クリトン、なすべきことなのかね、なすべからざることなのかね？

クリトン　むろん、なすべからざることと思うね、ソクラテス。

ソクラテス　で、どうかね、害悪を受けたら仕返しに害悪を与えるというのは、世の多数の者が主張するように正しいことなのだろうか、それとも正しくないことだろうか。

クリトン　それは、けっして正しいことではないよ。

ソクラテス

つまり、人に害悪を与えることは、不正な目にあわすということと、ちっとも違ってはいないからだ。

クリトン
そうだ、君の言うことは、ほんとうだ。

ソクラテス
そうすると、仕返しに不正をしかけるとか害悪を与えるとかいうことは、世の何人《なんぴと》に対してもおこなってはならないのであって、たといどんな目に彼らから会わされたとしても、それはゆるされないのだということになる。

d そして、ここのところで、クリトン、ひとつ気をつけてもらいたいのは、これらのことに同意を与えていくうちに心にもない同意をすることのないように、ということだ。なぜなら、ぼくはよく知っているのだが、こういうことはただ少数の人が考えることなのであって、将来においてもそれは少数意見にとどまるだろう。だから、ちゃんとこう考えている人と、そうでない人とでは、いっしょに共通の考えを決めるということはできないのだ。おたがいに、相手の考える案を見て、軽蔑《けいべつ》しあうにきまっているのだ。だから君も、よくよく考えてみてくれたまえ。君はぼくと共同してくれるか、どうか。ぼくと同じ考えをもてるか、どうか。

そしてまずはじめに、いかなるばあいにおいても、不正をおこなったり不正の仕返しをしたりすることは当を得たことではないのであって、害悪を受けても、仕返しに害悪を与えるような自衛はやはり不当だというような考えをもとにして、そこから、われわれの今後の考えを決めるようにしてゆくべきか、どうか。それとも、君の立場は違うのであって、そういう仕方で
e はじめることには共同できないか、どうか。どっちだね？　というのは、とにかくぼくは、ずっとまえから、いま言ったような考えだったので、いまでもやはり、そう考えているわけだが、君はしかし、これとはもう、なにか違う考えになってしまっているのなら、そう言ってくれたまえ。そして、それの説明をしてくれたまえ。けれども、君の考えがまえのままなら、つぎを聞いてくれたまえ。

クリトン　いや、ぼくの考えはまえのままで、君と同じだ。とにかく、あとを言ってくれたまえ。

ソクラテス　では、あらためて、そのつぎの話をしようか。いや、それよりも、君に質問しよう。どうだね、いま、人がだれかに何かの同意を与えたとして、それが正しいことがらであるかぎりは、それをなすべきではないか。それとも、約束を破ってもかまわないだろうか。

クリトン　いや、それを実行しなければならない。

11

ソクラテス　では、そこのところから、よく注意してみてくれたまえ。いま、ぼくたちが、国民の承諾を
50 得ないで、ここから出て行くとしたら、それは何ものかにぼくたちが害悪を与えていることにならないだろうか。しかも、いちばんそれを与えてはならないものに、それを与えていることにならないだろうか、どうだね？　それとも、違うだろうか。また、ぼくたちは、ぼくたちが同意を与えた正しいことに対して、忠実に約束を守っていることになるだろうか。それとも、そうではないだろうか。

クリトン　いや、ソクラテス、君のその問いには、ぼくは答えができないよ。思いあたるものがないんでねえ。

ソクラテス　いや、それなら、こう考えてみたまえ。いま、ぼくたちが、ここから脱走、と呼ぶのが悪ければ何とでも名づけていいのだが、とにかく、そうしようとしているところへ、国法が、

国家公共体《ポリス》とともにやって来て、姿をあらわして、こうたずねるとしたらだね、
――どうぞ、ソクラテス、言っておくれ。おまえは何をするつもりなのだ？　そのおまえが
b やりかけている所業というものは、わたしたち国法と国家公共体全体を、おまえの勝手で、一
方的に破壊しようともくろんでいることになりはしないかね？　それともおまえは、一国のう
ちにあって、いったん定められた判決が、すこしも効力をもたないで、個人の勝手によって無
効にされ、めちゃくちゃにされるとしたならば、その国家は、顚覆《てんぷく》を免れて依然として存立す
ることができると、おまえは思っているのか。

こうたずねたとしたら、この問いに対して、またほかにも、このたぐいの問いがなされたと
したら、これに対して、ぼくたちは、クリトンよ、何と答えたものだろうか。というのは、こ
れは、いったん下された判決は有効でなければならぬと命ずる法律が葬られようとしているわ
けなのだから、その法を守るためには、多くのことが言われるだろう。とくに弁論の得意な者
c なら、いくらでも言い分を見つけることができるだろう。それとも、ぼくたちは国法に向かっ
て、

――それは国家が、われわれに対して、不正をおこなったからです。不当の判決を下したか
らです。

と、こう言おうか。ぼくたちの言うことは、これだろうか、それとも、何だろうか。

クリトン いや、ゼウスに誓って、それこそわれわれの言おうとすることだよ、ソクラテス。

12

ソクラテス では、もし国法が、こう言ったら、どうだね？

――ソクラテス、そんなことまで、わたしたちとおまえのあいだで、もう取り決めができていたのだろうか。それとも、むしろ、国家の下す判決は忠実に守るということが、約束されていたのではないかね？

と言ったらだ。そしてもし、ぼくたちが彼らの言うことに驚いているならば、たぶん、こう言うだろう、

――ソクラテスよ、わたしたちの言葉に驚かないで、答えておくれ。おまえはちょうど、問答の扱いには慣れているのだからね。さあ、それはこういう問いなのだ。おまえは、わたした
d ちの国家に対して、何を不服として、わたしたちを破壊しようとくわだてるのか。まず第一に、おまえに生を授けたのは、わたしたちではなかったのか。つまり、わたしたちのしきたりによ

って、おまえの父はおまえの母を娶《めと》り、おまえを産ませたのではないのか。そうだとすれば、さあ、はっきり言ってもらいたいものだ。わたしたちのうちには婚姻に関する法律があるのだが、これが善くないといって、おまえは何か文句をつけるのだろうか。

――いや、文句はありません。

と、ぼくは答えるだろう。

――しかし、そうやって生まれてきてから、おまえもそれによって教育された、その扶養や教育についてのしきたりが、いけないというのかね？　あるいは、このために定められた法律や習慣が、おまえを音楽や体育で教育することを、おまえの父親に言いつけていたのだが、このような指図は善くなかったのかね？

e ――いや、結構です。

と、ぼくは言うだろう。

――よろしい。それなら、そこでおまえは生まれ養育され教育されたのである以上は、おまえも、おまえの遠い親たちと同様に、わたしたちから生まれた子供であり、わたしたちのところの家の子であったのだということを、否定することができるだろうか。そして、それが否定できない事実だとすれば、おまえとわたしたちとのあいだに、はたして正しさの平等というものが存在すると、おまえは思うか。つまり、わたしたちがおまえに対して何かをしようとした

ばあい、それが何であっても、それをおまえもまた、わたしたちに対して仕返しすることが正
しいのだと、おまえは思うか。
　それとも、いいかね、父親に対するばあいとか、あるいは、主人という者をおまえがちょう
どもっているとしたならば、主人に対するばあいとかでは、何かをされたなら、何でもそれに
仕返しするというような、正しさの平等というものは、おまえのためには存在していなかった
51 のであって、ひどいことを言われたからといって言い返したり、打たれたからといって打ち返
したり、その他いろいろ、それに似たことをするのは、正しいことではないとされていたので
あるが、しかし祖国や国法に対しては、どうだね？　それがおまえに許されることになるのだ
ろうか。すなわち、もしわたしたちが、正しいと信ずる理由があって、おまえを死に導こうと
するならば、おまえもまた、これに対して、わたしたち国法と祖国とを、おまえの力の及ぶか
ぎりにおいて、破滅に導くことをくわだて、しかもこの行為は正しい行為であるということを、
ほんとうに徳に心がけている人だという、おまえが主張することになるというのは？
　それとも、おまえは賢すぎて、忘れてしまったのかね？　母よりも、父よりも、その他の祖
先のすべてよりも、祖国は尊いもの、おごそかなもの、聖なるものだということを。それは
b 神々のもとにあっても、心ある人々のあいだにおいても、他にまさって大きな比重を与えられ
ているのだということを。

だから人は、これを畏敬《いけい》して、祖国が機嫌を悪くしているときには、父親がそうしているときよりも、もっとよく機嫌をとって、これに譲歩しなければならないのだ。そしてこれに対しては、説得するか、あるいは、何なりとその命ずるところのものをなすかしなければならないのであって、もし何かを受けることが指令されたなら、静かにそれを受けなければならないのだ。打たれることであれ、縛られることであれ、戦争に連れていかれて傷ついたり死んだりするかもしれないことであっても、そのとおりにしなければならないのだ。正しさとは、このばあい、そういうことなのだ。

そして、そこからしりぞいても、ひいてもいけないのであって、持ち場を放棄することは許されないのだ。むしろ、戦場においても、法廷においても、どんな場所においても、国家と祖
c 国が命ずることは何でもしなければならないのだ。さもなくば、このばあいの正しさが、当然それを許すような仕方で、祖国を説得しなければならないのだ。

これに反して、暴力を加えるというようなことは、母に対しても、父に対しても、神の許したまわぬところであるが、祖国に対しては、なおさらのことなのである。

とこのように言う、この言葉に対して、ぼくたちは、何と言ったものだろうか、クリトン？国法の言うことは、ほんとうだと答えようか、それとも、そうではないかね？

クリトン

いや、ほんとうだと、ぼくは思う。

13

ソクラテス

——それなら、考えてみてくれ、ソクラテス。

と、たぶん、国法は言うだろう、

——わたしたちが、おまえのいまおこなおうとくわだてている、その企てが、不正だと言うのは、それは真実、そのとおりかどうかということを。なぜなら、わたしたちはおまえを産み、養い、教えて、わたしたちにできるかぎりの、すべての善きものを、おまえにも、他のすべて
d の国民と同様に、分け与えたそのうえで、アテナイ人のうちだれでも、望む者には、成人①に達してから、この国のなかでおこなわれていることがらを見、わたしたち法律習慣を見たうえで、もしわたしたちが気に入らないなら、自分の持物をもってどこへでも自分の好きなところへ、出て行くことが自由にできるということを、すでにそういう自由をもうけていることによって、公告しているからである。そして、わたしたち国法は、どれをとってみても、おまえたちのうちのだれかが、わたしたちとこの国とが気に入らないばあい、植民地へ出て行きたいと思うに

しても、また、どこかよその国に寄留しようと思うにしても、どこでもその欲するところへ、
e 自分の持物をもって行くことを妨げもしないし、禁止もしていないのである。

しかし、おまえたちのうちで、わたしたちがどのような仕方で裁判をし、その他の点でも、どのように国政を運営しているかを見て、ここにとどまる人があるならば、その人はすでに、これからはわたしたちの命ずることは何でもするということを、行動によって、わたしたちに向かって同意したのであると、わたしたちは主張する。そして、これに服従しない者は、三重の不正をおかしているのだと、主張する。すなわち、産みの親たるわたしたちに服従しない点がそれであり、育ての親たるわたしたちに服従しない点もそれである。そのうえ、わたしたちに服従することを約束しておきながら服従もしないし、また、わたしたちのしていることに、なにか善くない点があるなら、そのことをわたしたちに説き聞かせることもしないからである。
52 すなわち、わたしたちは、わたしたちの命ずることは何でもこれをなせと、乱暴な仕方で指令しているのではなくて、これを提示して、わたしたちを説得するか、そうでなければ、これをなせと、選択の余地を残して言っているのに、そのどちらもしていないからである。

（1）十八歳になると、成人として登録されるためのテストを受けたのち区民簿に登録された。

14

かくて、これらの咎《とが》を、おまえもまた、ソクラテスよ、もしおまえのもくろんでいることをなすようなことがあれば、受けなければならないだろうと、わたしたちは主張する。しかもおまえの咎は、アテナイ人のうちでは、けっして小ではなく、むしろ、なかでもいちばん大きいと主張する。

と、こう言うのに対して、ぼくが、

――いったい、どうしてです?

と聞くならば、ちょうどぼくがアテナイ人のうちでもいちばん多く、いま言われたような約束に同意を与えていることになっている、と言って、たぶん、ぼくに肉薄してくるだろうが、それも正当なことかもしれない。つまり、彼らの言うことは、こういうことになるだろう、

b ――ソクラテスよ、おまえがこの国とわたしたちが気に入っていたという、そのことについては、わたしたちは大いに証拠となるものをもっているのだ。なぜなら、おまえがいつもこのアテナイにへばりついていることと言ったら、ほかのどのアテナイ人とも段違いのことで、これは、この国がおまえに格別気に入っているのでなかったら、とうていありえないことだったたのだ。おまえは、ただ一度のイストモス[1]行を除いては、祭礼のために国外へ出ることもまだな

かったし、出征のためでもなければ、ほかのどこへも行ったことがなく、そのほか、ほかの人
たちがするような外遊②もまだ一度もしたことがなく、よその国やその法律習慣などを知りたい
と思う心がおまえをとらえたこともなかった。むしろ、おまえには、わたしたちとわたしたち
c の国家があれば、それでたくさんだったわけなのだ。

おまえは、わたしたちを選ぶのに、そんな偏執をもってし、わたしたちの定めるところにし
たがって国民生活をすることに同意してきたのだ。とりわけ、おまえがこの国のなかで子供た
ちをもうけたということは、この国がおまえの気に入っていたことを示すものだととれるわけ
だ。

それから、なおまた、このたびの裁判そのものにおいて、もしおまえにその希望があったな
ら、国外追放の罪科を申し出ることができたのであり、いまおまえが、国民の承諾も得ないで、
おこなおうとくわだてていることを、あのときは、公認のもとにおこなうことができたのだ。
それだのに、あのときには、たとい死刑になってもじたばたするようなことはないとばかり、
体裁《ていさい》をつくって、自分から主張して、国外追放よりもむしろ死刑をおまえは選ぼうとしたのだ。③
それを、いまになって、おまえは、あのときの言葉に対して恥じることもせず、わたしたち国
法を顧慮することもなく、これを無にしようとくわだてている。脱走をくわだてるなんて、そ
d れは最もやくざな奴隷がするようなことを、おまえはしようとしているのであって、おまえが

国民として守ることをわたしたちに約束したところの、その約束と同意に違反した行為なのだ。だから、まず第一に、ただ、このことを答えてくれたまえ。わたしたちはおまえが、わたしたちの定めるところにしたがって、国民としての生活をしてゆくということを、言葉のうえではないにしても、行動によって、すでに同意したのだと主張するわけなのだが、このわたしたちの言うことは真実だろうか、それとも、真実ではないのだろうか。

と、このように問うのに対して、ぼくたちは、何と答えたらいいだろうか、クリトン？ どうだね、これに同意を与えることにしようか。

クリトン そうするよりほかはないだろう、ソクラテス。

ソクラテス ——それなら、どうだね？

と、彼は言うだろう、

e ——おまえは、わたしたち自身に対して約束し同意したことを、いま踏みにじろうとしているが、しかしその約束におまえが同意したのは、強制によるのでもなければ騙《だま》された結果でもなく、また、短時間のうちに考えを決めることを余儀なくされたのでもなく、七十年のあいだによく考えることができたのではないか。それだけの年月のあいだ、もし、わたしたちがおま

53 えの気に入らないとか、同意した約束が正しいものではなかったとおまえに見えるとかいうことがあったなら、おまえは、ここからたち去ることができたのだ。しかしおまえは、ラケダイモンやクレテを、そこの法律や習慣を、つねづね善いとしていたにもかかわらず、アテナイのかわりに選ぼうとはしなかったのだし、また、ギリシアやギリシア以外の、他のいかなる国家をも、とくに選ぼうとはしなかったのだ。むしろ、アテナイから出て、外に遊ぶというようなことは、足のきかない人や、目の見えない人や、その他の身体の不自由な人たちよりも、もっとしなかったのである。

つまり、それほどまでに、おまえにとって格別、この国が気に入っていたし、また、わたしたち国法が気に入っていたのだということは、明らかなのだ。なぜなら、国法を抜きにして国家だけが気に入るなんてことが、何人《なんびと》にありうるだろうか。それだのに、いまになっておまえは、すでに同意したことを忠実に守ろうとはしないのか。とにかく、わたしたちの言うことがわかるなら、ソクラテス、おまえはそれを守ってくれるだろう。そして、この国から逃げだして、もの笑いになるようなことはしないだろう。

(1) ギリシア本土とペロポンネソス半島をつなぐ地峡。ここには海神ポセイドンの神社があり、この神社の近くの鎮守の森で二年おきに、春、その祝祭のために盛大な競技大会がおこなわれた。アテナイの人々にはとくに人気のある祭礼だったので、ソクラテスもこの祭礼に行ったのであろう。

（2）『ソクラテスの弁明』28e、および、四七ページ注（1）参照。
（3）『ソクラテスの弁明』37c〜38e参照。

15

というのは、いいかね、よく考えてごらん。もしおまえがこれを踏みにじって、その何かの点で誤りをおかしているならば、それは、おまえ自身に対しても、おまえの知人たちに対しても、なんの善い所業となるのか、ということをね。というのは、おまえの知人たち自身も、追
b 放になって自分の国を奪われたり、財産を失ったりするような、危険な目にあうことは、ほとんど明らかだからだ。また、おまえ自身、まずいちばん近くにある国のどこかへ、というと、テバイでもメガラでも、どちらも善い法律や風習をもっているから、あそこへ行くとしても、ソクラテス、おまえはその国制の敵として迎えられることになるだろう。そして、自分たちの国のことを心配している人たちは、おまえを国法の破壊者と考えて、おまえに疑いの目を向けるだろう。そしておまえは、おまえの裁判をした人たちの考えに裏づけを与えることになり、あの判決を下したのは正当だったと思われるようにすることになるだろう。なぜなら、いやし
c くも国法を破壊するような者なら、若い者や考えのない者を破滅に導くにきまっていると、た

ぶん考えられるだろうからね。

それなら、どうするかね？　善い法律や風習をもっている国とか、人々のうちでもとくに律《りち》儀《ぎ》な人たちなどには、避けて近づかないことにするかね？　そしてそういうことをするとき、おまえには、人生がはたして生き甲斐のあるものとなるだろうか。

それとも、どうかね？　おまえはその人たちに近づいて、恥ずかしげもなく問答を交わすつもりなのかね？　いったい何を論じてだ、ソクラテス？　いや、それは言うまでもなく、ここで論じていたと同じこと、人間にとって最大の価値をもつものは徳であり、なかでも正義であ
d り、合法性であり、国法であるというようなことをかね？　そしてソクラテスという者の、その所業が、ぶざまなものに見えてくるだろうとは思わないのかね？　とにかく、そう見えてくると、わたしたちは思わずにはいられないのだ。

しかしおまえは、これらの場所から退去して、テッタリアへ行き、クリトンの客筋にあたる者のところへでも身を寄せることにするかね？　あそこへ行けば、秩序も抑制も、最大限に無視されているからね。そして、たぶん喜んでおまえの話を聞いてくれるだろうからね。つまり、おまえが何かの衣裳《いしょう》を身につけて、というのは、皮衣とか何かほかにも、脱走者のよく身につけるものは通常きまっているが、そういうものを着て、それでおまえが姿を変えて、脱走したその模様の、人を笑わせるような話をね。

e しかしおまえは、老人の身で、余生も残り少ないと大方は見られるのに、最も大切な法を踏みにじってまで、こんなに執念ぶかく、ただ生きることを求めてはばからなかったのだというふうに言う者が、一人もいないだろうか。たぶん、おまえが人の感情を害するようなことをしなければ、そういうふうに言う人もいないかもしれない。しかし、そういうことがあれば、ソクラテス、おまえはいろいろ、おまえ自身にとっては不当のことまで、言われることになるだろう。だからおまえは、すべての人の機嫌をうかがいながら、奴隷の役をして、生きてゆくことになるだろう。しかもその生とは、テッタリアでは、ご馳走でも食べるよりほかに、何をすることがあるのだ？　まるで食事のためにテッタリアまで逃げていったようなものではないか。

54 これに対して、あの、正義、その他の徳についての議論は、どこにあることになるのか、ひとつ、教えてもらいたいものだ。

いや、しかし、子供たちのために、彼らを養育し教育するために、おまえは生きていたいと思うのか。それなら、どうかね？　彼らをテッタリアへ連れていって、扶養するにも教育するにも、彼らを外人に仕立てて、それの味をおぼえさせようとするのかね？　それとも、そういうことはしないで、この土地で養育してもらい、おまえが彼らといっしょにいなくても、おまえが生きてさえいれば、彼らの扶養も教育も、もっとうまくゆくだろうと言うのかね？　おまえの知人たちが、彼らの面倒をみてくれるだろうからね。

しかしいったい、どっちなのだ？　おまえの知人たちは、おまえがテッタリアへ旅立つのなら面倒をみてくれるけれども、あの世へ旅立つのでは面倒をみてはくれないのだろうか。いや
b しくもおまえの知人と称する連中が、すこしでもましなところのある者だとしたら、いずれにしても、面倒はみてくれるものと思わなければなるまい。

16

しかし、まあ、ソクラテス、おまえは、わたしたち、おまえを養った者の言葉にしたがって、子供たちのことも、生きるということも、他のいかなることも、正というものをさしおいて、それ以上に重く見るようなことをしてはいけない。おまえはそれによって、あの世へ行ってから、あの世の治者たちに、それらのすべてについて、身の潔白を明らかにすることができるだろう。というのは、この世においても、おまえがいま問題になっているようなことをおこなうならば、おまえのためにも、他のおまえの身内のだれのためにも、より善いとか、より正しいとか、より敬神の道にかなうとかいうことが、あるとも見えないし、また、あの世へ行ってからも、より善いことがあるということはないだろうからね。

まあ、いずれにしても、いまこの世からおまえが去ってゆくとすれば、おまえはすっかり不

c 正な目にあわされた人間として去ってゆくことになるけれども、しかしそれは、わたしたち国法による被害ではなくて世間の人間から加えられた不正にとどまるのだ。ところが、もしおまえが、自分でわたしたちに対しておこなった同意や約束を踏みにじり、何よりも害を加えてはならないはずの、自分自身や自分の友だち、自分の祖国とわたしたち国法に対して害を加えるという、そういう醜い仕方で、不正や加害の仕返しをして、ここから逃げていくとするならば、生きているかぎりのおまえに対しては、わたしたちの怒りがつづくだろうし、あの世へ行っても、わたしたちの兄弟たる、あの世の法が、おまえは自分の勝手で、わたしたちを無にしようとくわだてたと知っているから、好意的におまえを受け入れてはくれないだろう。

d いずれにしても、クリトンがおまえを説得して、彼の言うことを、おまえにさせるようなことがあってはなるまい。それよりは、わたしたちの言うことを聞いておくれ。

17

と、こう言われるのが、親しい仲間のクリトンよ、いいかね、ぼくには聞こえるように思うのだ。それはちょうど、祭式に踊り狂うコリュバンテス[1]の耳に笛の音が聞こえているように思えるのと同じことだ。ぼくの耳のなかでも、いま言ったような議論が、ぼんぼんとこだましていて、それ以外のことは聞こえないようにするのだ。

とにかく、いいかね、いまぼくの考えているのは、これだけのことだ。君がこれと違ったことを言っても、それはむだな発言になるだろう。しかしそれでも、なにかうまくやれる見込みがあると思うなら、言ってくれたまえ。

クリトン　いや、ソクラテス、ぼくには言うことがないよ。

ソクラテス　それなら、クリトン、これでかんべんしてくれたまえ。そして、これまでどおりにしようではないか。それが神の導きだからね。

e

(1)　小アジアのプリュギアの大地女神キュペレの祭司たちのこと。彼らは、新しい入信者を高御座《たかみくら》に坐らせ、そのまわりを騒がしい笛、太鼓、シンバルなどの音にあわせて熱狂的に踊り狂い、その入信者を異常な喧噪《けんそう》によって極度に疲労困憊《こんぱい》させて、入神状態におとしいれた。

ゴルギアス

弁論術および正義の意味について

藤澤令夫訳

主な登場人物

ソクラテス

カリクレス　アカルナイ区の人で新鋭政治家。教養もあり、弁論術を身につけている。ゴルギアスは彼の家に泊まっている。ただし、カリクレスは実在の人物ではないという説もある。

カイレポン　ソクラテスに心酔する古くからの仲間。なにごとにも熱中する性質で、『ソクラテスの弁明』21aに見られるように、デルポイにおもむき、「ソクラテスより知恵のある者はいない」という神託を得てきたことで有名である。やせて蒼白《あおじろ》い顔をしていたから「蝙蝠《こうもり》」とか「夜の子」などと渾名《あだな》され、アリストパネスの喜劇『雲』や『鳥』などにも登場して、からかわれている。

ゴルギアス　シケリア島レオンティノイ出身。ペロポンネソス戦争中の前四二七年、祖国の使節団代表としてアテナイをおとずれていらい、弁論の第一人者として、アテナイ市民からもひろく尊敬されていた。本篇ではすでにかなりの高齢、七十代か。

ポロス　シケリア島アクラガスの出身。ゴルギアスの弟子で弁論家。まだ若い。

1

カリクレス
447 これが戦争や合戦だったら、ソクラテス、そんなふうに参加するにかぎる、とか言われているね？

ソクラテス
おや、それではぼくたちは、諺《ことわざ》の文句そのままに、《祝宴《うたげ》の席もはててから》、のこのこと遅れてやって来たというわけか？

カリクレス
そのとおり。しかもその《祝宴》たるや、じつにすばらしい祝宴だったのに。なにしろ、ついさっきまでゴルギアスがぼくらにふんだんに見せてくれた弁論ぶりは、みごとなものだったからね。

ソクラテス

もっとも、こんなことになったのは、カリクレス、ここにいるカイレポンのせいなのだよ。この男のおかげで、すっかり広場《アゴラ》で時間をつぶすはめになったのだから。

カイレポン

b くよくよしたもうな、ソクラテス。このぼくが、ちゃんと埋めあわせもしてあげるから。というのはね、ぼくはゴルギアスと懇意なのだ。だから、弁論の披露ぐらい、いつでもしてもらえるだろう。なんなら、いますぐにでも、あとでよければまた別の機会にでもね。

カリクレス

どうしたのだ、カイレポン？　ソクラテスは、そんなにゴルギアスの話が聞きたいのかね？

カイレポン

まさにそれが目あてで、ぼくらはここに来たのだよ。

カリクレス

そういうわけなら、あなた方の気の向いたときにいつでも、わたしの家へどうぞ。ゴルギアスは、ぼくのところに泊まっているのだし、あなた方にもその弁論ぶりを披露してくれることだろうから。

ソクラテス

c ありがとう、カリクレス。しかしどうだろう？　ゴルギアスは、ぼくらと問答をかわしながら話しあう気になってくれるだろうか。じつは、ぼくの望みというのは、このゴルギアスの技術がどんな効能をもつものか、この人が広く世に問い、人に教えているのはどのようなことがらなのかといった点を、この人の口から直接聞いて知りたいということなのでね。そのほかの、弁論ぶりを披露してもらうことのほうは、君の言うように、また別の機会にゆずることにしよう。

カリクレス それは、本人にたずねてみるのがいちばんよいでしょう、ソクラテス。じっさいまた、この人にとっては、あなたが望んでいるそのようなことも、やはり弁論の腕前の見せどころの一つだったのですからね。げんに、いましがたも、このなかに集まった人たちに、だれでもよい、好きなことを質問するように、とすすめて、どんなことにでも答えてみせようと言っていたところなのですよ。

ソクラテス それは好都合だ。カイレポン、ひとつ君から質問してみてくれないかね、ゴルギアスに。

カイレポン 何をたずねようか。

ソクラテス

d

彼は何者であるかと。

カイレポン なんだって？

ソクラテス たとえばだね、彼が、かりに履物をつくるのを仕事としているとしたら、きっと、自分は靴作りであると、こう君に答えてくれるだろう。ぼくの言う意味が、わからないかね？

2

カイレポン わかった。では、質問してみることにしよう。

（一同、建物のなかに入る）

あなたにうかがいたいのですが、ゴルギアス、このカリクレスの言うことはほんとうでしょうか。あなたは、どんなことを質問されても、きっと答えてやると宣言なさっているそうですが。

ゴルギアス

448

ほんとうだとも、カイレポン。げんに、いましがたも、ちょうどそのことを、みんなに宣言していたところだ。それにまた、言っておくがね、こうしてもう長年になるけれども、このわたしに向かって、これといった目新しい質問をした者は、いまだにだれもいないね。

カイレポン

ああ、それなら、わたしの質問に答えることなど、きっと、わけもないことでしょうね、ゴルギアス？

ゴルギアス

どうか遠慮なくためしてみてくれ、カイレポン。

ポロス

ちょっと待った、カイレポン。君さえよければ、それをする相手は、このぼくということにしないか。ゴルギアスは、じっさいのところ、たいへん疲れているようだ。なにしろ、たったいま、さんざん話したばかりだからね。

カイレポン

おや、これは驚いたね、ポロス。君は、自分がゴルギアスよりも上手《じょうず》に答えられるつもりでいるのかい？

ポロス

b それがどうした？　君にさえ満足できれば、それでよいのだろう？

カイレポン

それでよいとも。では、せっかくの望みとあれば、君が答え手になってくれたまえ。

ポロス

さあ、質問するがよい。

カイレポン

よしきた。

かりにだよ、ゴルギアスという人が、その弟のヘロディコス[1]と同じ技術を心得ている人だとしたら、彼をなんと呼べば正しいことになるだろうか。その呼び名は、弟のばあいと同じではないかね？

ポロス

たしかに。

カイレポン

つまり、彼を医者であると呼べば、われわれの呼び方は正しいことになるわけだ。

ポロス

そう。

カイレポン　では、こんどは、かりに、ゴルギアスという人が、アグラポンの子アリストポン②やその弟③と同じ技術に練達している人だとしたら、彼を何者であると呼ぶのが正しいだろう？

ポロス　むろん、画家。

c

カイレポン　しかるに、じっさいにゴルギアスが心得ているのはどんな技術であり、それにもとづいてわれわれは、彼を何者であると呼んだら正しいのだろうか。

ポロス　カイレポンよ、そもそも人の世におこなわれる数多くの技術とは、経験から発し、経験をかさねつつ、発見されてきたものにほかならぬ。なんとなれば、経験こそは吾人《ごじん》の生活をして技術に準拠して進行せしめるものなのであるが、これに反して、経験のなきところ、よりどころとするものはすべて、偶然にすぎぬからである。しかして、それらの技術のそれぞれに対して、人さまざまにさまざまの仕方でさまざまのものを身につけているのであるが、そのなかにあって最もすぐれた技術をわがものとするのが、最もすぐれた人々にほかならぬ。ここにいるゴルギアスもまた、その一人であり、数ある技術のなかでも、ならぶものなき立派な技術を身につけているのである。[4]

（1）医者であったこと以外は詳細不明。本篇456bでもう一度登場する。

（2）画家であるが詳細不明。

（3）ポリュグノトスをさす。前五世紀前半に活躍した画家で、アテナイその他の都市の公共の建物に神話を題材にした壁画を描いた。

（4）この演説口調の言葉は462bで言われている書物のなかの文章をポロスがそのまま暗誦《あんしょう》したものであろう。ゴルギアスの文体の模倣が見られる。

3

ソクラテス

d　これはこれは、ゴルギアス。見うけたところ、ポロスの演説に対する準備ぶりたるや、まことにもって、あっぱれなものですね！　しかし肝心の、カイレポンに約束したことはと言えば、彼はいっこうに果たそうとしないではありませんか。

ゴルギアス

それはまた、なぜだね、ソクラテス？

ソクラテス　質問をうけたことがらに対して、ぜんぜん答えていないように思えるのですが。

ゴルギアス　それなら、もしよければ、君からポロスに質問してみたらどうだね？

ソクラテス　いいえ。もしあなたさえ、自分で答えてやろうという気がおありならば……。とにかく、わたしとしては、あなたに直接質問させてもらうほうが、ずっとありがたいのです。というのは、ポロスが練習をつんでいるのは、いまの話しぶりを聞いただけでも明らかなように、問答をとりかわして議論することよりも、いわゆる弁論術とやらのほうらしいですからね。

ポロス
e　いったい、どうして、ソクラテス？

ソクラテス　ほかでもない、ポロス、君はね、ゴルギアスはどんな技術を心得た人かというのがカイレポンの質問だったのに、まるで人からその技術にけちでもつけられたかのように、ゴルギアスの技術をほめたたえるばかりで、肝心の「その技術は何か」という問いに対しては、いっこうに答えなかったからだよ。

ポロス

ちゃんと答えたではないか、最も立派な技術だって。

ソクラテス

いかにも。しかしだれも、ゴルギアスの技術がどのような性格のものかとは、聞いていない。君に質問されたのは、その技術は何か、そしてゴルギアスを何者であると呼ぶべきか、ということなのだ。さっき、カイレポンが君のためにその例となるような質問をしたときは、君は、
449 うまく簡潔に答えただろう？　だからいまも、ちょうどあのときと同じやり方で、問題の技術は何か、そしてゴルギアスを何者であると呼ぶべきか、答えてくれたまえ。

だが、それよりも、ゴルギアス、むしろ本人のあなたから直接、聞かせてもらえませんか。あなたの心得ている技術は何か、それにもとづいてあなたを何と呼ぶべきかを。

ゴルギアス

弁論術だよ、ソクラテス。

ソクラテス

すると、あなたを弁論家と呼ぶべきなのですね。

ゴルギアス

すぐれた弁論家、とね、ソクラテス。もしホメロスの言ったように、《かくあることこそわ

が衿《ほこ》り(1)》といった名乗り方をわたしにゆるしてくれるなら。

ソクラテス ええ、それはよろこんで。

ゴルギアス では、そう呼んでくれたまえ。

ソクラテス それでは、あなたは、自分以外の人々をも、そういうあなたと同じような人間に仕立てることができると、こう言ってよいのでしょうか。

b

ゴルギアス そう、それこそわたしが、ただここだけでなく、ほかの土地においても、広く世に問うているところだ。

ソクラテス ところで、どうでしょう、ゴルギアス？　あなたは、ちょうどいまわたしたちがやっているような一問一答の形で、このまま話し合いをつづけてゆくことに同意してくださるでしょうか。そして、ポロスがやりかけたような、例の長い演説のほうは、また別の機会にのばすことにも？　どうかあいなるべくは、あなたが、約束していることを裏切ることなく、問われたことがらに手短かに答えるというやり方をつづけていく気になっていただきたいものです。

ゴルギアス

答えるべきことがらにもいろいろあってね、ソクラテス、ときには、どうしても長い説明を
c 必要とするばあいも出てくるものだ。だが、それでもかまわぬ、わたしはできるだけ短く答えるようにつとめよう。じつのところ、この点もまた、わたしの自負していることの一つなのだから。同じことがらを語るのに、このわたしよりも短い言葉で言える者はだれもいないだろうとね。

ソクラテス

ええ、ぜひそう願いたいものです、ゴルギアス。どうかその短言法というもののお手本をわたしに見せてください。長い話し方のほうはあとまわしにして。

ゴルギアス

よろしい、望みをかなえてやろう。君はさだめし、こんな短い答え方は聞いたことがないと言うだろう。

(1) ホメロスの作品に出てくる英雄たちが自分の生まれや武勇などについて《われこそ……》と名乗るときのきまり文句。

4

ソクラテス　さあ、それでは……。あなたの主張によると、あなたは弁論術というものをわきまえていて、
d 他人を弁論家にする能力もあるということですが、その弁論術とは、そもそも、何に関する技術なのでしょうか。たとえば機織《はたおり》術といえば、着物をつくることに関する技術です、そうですね？

ゴルギアス　そう。

ソクラテス　また、音楽といえば、これは歌曲の創作に関する技術ですね？

ゴルギアス　そう。

ソクラテス　ヘラ[1]の女神の名にかけて、ゴルギアス、そのお答えぶりには感服のほかありません。それ以上に短い答え方はありえないでしょう。

ゴルギアス いかにも、ソクラテス。わたしはかなり上手にやっているつもりだ。

ソクラテス ごもっとも。さあ、それでは、弁論術についても、その調子で答えてください。それは、いったい何に関する技術なのですか。

ゴルギアス 言論。

e **ソクラテス** その言論とは、どのような言論なのでしょう、ゴルギアス？ それは、病気の人たちに健康回復のための養生法を教えるような言論なのでしょうか。

ゴルギアス いな。

ソクラテス そうすると、弁論術というのは、かならずしも、あらゆる言論にかかわるというわけではないのですね？

ゴルギアス

たしかに、そうではない。

ソクラテス しかし、人々に言論の能力を与えることは与えるのですね？

ゴルギアス そう。

ソクラテス その言論が取り扱うことがらについて考える能力も、授けるのではありませんか。

ゴルギアス むろん。

450 **ソクラテス** しかし、いま話に出た医術のばあいは、どうでしょう？ 医術は、病気の人たちについて論じたり考えたりする能力を、人々に与えるのではありませんか。

ゴルギアス 必然の理。

ソクラテス するとどうやら、医術もやはり言論にかかわるということになりますね？

ゴルギアス　そう。

ソクラテス　そのばあいの言論とは、いろいろの病気に関する言論ですね？

ゴルギアス　まさしく、そう。

ソクラテス　ところで体育術も、やはり、身体《からだ》の状態の善《よ》し悪《あ》しを扱う言論にかかわるものではありませんか。

ゴルギアス　たしかに。

ソクラテス　さらに、ほかのいろいろの技術についても、ゴルギアス、同じことが言えませんか。つまり、
b そうした技術はどれもみな、言論に関係のある技術であり、その言論とは、それぞれの技術が取り扱う当のことがらにかかわる言論であると。

ゴルギアス

そのようだ。

ソクラテス　それなら、あなたは、いったいなぜ、そうしたほかの技術を、どれもみな言論にかかわるものなのに、弁論術とは呼ばないのですか。もし、どんな技術でも言論にかかわるものでありさえすれば、それを弁論術と名づけると言うのならば。

ゴルギアス　それはだね、ソクラテス、ほかのいろいろの技術のばあい、その知識のすべては手仕事とか、またはそれに類する行為に関するものだと言ってよいのに対して、弁論術にあっては、およそ、そうした手仕事めいたものはいっさい含まれず、何から何まですべて言論が決め手となって

c おこなわれるからだ。わたしが弁論術を言論に関する技術と規定すべきだと考える理由はここにあるのであって、わたしとしては、この言い方をあくまでも正しいと主張したいのである。

ソクラテス

（1）クロノスとレアの娘にあたる女神で、ゼウスの正妻。

はたしてわたしは、あなたがどのような技術をとくに弁論術と呼ぶつもりなのか、理解したと言えるでしょうか……？　まあ、いずれすぐに、もっとはっきりわかってくるでしょう。では、答えてください。まず、いろいろの技術がある、というわけですね？

ゴルギアス　そう。

ソクラテス　ところで、そうした技術を全体として考えてみると、思うに、そのうちのある種の技術は、じっさいの行動が大きな比重を占めていて、言論というものをわずかしか必要としない。なかには、ぜんぜん言論をつかう必要のないものもあって、そういう技術は、たとえ沈黙しながらでも、じゅうぶんその仕事をなしとげることができるわけです。たとえば画《え》を描いたり彫像を
d 制作したりする技術がそれで、ほかにもまだたくさんあるでしょう。あなたが弁論術と一線を画そうとする技術とは、このような種類の技術のことを言っているように思えるのですが、どうでしょう？

ゴルギアス　そう、君の解釈はひじょうに正しい、ソクラテス。

ソクラテス

他方、これに対して、技術のなかには、いっさいをもっぱら言論を通じてなしとげて、それ以外にじっさいの行動というようなものは、まあ、ぜんぜん必要としないと言ったらよいか、せいぜい、ほんのわずかしか必要としないような技術も別にある。たとえば数論、計算、幾何の技術をはじめ、将棋術なども含めて、いろいろたくさんある。これらの技術のうちには言論が行動とほとんど同等の役割をはたすというばあいもあるが、その大部分はまず言論の比重のほうが大きく、さらには、そのおこなう仕事、はたす効力のいっさいが、全面的に言論だけに
e 依存するものもある。あなたは弁論術というものを、こうした種類の技術の一つであると言おうとしているように思えますが？

ゴルギアス 君の言うとおりだ。

ソクラテス しかしながら、思うに、あなたはけっして、いまあげたような技術のどれ一つをも、そのまま弁論術と呼ぶつもりはないのでしょうね？　もっとも、言葉のうえだけでは、言論を通じてことをなしとげる技術が弁論術だと言われたのを聞くと、なんだか、そんな意味にとれないこともありませんけれども。

もし、だれかが議論のあら探しをするつもりになれば、きっと、こう聞きかえすことでしょ

う、「そうすると、ゴルギアス、あなたは数論のことを弁論術と言うわけですか」とね。しかしわたしには、あなたが数論のことを弁論術と言ったり、幾何学のことを弁論術と言ったりしているのだとは思えません。

ゴルギアス

451 そのとおりだ、ソクラテス。君の解釈は正当である。

6

ソクラテス

さあ、それでは、あなたのほうも、わたしの質問に対する答えを完全なものにしてください。つまり、弁論術とは言論《ロゴス》の使用が大きな部分を占めるような技術の一つだとしても、そういう技術はほかにもいろいろとあるのですから、言論の領域においてもとくに何に関して権威をもつ技術が弁論術なのかを、説明してもらわなければならないわけです。

たとえば、ある人が、さきほど話に出たさまざまの技術のなかから、どれか一つをとりあげて、わたしにこうたずねたとしましょう、「ソクラテス、数論の技術とはいかなる技術なのか」とね。

b わたしはその男に向かって、たったいまあなたが答えたのと同じように、「それは言論を通じてことをなしとげる技術の一つである」と、こう答えるでしょう。

そこで彼は重ねて、「その仕事とは、どんなことがらに関するものなのか」とたずねたとしますと、わたしの答えは、「偶数と奇数——それぞれが具体的にいくらの数であるかということにかかわりなく——に関するものだ」ということになるでしょう。

そこでこんどは「計算術と君が呼ぶのは、いかなる技術のことか」とその男がたずねてきたら、わたしは、「これもやはり、もっぱら言論を通じてことのすべてをなしとげる技術に属する」と答えるでしょう。

そこで彼が重ねて「どんなことがらに関して？」と質問したとしたら、わたしは、民会で法
c 案起草のさい用いるような言い方①で、こんなふうに答えるでしょう、
「他の諸点においては、計算術のなすところは数論と同じ。なぜなら、両者とも偶数と奇数という同一の対象を取り扱うものであるから。ただ異なるのは、計算術のほうは、奇数と偶数とが、奇数どうし、偶数どうし、また、奇数と偶数のあいだで、どのような数量的関係をもつかということをしらべる点である」

さらにまた、だれかから天文学について質問されて、「それもまた、もっぱら言論だけですべてをはたす技術である」とわたしが答えたばあい、その人が「天文学が用いるその言論とは、

ソクラテス、いったい何に関するものなのか」と言ったとしたら、わたしはこれに答えて、「その言論とは、もろもろの星や太陽や月などの運動について、それら天体相互の速さの関係はどうかということを取り扱うものである」というでしょう。

ゴルギアス　たしかに正しい答え方だ、ソクラテス。

ソクラテス　さあ、それでは、ゴルギアス、あなたにもそうしてもらわなければ……。弁論術とは、その
d 仕事のすべてを言論によってなしとげ、効果をあげるような技術に属するわけですね？

ゴルギアス　そのとおり。

ソクラテス　では、それは何に関してか、を言ってください。弁論術が用いるというその言論が、とくに対象として取り扱うことがらとは、そもそも何なのですか。

ゴルギアス　人間にかかわりのあることがらのなかでも、ソクラテス、最高にして最善なるものだ。

（1）民会で修正決議案を提出するときに「他の諸点においては、だれそれの言うところと同じである

が」と述べて、重複を避けるのが慣例であった。アリストテレス『アテナイ人の国制』二九章などに見られる。

7

e

ソクラテス しかしゴルギアス、そう言われても、疑問がいろいろと生じて、まだちっともはっきりしません。あなたは、酒の席でこんな歌がうたわれているのを聞いたことがおありでしょう? うたいながらさまざまの善いものを数えあげてゆく歌です。

達者でいるのがなによりで
つぎによいのは見目《みめ》うるわしさ
さて三つめには——と、この歌の作者いわく
まじめにかせいだ財産《しんしょう》よ①

ゴルギアス

たしかに聞いたことはあるが、しかし、それがどうしたというのだね？

ソクラテス

452 ほかでもありません。いまここに、この歌の作者が讃《たた》えたものをつくりだす専門家たちが、あなたの前に立ちはだかったとしましょう。すなわち、それは医者や体操の先生や実業家たちです。そして、まず医者がこう言ったとします、
「ソクラテス、ゴルギアスは君をだまそうとしている。人生最高の善きものを扱うのは、この人の技術ではなく、わたしのもっている技術こそがそうなのだ」

そこでわたしは、彼にたずねます、

「そう言う君は、何者なのだね？」

「医者だ」と彼はたぶん答えるでしょう。

「いったい、君の言うのは、どういう意味なのだ？　ほんとうかね、君の技術のつくりだすものこそが最高の善きものだというのは？」

「言わずとしれたこと」と、彼はきっと言うにちがいありません、「健康をつくりだすのだからね[2]、ソクラテス。およそ人間にとって、健康にまさる善きものが何かあるかね？」。

b さらに、おつぎをうけたまわって、体操教師がこう言ったとします、「さてもふしぎなことがあるものだと、ソクラテス、このわたしとても驚くだろうよ。もしもゴルギアスが自分の技

術について、わたしが自分の技術の所産として示す以上の善きものをつくりだすのだと、君に証明できたとしたらね」。

こんどもまた、わたしは、その男に向かって、「君、君はいったい、何者なのだ？　何を君はつくりだすというのだ？」とたずねるでしょう。

「体操教師だよ」と彼は言うに違いありません、「わたしの仕事は、人間の身体を美しく強くすることだ」。

体操教師のつぎには、実業家がすすみ出てこう言うでしょう。——そのときの、他のすべての人々を軽蔑《けいべつ》しきった顔つきが目にみえるようです、

c 「まあ、考えてもみたまえ、ソクラテス。そもそも富にまさる善きものが、君に見つけだせたら、おなぐさみだ。ゴルギアスのところにであろうと、ほかのだれのところにであろうともね」

そこでわたしたちは、この男に向かって言うでしょう、「なんだって？　君はそれをつくりだす専門家だと言うのかね？」。

「そうだ」と彼は言うでしょう。

「そう言う君は何者なのだ？」

「実業家さ」

「それでどうなのだ？　君の判定では、富こそ人間にとって最高の善きものだというのかね？」とわたしたちは言うでしょう。

「言わずとしれたこと」と彼。

「しかしね、ここにいるゴルギアスの意見は、君と違っていて、わが技術こそ君の技術などよりももっと善いものを生みだすと主張しているのだよ」

　ここで彼は、疑いもなく、つぎにこう聞いてくるでしょう、

「そんなばかな！　いったい何だね、彼の言うその『善きもの』とは？　ひとつ、ゴルギアスの答えを聞こうじゃないか」

d と、まあ、こういうわけですから、ゴルギアス、どうかご自分が彼らからもわたしからも質問されているのだと考えて、あなたの答えを聞かせてください。人間にとってこれこそが最高の善きものであると主張なさるもの、そして、われこそはそれをつくりだす専門家であるとあなたが名乗るところのもの、それは、いったい、何なのですか。

ゴルギアス

　それこそまさに、ソクラテス、真にこの世の最高の善きものであって、人々はそれのおかげで自分自身に自由をもたらすとともに、自分の住んでいる国において他人を自分のために支配することさえできるのだ。

ソクラテス
というと、いったい、それは何でしょう。

ゴルギアス
e わたしの言うのは、言論の力で人を説得する能力のこと、すなわち、法廷では裁判官を説得し、政務審議会や国民議会ではそれぞれの議員たちを説得し、また、その他およそ国民的集会のあるところ、あらゆるばあいに、言論を駆使して説得することのできる能力のことだ。そしてじじつ、この能力さえ身につけているならば、君は、医者であろうが体操教師であろうが、みな奴隷として配下に従えることになるのは必定。さらに、かの実業家とやらにしたところで、結局は自分のために金をかせいでいるのではなく、他人のために、しかり、言論の能力をもち大勢の者を説得する能力をもった君のために、財産をつくってやっているにすぎないことが、やがて明らかになるだろう。

（1）古代の注釈家によると、これは抒情《じょじょう》詩人シモニデスまたは喜劇詩人エピカルモスの歌と言われる。人間にとっての「善きもの」を健康、美しさ、富の順に数えることは『メノン』87e、『エウテュデモス』279a、その他に見られ、当時のギリシア人の一般的な考え方であったと思われる。

（2）テクスト Dodds にしたがう。

8

ソクラテス

453 こんどこそ、どうやら、ゴルギアス、あなたが弁論術をどのような技術と考えているかを、
いちばん親切に示してくださったようですね。

もしわたしの理解に間違いがなければ、あなたの言われるのはこういう意味でしょう？　すなわち、弁論術とは説得をつくりだす術のことであって、そのおこなう仕事のすべては、かいつまんで言えば、結局はそこに帰着するのだと。それとも、この、聴衆の心に得心を植えつけるということのほかに、弁論術の効能としてもっと何かあげることがおありですか。

ゴルギアス

何もない、ソクラテス。君の定義でじゅうぶん言いつくされていると思う。弁論術の主眼とするところは、いかにもその点にあるのだから。

ソクラテス

では、ここで、ゴルギアス、あなたに申しておきたいことがあります。どうか、よく承知し
b ておいていただきたいのですが、このわたしという人間は、自分で信じているところによれば、
こういう男なのです。つまり、いやしくも他人と議論するときに、何よりも議論の対象となっ

ていることがらそのものについて知りたいと願うような人があるとすれば、わたしもまた、そんな人間の一人だと自分で信じているわけです。そしてあなたも、やはり、そういう方だと期待します。

ゴルギアス

で、どうだというのかね、ソクラテス？

ソクラテス

いま言いましょう。じつは、弁論術のもたらす説得とあなたが言われるのは、どのような性格の説得なのか、また、どのようなことがらに関する説得なのか、この点がわたしにははっきりとわからないのです。もっとも、あなたの言われるのはこういう説得だろうし、その取り扱うことがらはこんなことがらだろうと、うすうす見当をつけていないでもありません。しかしやはり、わたしは、あなたにちゃんと質問することにしましょう、弁論術のもたらす説得と言
c われるのはどのような説得であり、何に関する説得なのですかと。

ところで、わたしはなぜ、自分でその見当がついているのに、自分のほうからそれを言わないで、わざわざあなたに向かって質問するか。それは、べつに、あなたという人を目標にしているからなのではなく、議論そのもののためなのです。つまり、いま論題になっていることがらができるだけわれわれに明確になってくれるようなやり方で、話をすすめたいからにほかな

りません。
まあ、ひとつ、わたしがこうして質問をかさねるのも当然だと思えないかどうか考えてみてください。
たとえば、かりにわたしが、ゼウクシス[1]という人はどのような画家かということを、あなたにたずねているところだとします。そのばあい、もしあなたが、ものの像を描く画家だと答えたとしたら、どうでしょう？　わたしは当然、像と言ってもどのような像を、どのような場所に描く人かということを、あなたにたずねてしかるべきではないでしょうか。
ゴルギアス
たしかに。
ソクラテス
d というのも、画家はほかにもいろいろいて、彼の描くのとは違った像を、いろいろとたくさん描いているからではありませんか。
ゴルギアス
そう。
ソクラテス
けれども、もし像を描く人がゼウクシスのほかにだれもいなければ、あなたは適切に答えたことになりますね？

ゴルギアス　むろん。

ソクラテス　さあ、それでは、弁論術についても、その点を言ってください。あなたは、説得をつくりだすのは弁論術だけだと思いますか。それとも、ほかにもそういう技術があるでしょうか。わたしの言おうとしているのは、つぎのようなことです。いかなることがらにせよ、それを人に教える者があるとすれば、その者は自分の教えることについて相手を説得するでしょうか、しないでしょうか。

ゴルギアス　むろん、ソクラテス、説得することは何よりもたしかだ。

ソクラテス
e　ここでもう一度、さきほど話に出たのと同じいろいろの技術にもどって、議論をすすめることにしましょう。数論は、そして、数論の術を心得ている人は、数に関することをいろいろとわれわれに教えるのではありませんか。

ゴルギアス

たしかに。

ソクラテス
したがって、説得もするわけですね？

ゴルギアス
そう。

ソクラテス
そうすると数論もまた、説得をつくりだす技術だということになりますね？

ゴルギアス
そういうことになるようだ。

ソクラテス
そこでもし、ある人がわたしたちに、その説得とはどのような説得で、何に関する説得であ
454 るかとたずねたとしたら、わたしたちはおそらく、その人に向かって、偶数と奇数の全系列に関して知識を教えるような説得であると、こう答えるでしょう。そのほか同様にして、わたしたちは、さっき話に出た技術の全部について、それらの技術はいずれも説得をつくりだすものであること、そして、その説得とはいかなる説得であり、何に関する説得であるかということを、示すことができるでしょう。そうではありませんか。

ゴルギアス そう。

ソクラテス したがって、説得をつくりだすという仕事は、べつに、弁論術だけの専門ではないということになります。

ゴルギアス 君の言うとおりだろう。

(1) 前五世紀後半に活動した画家で、とくに女性の肖像画で有名。

9

ソクラテス では、そういう成果をあげるのは、かならずしも弁論術だけではなくて、ほかにもそうした技術がいろいろあるということになると、わたしたちは、つぎに当然、ちょうど画家についてしたのと同じように、みなさんに向かって、重ねてこう質問してしかるべきだと言えるでしょう、「しからば弁論術のおこなう説得とは、いかなる説得であり、何に関する説得なのか」と。

b あなたは、重ねてこう質問することが正当だとは思いませんか。

ゴルギアス　正当と思う。

ソクラテス　では答えてください、ゴルギアス、あなたもやはり、そのように思われるのでしたら。

ゴルギアス　よろしい。わたしの言うのは、こういう説得のことなのだ、ソクラテス。すなわち、それは、裁判の法廷その他、大勢の人間が集まるばあいに効果を発揮するような説得であって、この点はついさきほどもわたしが言っていたところだ。そしてその説得は、正しいことがらや不正なことがらに関してなされるものである。

ソクラテス　やはりそうでしたか。あなたの言われるのはきっとそのような説得であり、そういったことがらに関する説得なのだろうとは、じつは、わたしにもだいたい見当がついていたのですよ、ゴルギアス。けれども、いますこしさきへすすんでから、同じこういった点をおたずねして、あなたを呆《あき》れさせるようなことがあっては——それはもう、いまさら聞かなくてもと思われる
c のに、わたしがこと新しくたずねるわけですから——困りますのでね。

つまり、くりかえし言いますが、わたしがこうしていちいち質問しているのは、ただ、議論が正しい順序を踏んで最後まで進行するようにと願えばこそであって、べつに、あなたにたてつくのが目的ではありません。わたしたちがおたがいに相手の言おうとすることを推測しあって、それを強引に相手よりさきに言ってしまうような習慣は避けて、あなたはあなたで自分の考えを、はじめにおいた前提にしたがいながら、最後まで自由に述べてもらうようにするためなのです。

ゴルギアス たしかに、君のやり方は正しいと思う、ソクラテス。

ソクラテス さあ、それでは、さらにつぎのことを考えてみてください。あなたは、「学んでしまっている」とよばれる状態があることを認めますね?

ゴルギアス 認める。

ソクラテス では、どうでしょう、「信じこんでいる」ということは?

ゴルギアス

認める。

ソクラテス
では、「学んでしまっている」と「信じこんでいる」、すなわち、学識と信念は、同じだと思
d いますか、それとも、別のことだと思いますか。

ゴルギアス
わたしの考えでは、ソクラテス、別のことだ。

ソクラテス
ごもっとも。つぎのことからもそれがわかるでしょう。もしだれかが「信念には、ゴルギアス、誤った信念と正しい信念とがあるかね？」とたずねたとしたら、あなたはきっと、「ある」と答えるだろうと思いますからね。

ゴルギアス
そうだ。

ソクラテス
では、どうでしょう、ちゃんとした知識に真偽の区別があるでしょうか。

ゴルギアス
けっして。

ソクラテス
だからここでも、両者が同じものでないことがはっきりわかるわけですね？
ゴルギアス
君の言うとおりだ。
ソクラテス
e けれども、説得されているという点では、完全に学識をそなえた人々も、ただ信じこんでいるだけの人々も、変わりはないはずです。
ゴルギアス
そのとおり。
ソクラテス
では、説得ということに二種類の区別を立てることにしましょうか。一つは、知ることをはなれて信念だけを与えるような説得、もう一つは、知識を与えるような説得……。
ゴルギアス
よかろう。
ソクラテス
さて、弁論術とは、法廷その他、大勢の人間が集まる場で、正と不正に関することがらについて人を説得するということですが、それは、いったい、どちらの種類の説得なのでしょうか。知識を抜きにして信じこむことだけが結果として起こるような説得なのでしょうか、それとも、その説得の結果として知識も与えられるものなのでしょうか。

ゴルギアス　それは明らかに、ソクラテス、信じこむことだけが結果として起こるような説得だろうね。

ソクラテス
455 してみると、弁論術とは説得をつくりだす術だと言っても、その説得なるものは、どうやら、人にそれと信じこませるだけのことなのであって、正と不正の何たるかを知識として教えるような説得ではないわけですね？

ゴルギアス　そう。

ソクラテス　だからまた、弁論家とは、法廷その他、大勢の人間の集まりを相手にして何が正しく何が不正であるかを知識として教える人ではなくて、ただ、それと信じこませるだけの人だということにもなりますね？　じっさい、相手がそんなにたくさんの人間の集まりだとしたら、わずかの時間のうちにかくも重大なことがらについて知識を授けるなどということは、不可能でしょうからね。

ゴルギアス　たしかに、できないことだ。

10

ソクラテス　さあ、それでは、わたしたちが弁論術について述べていることは、じっさいはそもそもいかなることを意味しているのか、ひとつ、しらべてみましょう。といいますのは、わたしは自分でも、自分の言っていることがどんな意味をもっているのか、まだよくつかめないでいるしまつなのですから。

b そもそも、国が集会を開いて、医者①とか造船家とか、あるいは、もっと別の種類の専門家を選出することを議題とするようなばあい、弁論家がそのことで意見を述べるというようなことはないのではありませんか。これは、疑いもなく、それぞれの職人の選出にあたっては、その道の最も専門家であるような人が選ばれなければならぬという事情があるからです。城壁の建設とか港や造船所の設置といったことが議題にされるばあいも、立って意見を述べるのは、弁

論家ではなくて、大工の棟梁《とうりょう》です。さらにまた、審議さるべき議題が将軍の選出とか、敵方
c に対する軍隊の配置とか、あれこれの地点の占領などといったことがらであるようなばあいも、そうです。そのときはそのときで、意見を述べるのは軍事専門家であって、けっして弁論家ではありません。

それとも、ゴルギアス、こうしたことについてあなたのご意見はどうでしょう？　とおたずねするわけは、あなたはご自分が弁論家であると名乗るだけでなく、他の人々にも弁論の技術を授けることを約束なさっている以上、あなたの技術のことを知るには、ほかならぬ本人のあなたから聞きだすのがいちばんだからです。

それに、どうか信じてください、わたしは、あなたのためをも真剣に思ってあげているのですよ。といいますのは、この建物のなかには、おそらく、あなたの弟子になりたいと願っている者もいるはずです。げんに、そういう人たちを何人か、それもかなりたくさんの数の者ですが、わたしは気づいていますからね。そういう人たちは、きっと気おくれして、あなたに向か
d って質問するのをためらうことでしょう。だからあなたは、わたしから質問をうけたら、それは同時に、そういう人たちからの質問であると考えてもらわなければなりません。

ゴルギアス、わたしたちがあなたにつくならば、何を得るのでしょうか。わたしたちは国のためにどのようなことがらについて意見を述べることができるようになるのでしょうか、それ

はただ、正と不正に関してだけなのでしょうか。それとも、いまソクラテスがあげたようなことがらが議題にされるばあいにもそうなのでしょうか。

さあ、どうか、彼らに答えるようにつとめてやってください。

ゴルギアス　よろしい、ソクラテス、いかにもわたしは、君のために、弁論術のもつ力の全体をあますところなく、はっきりと明かすようにつとめよう。うまいぐあいに、君のほうからそのための道をつけてくれたのだから。

e というのは、ほかでもない、君のあげたあの造船所やアテナイの城壁、あるいは港の設備などは、テミストクレス(2)の献策によって、また、その一部はペリクレスの意見によってできたものであって、それぞれ専門の職人たちの意見によるものではけっしてないという事実を、君が知らぬはずはなかろう。

ソクラテス　たしかに、ゴルギアス、テミストクレスがそうしたという話が伝わっていますね。ペリクレスのほうは、わたし自身、彼が中央の城壁について献策したときに、それを聞きました。

ゴルギアス

456 それだけではない。君がさっき言ったような、いろいろな役職につく人々の選出にあたっても、その提案をおこない、かつ、自分の意見をとおすのは、ほかならぬ弁論家だという事実も、ソクラテス、君が現在、目にしているところであろう。

ソクラテス　そうした事実をふしぎに思えばこそ、ゴルギアス、わたしはさいぜんから、この弁論術というのは、いったいどのような力をもつものなのか、おたずねしているわけなのです。まったく、そのように考えてみると、わたしには、その力の偉大さが、なにか超人的なもののように見えてくるものですから。

（1）古代ギリシアの多くの都市国家では、公けに選出された医者を国が公務員としてやとい、一般の患者を無料で診療させた。

（2）アテナイの代表的な政治家（前五二八ころ～四六二ころ）。

11

ゴルギアス　君が何もかも知ったらねえ、ソクラテス！　じっさい、それは、ありとあらゆる力を集めて
b 自分の配下にもっていると言えるのだよ。まあ、ひとつ、それを証明してあまりある事実を話

してあげよう。

わたしは、これまで何回か、わたしの弟[1]とか、ほかの医者たちと連れだって、病人のところへ行ったことがある。それは患者たちのなかでも、薬を服《の》むことや、医者に切開してもらったり焼いてもらったりするのをとくにいやがる患者だったが、専門の医者がどうしてもそれを承服させることができないでいるとき、説得に成功したのはこのわたしであり、そして、その説得に役だったのは、ほかならぬ弁論術だったのだ。

そして、わたしは請けあっておくが、これと同じようなことは、弁論術を身につけた者と医者とがあいたずさえて、どこでもよい、君のお望みの国へおもむいたばあいにも起こるだろう。すなわち、かりに二人がどこかの国へ行って、国民議会なり他のなんらかの集会なりにおいて、二人のうちどちらがその国の医者として選ばれるべきかを両者が言論によって競わなければな
c らないことになったとしたら、かならずや医者のほうは影をひそめて、話す能力を身につけた者が、その気になりさえすれば、選出されることになるだろう。

このことは彼の競いあう相手が他のどのような技術の専門家であっても変わりはなく、弁論術をわきまえた者は、他のどのような人間を向こうにまわしても、きっと自分を選ぶように説得することに成功するだろう。ほかでもない、数ある専門家のなかから、たとえだれを相手につれて来たとしても、およそ大勢の人間に向かって語るばあい、弁論家が説得力においてひけ

をとるような論題は何もないからだ。かくして、この技術のもっている力とは、そのようなも
のであり、それだけ偉大なものなのである。
ただし、ソクラテス、弁論術をじっさいに使うにあたっては、人と競いあうために習う他の
すべての技術のばあいと同じ注意を必要とする。つまり、ほかの闘技とても、相手の見さかい
d なしにこれを使ってよいというものではない。たとえ拳闘《けんとう》やパンクラティオン[2]や、物の具とり
鎧《よろ》って戦う術などを習って、敵味方のだれよりも腕がたつようになったとしてもだ。自分がそ
れだけ強くなったということは、けっして、友人をなぐったり、まして突き刺したり殺したり
してもよいという理由にはならぬ。
他方また、ゼウスに誓って言うが、かりにある人が鍛錬場にせっせとかよい、体格がよくな
り、ひとかどの拳闘手となって、父母とか他の家人なり友人なりのだれかをなぐるというよう
e なことがあったからといって、そのために体育の教師や武術の先生を憎んだり、国から追放し
たりすべき筋合いはけっしてないのだ。なぜならば、教師たちのほうは、その技術を、敵や悪
者どもを相手に正しく使うために、すなわち、争いをしかけるためにではなく身を守るために
457 弟子たちに授けたのに、弟子のほうで教えをゆがめて、その力と技術の使い方を誤っただけの
ことなのだから。されば、けっして、それを教えた人々が悪いのでもなければ、そのために技
術そのものに咎《とが》があったり悪い点があったりするのでもない。悪いのは、思うに、その使い方

を誤った者たちなのだ。

同じことは弁論術についても言える。すなわち、弁論家というものは、あらゆる人々を相手にあらゆることがらについて論じる能力をもち、要するに、大衆のなかでは何を論題として選
b ぼうとも、だれよりも説得力をもつことができる。しかしながら、だからといって、いかにそうするだけの能力があるからといって、医者たちに対しても、そのほかの専門家たちに対しても、みだりにその名誉を奪うようなことをしてはならないのだ。弁論術もやはり、闘技のばあいにもそうであったのとまったく同様に、あくまで正しく用いなければならぬ。

そしてまた、かりにある人がひとかどの弁論家となってから、その能力と技術を用いてよからぬことをしたとしても、思うに、それを教えた者を憎んだり国から追放したりすべきではあるまい。なぜならば、教えたほうの者はそれを正しく使うために授けたのに、弟子のほうで逆の目的のために用いた、というのが実際なのだから。

c されば、その使い方を誤った者に対しては、憎もうと追放しようと、あるいは死刑にしようと、それは正当なことである。だが、教えた者に対してそんなことをするのは、筋違いというものであろう。

(1) 本篇448b参照。
(2) 相撲と拳闘の合技。

12

ソクラテス

ゴルギアス、あなたもやはり、多くの議論に立ち会ったことがおありでしょう？　そしてそういうばあいに、つぎのようなことに気づかれたことと思います。すなわち、議論の当事者たちは、何について討論を試みるばあいでも、論題となっているそのことがらがいかなるものかを、自分たちの意見の交換によっておたがいに納得のいくまではっきり定義してから別れると
d いうことが、なかなかできないものです。彼らは、たがいに意見が一致しない点でもあると、そして、一方が他方の言うことを間違っているとか、はっきりしないなどと主張すると、すっかり怒ってしまって、そのような主張は自分に対する悪意から出たものにちがいない、相手は要するに議論に勝たんがために議論しているのであって、論題そのものを探究する気持などはないのだと、こんなふうに思いこんでしまいます。そして、ときによると、たがいにののしりあったあげく、ついには世にも醜い別れ方をする人たちもあって、その口ぎたない売り言葉に買い言葉を聞かされると、その場にいあわせた者たちまでも、なんだってこんな連中の議論などを聞く気になったのだろうと、ほかならぬ自分自身に腹がたってくるものです。
e ところで、何のためにこんなことを言うかといいますと、じつは、これはわたしだけの気持

ですが、いまあなたが言われていることは、はじめにあなたが弁論術について言われたことがらとあまり首尾一貫していないし、符合もしていないように思えるからなのです。で、わたしが恐れるのは、あなたの説をくわしく吟味しようとして、そのために誤解されはしまいか、ことがらそのものを明確にするためでなくあなたに勝ちたいがために熱心になって論じているのだと、もしかしたら、そんなふうにあなたにとられはしないかということなのです。ですから、
458 わたしとしては、もしあなたという方がこのわたしと同じような人間の一人であるならば、よろこんで質問をつづけさせてもらいますけれども、そうでなければ、やめておきましょう。

わたしと同じ仲間の人間とは、どのような人間のことを言うか。それは、自分の言っていることに誤りがあればよろこんで反駁《はんばく》をうけるとともに、他人《ひと》が間違ったことを言えばよろこんで反駁するような人間、しかし、どちらかといえば他人《ひと》を反駁するよりも自分が反駁されるほうを歓迎するような人間です。つまり、わたしの考えでは、反駁するよりも反駁されるほうが、最も重大な害悪から他人を救いだしてやるよりも自分が救いだされるほうがいっそう善いのとちょうど同じ程度に、より善いことなのですから。重大な害悪と言うわけは、およそ人間にと
b って、いまわたしたちが論じているような問題について誤った考えをもつことほど重大な害悪はない、と思うからにほかなりません。

そういうしだいですから、あなたがご自分もやはりそういう人間だと保証してくださるのな

ら、わたしたちは議論をつづけることにしましょう。しかし、ここでやめたほうがよいとお考えなら、これでもう、お別れを言って、話をうち切ることにいたしましょう。

ゴルギアス　いや、わたしとしてはむろん、ソクラテス、自分もやはり、君が言ったような人間であると主張する。

ただね、ここにいる人たちのことも考えてやらねばなるまいて。じっさい、君たちが来るまでに、わたしはもうだいぶまえから、ここにいる人たちにさんざん話をしてみせたのだ。いままた、もしこのまま話しあいをつづけるとなると、われわれは、おそらく、この席をすこし長びかせすぎる結果になるだろう。だから、この人たちの都合も考えてやらなければならん。何かほかの用事をしたいと思っているのに、われわれのためにここにひき止められているような人がこのなかにいたら、悪いからね。 c

13

カイレポン　まあご自分でお聞きください、ゴルギアスにソクラテス、この人たちの歓声を。みんな、あなた方が何か話してくれるならぜひ聞きたいと望んでいるのですよ。
いずれにせよ、わたし自身としては、このような議論がこんなふうに論じられているのに、それを聞くのをあきらめて別の用事をしたほうがためになるというような、そんな暇のない身には、けっしてならないよう祈るばかりです。

カリクレス

d
神々に誓って、カイレポン、そのとおりだとも。たしかに、ぼくもこれまでに数多くの議論をそばで聞いたけれども、いまくらい楽しかったことがかつてあったろうか。だから、すくなくともこのわたしに関するかぎり、あなた方がこのまま一日じゅう議論をつづける気になっても、わたしをよろこばせるだけですよ。

ソクラテス

いや、カリクレス、ぼくのほうは、ほんとうにそうしたって、いっこうにかまわないのだよ。ゴルギアスさえその気になってくれるならね。

ゴルギアス

こうなると、ソクラテス、余人はいざしらず、このわたしが、ここでいやだと言うのは、みっともないことになるだろうね。なんでも好きなことを質問しなさいと宣言したのは、ほかならぬわたし自身なのだから。

e　では、列席の諸君にさえ異存がなければ、議論をつづけて、何なりと好きなことを質問したまえ。

ソクラテス　では聞いてください、ゴルギアス、あなたの言われたことで、わたしにふしぎに思えた点がどこかを。ほんとうは、おそらく、あなたの言われることは正しいのに、わたしのほうが間違ってうけとっているのでしょうから。あなたの主張によると、だれでもあなたの弟子になって学ぶつもりになれば、ひとかどの弁論家にすることができるというのですね？

ゴルギアス　そうだ。

ソクラテス　そうなれば、その人はどんなことがらについても論じることができて、大衆に対する説得力をもつようになるのですね？　ただし、知識を授けることによってではなく、ただ、もっぱら説得することによって。

ゴルギアス
459　いかにも、そのとおり。

ソクラテス

あなたは、さきほど、問題がたとえ健康に関することであっても、弁論家のほうが医者よりも説得力においてまさると言われましたね？

ゴルギアス
たしかに、そう言った。大衆のなかでは、とね。

ソクラテス
その「大衆のなかでは」ということは、「何も知らない人たちのなかでは」という意味ではありませんか。なぜなら、語りかける相手にその知識があるとしたら、弁論家のほうが医者よりも説得力をもつということはおそらくありえないはずですから。

ゴルギアス
君の言うとおりだ。

ソクラテス
もし医者よりも説得力があるとしたら、知識のある者よりも説得力があるということになるのではありませんか。

ゴルギアス
たしかに。

ソクラテス

b
自分は医者ではないのに、ですね？

ゴルギアス　そう。

ソクラテス　医者ではないとすれば、当然、医者がもっている知識は心得ていないはずでしょう？

ゴルギアス　むろん。

ソクラテス　そうすると、弁論家が医者よりも説得力があると言うばあい、それは、そのことがらを知らない人が知っている人よりも知らない人々のなかで説得力をもつということになりますね？　そういう帰結が出てくるでしょうか、それとも違いますか。

ゴルギアス　このばあいは、たしかにそういうことになるだろう。

ソクラテス　さらに、ほかのあらゆる専門的な技術との関係においても、弁論家と弁論術については同じことが言えるのではありませんか。すなわち、弁論術というのは、問題のことがらそのものが

c どうであるかを知っている必要はすこしもなく、ただ、なんらかの説得のこつを見つけだし、それによって無知な人々の目に識者よりももっと知識があるように見えさえすればよいのだと。

14

ゴルギアス　だからこそ、それは、たいへん重宝なものだということにならないかね、ソクラテス？　ほかの専門的な技術は何も知らなくても、ただこれを習っておくだけで、ぜったいに専門家たちにひけをとらないのだから。

ソクラテス　はたして弁論家がそういうやり方でひけをとるかとらないか、それはいずれ、わたしたちの議論に必要とあれば、すぐにでも考えてみなければならないでしょう。しかしさしあたって、そのまえに、つぎのことを考えてみましょう。

d いったい、弁論家というものは、正と不正、美と醜、善と悪といった問題についても、やはり、健康その他いろいろの技術の対象となることがらを扱うばあいと、同じ態度でいてよいのでしょうか。つまり、何が善であり何が悪であるか、何が美であり何が醜であるか、何が正し

く何が不正であるかといったことがらそのものに関する知識なしに、ただ、そうした問題につ
いての説得法だけを工夫して、それによって無知な人々のあいだで、じつは自分はその知識を
e もっていないのに、識者よりももっと知識があるように見せかけるというわけなのでしょうか。
それとも、このばあいにはそうした知識が不可欠であって、将来弁論術を学ぼうとする者は、
かならずあらかじめそれを知ったうえであなたの門をたたくのでなければならないのでしょう
か。そうでないばあいには、弁論術の先生としてのあなたは、入門者に対してそうした知識は
なにひとつ授けはしないけれども――それはあなたの仕事ではないわけですから――、ただ大
勢の人間のなかで、そういったことがらを知らないのに知っていると思われるようにしてやり、
じっさいはすぐれた人間ではないのにすぐれていると思われるようにしてやるのでしょうか？
あるいは、そういった問題に関して真実をまえもって知っていてもらわなければ、入門者に弁
460 論術を教えることはぜんぜん不可能なのでしょうか？

こういった点をどう考えたらよいのでしょう、ゴルギアス？　ゼウスに誓って、さっきあなたが言われたように（455d）、弁論術の全貌《ぜんぼう》を明らかにして、その力はいったいどのようなものかを教えてください。

ゴルギアス

よろしい。わたしの思うに、ソクラテス、もし知っていなければ、そうした知識もあわせて、

このわたしから学ぶことになるであろう。

ソクラテス　これはありがたい、よく言ってくださいました。そうすると、いやしくもあなたがだれかを一人前の弁論家に仕立てたばあいには、その人は、正しいことと不正なこととの何たるかをかならず知っているはずなのですね？　前から知っていたにせよ、あとになってあなたから学んで知ったにせよ。

ゴルギアス
b　いかにも。

ソクラテス　ところでどうでしょう、大工のことを学んだ者は大工になるわけですね？　そうではありませんか。

ゴルギアス　そうだ。

ソクラテス　また、音楽のことを学んだ者は音楽家になるわけですね？

ゴルギアス

そう。

ソクラテス

また、医療のことを学んだ者は医者になるわけですね？　そして、その他のことについても同じことが言えませんか。つまり、それぞれその道のことを学んでしまった者は、その知識が各人をつくりあげるような、まさにそういう人間になるのだと。

ゴルギアス

たしかに。

ソクラテス

同じ理屈でまた、正しいことを学んだ者は正しい人になるのではありませんか。

ゴルギアス

間違いなく、そうだ。

ソクラテス

正しい人は正しいことをするのでしょうね？

ゴルギアス

そう。

ソクラテス

c そうすると、弁論術を身につけた者は必然的に正しい人間だということになり、そして、正義の人として正しいことをおこなおうと願うわけですね？

ゴルギアス そういうことになるようだ。

ソクラテス したがって、正しい人であるかぎりは、いついかなるときにも、けっして不正なことをおこなおうとは思わないはずです。

ゴルギアス 必然的にそうだ。

ソクラテス しかるに、弁論家が正しい人間であるということは、議論の必然的な帰結なのです。

ゴルギアス そう。

ソクラテス したがって、弁論術をおさめた人間は、いついかなるときにも、けっして不正をおこなおうと思わないはずだということになります。

ゴルギアス　たしかにそうなるようだ。

15

ソクラテス　ところで、おぼえていらっしゃいますか、すこしまえ（456d〜457c）、あなたはこういうこと
d を言っておられました。かりに拳闘家が拳闘の術を使ってよからぬことをしたとしても、①その
ためにそれを教えた体育の先生を咎《とが》めたり国から追放したりすべきではない。それと同様に、もし弁論家が弁論術の正しくない使い方をしたとしても、けっしてそれを教えた人を咎めてはならぬし、国から追放したりしてもならない。その咎は、不正なことをした当人、すなわち、弁論術を正しく用いない者に対してこそ向けられるべきであると、こういうことを言われませんでしたか？

ゴルギアス　たしかに言った。

ソクラテス

e ところがいま、同じその弁論家が、けっして不正なおこないをするはずがないということが明らかになったのです。そうではありませんか？

ゴルギアス
そうだ。

ソクラテス
そして、この話のはじめには、ゴルギアス、弁論術の手がける言論というのは、偶数や奇数に関するものではなく、とくに正と不正に関する言論なのだと言われていたのでした、そうでしょう？

ゴルギアス
そうだ。

ソクラテス
だからわたしとしては、あなたがあのときにそうおっしゃったのを聞いて、ははあ、そうすると弁論術というのは、けっして不正なことがらに使われるようなものではないのだな、いやしくもつねに正義について論じることを専門とする以上はと、こう考えたのです。ところが、
461 すこしあとになって、弁論家が弁論術を不正なことに使うばあいもありうるというお話だったので、はて、これはふしぎなことだ、話の辻褄《つじつま》が合わぬではないかと考えて、じつはそれで、

あのようなことをことさらに申したわけなのです。もしあなたが、このわたしと同じように、反駁されるのを得になることだとお考えならば、話しあいをつづけても甲斐《かい》があるけれども、そうでなければやめにしておきましょう、とね。そしてそのあとで、わたしたちが考察をすすめてみると、ちゃんとあなたご自身でもおわかりのとおり、こんどは、弁論家が弁論術を不正なことに使ったり、また、そもそも不正をおこなうつもりになることさえありえないということが同意されたのです。

b かくして、こうしたことがらの真相はいったいどうなのかということは、誓って申しますが、ゴルギアス、ちょっとやそっと問題に取り組んだだけでは、とうていじゅうぶんに考察しつくすことはできないでしょう。

（1） テクス Dodds にしたがう。

16

ポロス なんたることを、ソクラテス！ いったいあなたは、弁論術について、ほんとうに、いまあなたが言っているような考えをもっているのですかね？ それとも、あなたのつもりでは……。

いや、そもそもゴルギアスが、弁論術をおさめた人間が正や美や善のことも知らないなどとは、ちょっと気がひけて認めるのをためらい、この人のところへ来る弟子にその知識がなければ自分が教えるだろうと同意したのを幸いに、そして、おそらくこの同意のために、あとで話に矛
c 盾した点が出てきたのを幸いに……、そこがまさに、あなたの思うつぼなのだ。自分でわざとそういう質問のほうへ人を誘導しておきながらね。

だいたい、正義に関することを自分も知らないし人にも教えはしないだろうなどと、だれがそんなことを言うと思うかね？　いや、話をそういうことのほうへもっていくのは、まったく紳士的なやり方ではない。

ソクラテス

すばらしいポロスよ。われわれが朋友《ほうゆう》や息子たちをもっているのは、まったくあだやおろかなことではないのだ。ほかでもない、自分が年をとってから、失敗をしでかすようなことがあったときに、君たち若い者が付き添っていてくれて、行為においても言葉においても、われわれの生をたて直してくれるのだから。

d いまも、もしぼくとゴルギアスとが、どこか議論のなかでつまずいたならば、そばにいて助けおこしてくれるのは君の役目だ。当然の義務だからね。そうすれば、ぼくのほうは、同意しあったことがらのなかに何か間違いがあったと君が思うなら、何でも君の考えにしたがって、

撤回しよう。ただし、君がたった一つだけ条件をまもってくれるならばだが。

ポロス　何だね、その条件とは？

ソクラテス　長広舌をひかえてもらいたいのだよ、ポロス。君が最初にやりかけたようなね。

ポロス　どうして？　自分で言いたいだけのことを言う自由がゆるされないのかね？

ソクラテス
e まったく君としては、ひどいめにあうわけだろうね、すぐれた友よ。せっかくアテナイまで
やって来ながら、ここはギリシアじゅうのどこよりも言論の自由が与えられている国なのに、
その土地にあってたったひとり君だけが、その権利にあずかることがゆるされないとしたらね。
だが、ひるがえって考えてみたまえ、君が長い話ばかりして、こちらの質問にはいっこうに答
462 えてくれる気がないとしたら、こんどはぼくのほうこそ、ひどいめにあうわけではないかね？
退散する自由も、君の話を聞かないでいる自由も、ぼくにはないということになれば。

いや、君がすこしでもこれまでの議論のことを心配してくれて、いまぼくの言ったように、議論の誤りを正してくれるつもりがあるならば、なんでも君の思うように論点を置き換えたう

えで、ぼくとゴルギアスがしていたように、問い手答え手としての順番をまもりながら、反駁したり反駁されたりするようにしてくれたまえ。もとより君は、ゴルギアスと同じことは自分にもできると主張するだろうからね。そうではないのか？

ポロス　むろん、そうだとも。

ソクラテス　それなら、君もやはり、何でもこれと思うことを質問するようにと、いつも人にすすめているわけだね？　答えるすべを心得ているという自信があるから。

ポロス　いかにもそのとおりだ。

ソクラテス
b では、いまも、問い手となるなり、答えるほうにまわるなり、どちらでもよいほうを選びたまえ。

17

ポロス
よし、そうしよう。では、ぼくの質問に答えてもらおうか、ソクラテス。あなたは、ゴルギアスが弁論術について答えに窮していると思っているが、それなら、あなた自身はそれを何であると主張するのかね？

ソクラテス
弁論術とは、ぼくの主張によればいかなる技術なのか、という質問かね？

ポロス
そうだ。

ソクラテス
ぼくには、いかなる技術でもないように思われる、ポロス。ほかならぬ君が相手だから、ほんとうのところを打ち明けるとすればね。

ポロス
おや、それなら、あなたは、弁論術とは何であると思うのか。

ソクラテス

c
最近読ませてもらった書きもののなかで、君が技術の生みの親だと主張しているその当のものだよ。

ポロス と言うと?

ソクラテス 一種の経験(なれ)のことだ。

ポロス すると、あなたには、弁論術とは経験であると思えるわけですかね?

ソクラテス それがぼくの意見だ。君のほうで、べつに異議がないとしたらね。

ポロス 何についての経験なのです?

ソクラテス ある種のうれしさと快さをつくりだすことに関する経験だ。

ポロス では、あなたは、弁論術というものを立派なものだと思うのだね? 人をよろこばせることができるものだとすれば。

ソクラテス　おや、ポロス、もう君は、ぼくが弁論術を何であると主張するのかをぼくからすっかり聞い
d てしまったのか？　もうつぎの質問にうつって、それを立派なものと思うかどうかなどと聞いてもよいのかね？

ポロス　だって、弁論術とは、あなたの主張によれば一種の経験なのだということを、ちゃんとぼくは聞いてしまっているではないか。

ソクラテス　それならひとつ、君は人をよろこばせることを尊重しているのだから、すこしばかりぼくに迎合してよろこばせてくれないかね？

ポロス　いいだろう。

ソクラテス　では、ここで、ぼくが料理法というものをいかなる技術であると思うかを質問してくれたまえ。

ポロス
質問しよう。料理法とはいかなる技術であるか。

ソクラテス
いかなる技術でもない、ポロス。——「では、何なのか？」と言いたまえ。[1]

ポロス
そう言おう。

ソクラテス
一種の経験（なれ）である。——「何についての経験か？」と言いたまえ。

ポロス
そう言おう。

ソクラテス
e うれしさと快さをつくりだすことに関する経験だよ、ポロス。

ポロス
すると、料理法と弁論術とは同じものなのかね？

ソクラテス
いや、けっして。もっとも、両方とも同じ営みのなかの一部門ではあるが。

ポロス

その営みというのは？

ソクラテス

さて、ありのままを言って失礼にならなければよいが。というのは、ゴルギアスの前でこんなことを言うのはどうも気がひけるのだよ。こいつ、自分の仕事を笑いものにする気か、とそんなふうに思われはしないかとね。しかしぼくとしては、ゴルギアスがじっさいに仕事としている弁論術が、これからぼくの言うものにあたるものかどうか、それはよくわからないのだ。
463 じじつ、さっきの話しあいからも、この人が結局のところ弁論術を何と考えているかは、すこしも明らかにならなかったのだからね。ただ、ぼくが自分で弁論術と呼んでいるものはといえば、これは、あまりかんばしくないことがらの、そのまた一部門なのだ。

ゴルギアス

どんなことがらの一部門なのかね、ソクラテス？　言ってみたまえ。このわたしに遠慮はちっともいらぬから。

（1）この前後はテクスト Dodds にしたがう。

18

ソクラテス

では言いますが、ゴルギアス、わたしは、そのことがらというのを、なにかつぎのような性格のものだと思うのです。すなわち、それは、技術の名に値する営みとは言えないけれども、しかし抜け目がなくて、押しがつよくて、生まれつき人とつきあうのがうまい心をもっていな
b けれぱ、できないような仕事であって、そのなすところの要点は、わたしに言わせれば、おべっかということなのです。

この営みに属するものとしては、ほかにもいろいろと数多くの部門があると思いますが、たとえば料理法などもその一つに数えられるでしょう。それは、一般に技術であると見なされていますが、しかしわたしの説にしたがうならば、料理法は、技術ではなくて、たんなる経験であり熟練であるにすぎません。

弁論術というものも、わたしはこの種の営みのなかの一部門としてあげるわけでして、さらに化粧法やソフィストの術などもそうであり、これらはいずれも、それぞれが扱う四つの対象によって四つの部門に分けられていることになります。

こういうわけですから、もしポロスが何かたずねたいと言うのなら、たずねてもらうことに

c しましょう。とにかく、彼はまだ、弁論術はおべっかという仕事のいかなる部分だとわたしが主張するのかを知らされていないのですからね。それなのに彼は、わたしがまだその点に答えていないことに気づかないで、弁論術を立派なものと思わないのかなどと質問しているのです。しかしわたしとしては、まず、それが何であるかという問いに答えるまでは、弁論術を立派なものと考えるか醜いものと考えるかといったことは、けっして彼に答えはしないでしょう。なぜなら、ね、ポロス、それは正しいやり方ではないからだよ。いや、もしぼくの考えを知りたいと思うのなら、弁論術とはおべっか業のなかでも、そのいかなる部門だとぼくが主張するのか、この点を質問したまえ。

ポロス　では、質問するから、どのような部門なのか答えてもらおう。

ソクラテス　さて、答えるには答えても、はたして君にわかってもらえるかどうか。弁論術とは、ぼくの

d 意見によれば、政治術のなかの一部門をまねた模像なのだが。

ポロス　すると、どういうことになるのだね？　弁論術は、あなたの説では、立派なものなのかね、醜いものなのかね？

ソクラテス
むろん、醜いものだとも。善からぬものは醜いと呼ぶのがぼくの流儀なのだから。ぼくの言う意味がすでに君にわかっているものとして、どうしても君に答えなければならないのなら、そう答えよう。

ゴルギアス
いや、ゼウスに誓って、ソクラテス、君の言うことは、このわたしにもわからないね。

ソクラテス
e それが当然ですよ、ゴルギアス。わたしはまだ、何もはっきりしたことを言っていないのですから。どうもこのポロス[1]は若くて、せっかちでしてね。

ゴルギアス
まあ、この男にはかまわずに、わたしに向かって説明してくれたまえ。「弁論術が政治術のなかの一部門の模像である」とは、どういう意味なのかね？

ソクラテス
では、弁論術がわたしにはどのようなものに見えるか、なんとかわかってもらえるよう努力してみます。もしわたしの言うことがあたっていなければ、ポロスがここにいて反駁してくれるでしょう。

あなたが身体および魂と呼ぶものが、それぞれありますね？

ゴルギアス むろん。

ソクラテス そして身体には身体の、魂には魂の、それぞれ善い状態というものが何かある、と思いませんか？

ゴルギアス あると思う。

ソクラテス では、どうでしょう、見たところ善いようだがじっさいにはそうではないといった状態は？ わたしの言うのは、たとえば、つぎのようなことです。見かけは身体の調子がよさそうだが、ほんとうはそうではなくて、医者とか体育家のような者でないかぎり、なかなかそれに気づかないといったような人たちがよくいるものです。

ゴルギアス たしかに、君の言うとおりだ。

ソクラテス

そういったことが身体においても魂においてもありうる、とわたしは言いたいのです。つまり、身体なら身体が、魂なら魂が、それぞれ善き状態にあるかのように見せかけはするけれど
b も実状はそれによってすこしも善くなっていないというような、そういう効果を与えるものがあるということ。

ゴルギアス
たしかに、そういうことがある。

(1) ポロスという名には「仔馬《こうま》・若駒《わかごま》」の意味がある。

19

ソクラテス
さあ、それでは、できればわたしの言う意味をもっとはっきりと示すようにしましょう。それは、つぎのようなことです。
いま言った二つの対象に応じて、それを扱う技術も二つに分かれる。その一つ、魂にかかわる技術のほうは、これを政治術と呼んでおきます。
これに対して、もう一つの身体にかかわるほうの技術は、同じようにただ一つの名前で総称

することはいまはできませんが、事実上は身体の世話を仕事とするものは一つにまとめて考えられるわけであって、これの下に、わたしの意見では二つの部門が分かれています。すなわち、その一つは体育術、他の一つは医術。

他方、さきにあげた政治術の部門としては、この体育術に対応して立法術があり、医術に対応するものとして司法術があるわけです。

c これらの技術の一組ずつ、すなわち、医術と体育術、司法の技術と立法の技術は、それぞれ同じ対象にかかわる技術であるところから、当然、その仕事にかさなりあうものをもっているけれども、しかし、たがいに異なったものであるという事実に変わりはありません。

こうして、ここに四つの技術が分かれることになって、一方の組は身体を、他方の組は魂を、それぞれ最善の状態におくことをつねに目標にしながら、その世話をすることを仕事にしているわけですが、このことに感づいたかのおべっか術は――といっても、それを知ったわけではなく、抜け目なく察しただけですが、四手に分かれて、これらそれぞれの部門のもとに何くわ
d ぬ顔でもぐりこみ、自分が変装したその当のほんものの技術にまんまとなりすましているのです。そして、いずれも、何が最善かということにはすこしも意を用いず、ただ、そのときそのときにできるだけ快い思いをさせることによって、無知な連中の心をつかみ、彼らをあざむいて、いかにも大したものであるかのごとく思わせているのです。

かくて、まず医術のもとにもぐりこんだのが料理法であって、何がいちばん身体のために善
い食物であるかをよく知っているような顔をしています。そのために、もし料理人と医者とが、
子供たちのあいだで、あるいは、大人でも子供と同じくらい愚かな人々のなかで、食物の善し
e 悪しを知っているのはどちらであるかを競いあわなければならないことになったとしたら、こ
れはもう、医者のほうは飢死《うえじに》するよりほかはないでしょう。だから、これをしもわたしはおべ
465 っかと呼ぶのであり、こういうのを醜いものだと主張するわけなのだよ、ポロス。これは、君
に向かって言わなければならないことだからね。

ほかでもない、それは最善のものをさしおいて、ただ快いものだけを狙《ねら》うからだ。そして、ぼくはこの料理法のようなのを技術としては認めずに、たんなる経験にしかすぎないと主張する。なぜなら、それは、自分がほどこすものがどのような本質的性格をもつかについて、なにひとつ理論的説明を与えることができず(1)、したがって、それぞれのばあいになぜそうなるかという原因を言うことができないからだ。ぼくとしては、いかなるものにせよ、理論的説明のないようなものに対して技術の名を与えるわけにはゆかない。こうした点についてもし君に異議があるならば、いくらでもぼくはそのための説明を与えよう。

(1) テクスト Dodds にしたがう。

20

b かくして、医術のもとには料理法がその仮面を着けてまぎれこみ、おべっかをこととしているのは、いま言ったとおりであるが、これと同じようにして、体育術のもとには化粧法という、悪賢くて人をあざむき、低級で卑屈な性格のものがもぐりこんでいる。それは、姿態により、皮膚の色となめらかさにより、また、衣装によって人目をあざむき、人々をして自己本来のものならぬ美しさをよそから借りて身につけることに熱中させて、体育術によって得られる自然本来の美しさをなおざりにさせる……。

話があまり長くならないように、これにつづいて君に説明しなければならぬことがらを、幾
c 何学者たちのやり方にならって言いあらわしてみることにしよう。ここまで来れば、もう、君もぼくの言うことについてこれるだろうからね。すなわち、化粧法の体育術に対する関係は、ソフィストの術の立法術に対する関係に等しく、また、料理法の医術に対する関係は、弁論術の司法術に対する関係に等しいと、要するにこういうことなのだ(1)。

ただし、これらは、くりかえし言うけれども、仕事の本質にはもともとこのような区別があるのだが、たがいにごく近い関係にあるため、じっさいにはソフィストと弁論家とは同じ分野で同じことがらを扱う者として混同されている。そして彼ら自身も、いったい自分のほんとう

の仕事は何なのかわからないでいるし、世人のほうでも彼らをどのように扱ってよいのかわからないといったありさまなのだ。

d　じっさいまた、もし魂が身体の上に立つということがなくて、身体が自分で自分を監督するのだとしたら、そして料理法と医術とが、魂の見張りのもとに区別されるということがなくて、身体が自分だけで、自分の気に入るものを基準にして両者を判定するのだとしたら、それこそアナクサゴラスの言ったような状態がこの世を支配していたことであろう、親愛なるポロスよ。こういう学説には造詣《ぞうけい》のふかい君のために言うのだがね。すなわち、《万物は混沌《こんとん》として一つ》[2]になり、医術のすることも、健康のためのことも、料理法のすることも、みんな区別がなくなってしまうことだろうね。

　以上で、ぼくが弁論術をどのようなものであると主張するかを、すっかり君に話したことに
e　なる。要するに弁論術は、魂の領域において、ちょうど身体の領域における料理法に相当するものだということだ。

　ところでぼくは、君に長話をしてはいけないと言っておきながら、自分ではこのとおり、さんざん長い話をしてしまい、おまえのしたことはおかしいではないかと言われるかもしれない。しかしぼくには、それをゆるされてしかるべき理由がちゃんとあるのだ。なぜなら、ぼくが手短かに話したときには君はそれを理解できなかったし、ぼくの与えた答えをとりあげてそれを

466 利用することもなにひとつできずに、くわしい説明をぼくに求めたのだからね。だから、もしぼくのほうでも、君が答えを与えたときに、それをとりあげて問いをすすめることができなかったら、君も同じように話を長くしてかまわないのだよ。だが、ぼくにそれができるばあいには、そうさせてもらおう。それが正当なやり方というものだ。で、さしあたっていまも、こうしてぼくが答えたことがらをとりあげて、なにか言うことがあるなら、どうか、そうしてくれたまえ。

（1）

（対象）		（真正の技術）	（偽技術＝おべっか）
魂	政治術	Ⅰ立法術	1ソフィストの術
		Ⅱ司法術	2弁論術
身体	身体の世話をする術	Ⅲ体育術	3化粧法
		Ⅳ医術	4料理法

（2）前五〇〇～四二八年ころの自然哲学者アナクサゴラスの『断片』一。彼の宇宙創成説において、知性（ヌゥス）の働きによって世界が分明になる以前の、万物の混在を述べた言葉。彼の書物の冒頭にあったと言われる。

21

ポロス
では、あなたの主張はどういうことなのか。弁論術とはおべっかを使う仕事であると、あなたは思うのか。

ソクラテス
おべっかを仕事とする営みの一部門だと言ったはずだ。おぼえていないのかね、君は、ポロス？　まだもの忘れをするほどの年でもないのに。そんなことでは、これからどうするつもりかね？

ポロス
すると、あなたは、すぐれた弁論家たちが、それぞれの国において、おべっか使いとして見さげられていると思うのですかね？

ソクラテス
b それは質問のつもりかね、それとも、なにか演説でもするつもりで切り出したのかね？

ポロス
質問しているのだ。

ソクラテス
それなら……、弁論家たちなどはぜんぜん眼中にも入れられていないと思う。

ポロス
眼中にも入れられていないって？　どうしてそんなことが言えるのだ？　彼らこそは、その国々における最大の実力者ではないのか？

ソクラテス
ところが、そうではないのだ。すくなくとも君が実力と称するものが、その当の実力者にとって、なにか善きものでなければならないとすればね。

ポロス
むろん、そのつもりで言っているのだ。

ソクラテス
それならば、弁論家たちはその国に住む国民のなかでもいちばん力の弱い存在だ、とぼくは思う。

ポロス
c
これは驚いた！　彼らはまるで専制君主のように、殺したいと望む人間があればこれを死刑に追いやるし、また、これと思う者から財産を取り上げたり国から追放したりするではないか。

ソクラテス
待ちたまえ。犬に誓って言うが、ポロス、ぼくは君の言うこと言うことについて、いちいち思いまどわざるをえないのだよ。いったい、これは、君が自分だけで勝手にしゃべって、君自身の意見を表明しているのだろうか、それとも、このぼくに向かって質問しているのだろうか、とね。

ポロス　あなたに質問しているのだ！

ソクラテス　わかった、友よ。そうすると、君は一度に二つのことをぼくにたずねるつもりかね？

ポロス　どうして二つのことなのだ？

ソクラテス　d いま君は、たしか、こんなふうなことを言わなかったかね？「弁論家たちは専制君主と同じように、殺したいと望む人間があればこれを死刑にするし、自分でこれと思う者から財産を取り上げたり彼を国から追放したりするのではないか」と。

ポロス　たしかにそう言った。

22

ソクラテス

それなら、ぼくに言わせれば、その質問は二つのことをたずねていることになるのだ。
しからば、ぼくのほうでも、その両方に対して答えよう。ぼくの主張は、ポロス、こうだ。
弁論家たちにしても専制君主たちにしても、さっき言ったように、それぞれの国において最も
実力の少ない人間たちだ。というのは、彼らは自分が望んでいることをなに一つしていないと
e 言ってよいから。もっとも、自分でいちばん善いと思ったとおりのことはしているけれども。

ポロス

それがつまり、大きな実力があるということではないのか？

ソクラテス

さにあらず。すくなくとも、ポロスの主張するところによれば。

ポロス

わたしがいつ、そうでないと言った？　わたしはそうだと主張しているのだ。

ソクラテス

待ってくれ、ぼくの言うことに間違いはないはずだ。大きな実力があるということは、君の

主張によれば、その実力者当人にとって善いことだというのだから。

ポロス　そのことなら、いかにもそう主張する。

ソクラテス　それなら君は、ある人が、どんなことでも自分で最善と思ったことをしさえすれば、たとえその人が愚か者であったとしても、それが善いことだと思うのかね？　そして、そのことをしも君は、大きな実力があると呼ぶのかね？

ポロス　そうは言わぬ。

ソクラテス　それならば君は、何よりも、弁論家たちが洞察力をもった人たちであること、また、弁論術
467 はれっきとした技術であって、けっしておべっかなどではないことを証明して、このぼくを反駁しなければだめではないか。ぼくの言うことを反駁しないでそのままにしておくかぎり、それぞれの国にあって自分でこうと思ったことをするところの弁論家や専制君主たちは、それによってなんら自分のために善いことをしたことにはならないだろう。力とは、君の主張によれば善きものなのであり、しかるに、洞察力なくしてこれと思うことをなすのは悪であるとは、

君もまた同意するところなのだ、そうではないかね？

ポロス　そうだ。

ソクラテス　そうとすれば、弁論家たちにせよ、専制君主たちにせよ、いかにしてその国々における大いなる実力者たりえようか。いやしくも、ソクラテスが、ポロスに反駁されて、彼らはちゃんと望みどおりのことをしているのだということを承認させられるのでなければ。

ポロス　b この男……。

ソクラテス　彼らは自分がしたいと望むことをしていない、というのがぼくの主張だ。さあ、反駁するなら反駁してみたまえ。

ポロス　あなたは、たったいま、彼らは自分で最善と思うことをしているのだと同意したばかりではないか？

ソクラテス

いかにも。そして、いまでも同意するよ。

ポロス それなら、彼らは望みどおりのことをしているのではないかね？

ソクラテス いな。

ポロス 自分でこうだと思ったことをしているのに？

ソクラテス しかり。

ポロス そんなむちゃな、おかしな話があるものか、ソクラテス！

ソクラテス ののしるなかれ、気高きポロスよ、と君流の調子でぼくは君に呼びかけることにしよう。し
c かし、もし君がぼくに質問をつづけることができるなら、どうか、ぼくが間違っているということを証明してくれたまえ。それができなければ自分が答えるほうにまわったらどうだね？

ポロス

よろしい、答え手となってあげよう。あなたが、いったい何を言おうとしているのかを知るためにも。

23

ソクラテス では聞くが、君はどちらだと思うかね？ 人々が何かをするばあい、彼らが望んでいるのは、自分がそのときどきにしている行為自体だろうか、それとも、そのためにそれぞれの行為をしているところの、もう一つさきのことだろうか。たとえば、医者から薬をもらって服《の》む人たちがほんとうに望んでいるのは、自分がしているまさにそのこと、すなわち、薬を服んで苦い思いをするということだろうか、それとも、そのためにこそ薬を服みもするところの、健康になるということだろうか、どちらだと思うかね？

ポロス それは、もちろん、健康になるということのほうだ。

d **ソクラテス** さらには、海を船で渡ったり、あるいは、そのほかの方法で金もうけをする人たちにしても、彼らはべつに、そのときどきにしていること自体を望んでいるわけではないのではないか。じっさい、だれがわざわざ好きこのんで海を渡って危険をおかしたり苦労したりすることを望むだろう？　思うに、そういう人たちがほんとうに望んでいるのは、航海することの目的である、富を得るということなのだ。富のためにこそ彼らは航海をするのだから。

ポロス　たしかに。

ソクラテス　同じことが、あらゆるばあいについて言えるのではないか。すなわち、もしだれかが何かのために何かをするとすれば、その人は直接自分がしていることを望んでいるのではなく、そのためにそれをしている、もう一つさきのことを望んでいるのではないか。

ポロス　そうだ。

e

ソクラテス　ところで、およそ存在するもののなかで、善きもの、悪しきもの、あるいは両者の中間にあって善くも悪くもないもの——この三つのばあいのどれにもはいらないようなものが、何かあるだろうか。

ポロス
それはむろん、ソクラテス、そのうちのどれかでなければならない。
ソクラテス
そのばあい、善きものと君が言うのは、知恵とか、健康とか、富とか、その他これに類するもののことであり、悪しきものとは、これらと反対のもののことではないかね？
ポロス
いかにも。
ソクラテス
そして、善くも悪くもないものとは、つぎのようなものを言うのではないか。すなわち、そ
468 れは、ときには善の性格をおびることもあるが、ときには悪の性格をおびることもあり、ときにはまた、どちらの性格も積極的にとらないといったようなものであって、たとえば、たんに坐《すわ》ったり、歩いたり、走ったり、船に乗ったりすること、さらにはまた、石とか、木材とか、その他これに類する事物。
どうだね、こういったもののことを言うのではないかね？ それとも、ほかに何か、善くも悪くもないと君が呼ぶようなものがあるかね？

ポロス

いや、いまあげたようなもののことだ。

ソクラテス では、人々が何かをするばあい、善いことのためにそうした中間的な性格のことがらをするのか、それとも、中間的なもののために善いことをするのか。

ポロス むろん、善いことのために中間的な性格のことをおこなうのだ。

ソクラテス

b そうすると、たとえば、われわれが歩いているときには、われわれは善を追い求めればこそ歩いているわけだ。歩くほうが善いと思ってね。また逆に、立ち止まっているばあいにも、われわれは同じく善のために立ち止まっているわけなのだ。そうではないかね？

ポロス そう。

ソクラテス 同様にして、われわれがだれかを死刑にする、もしそういうことがあったとしてだが、そうするのも、国から追放するのも、財産を没収するのも、そうしたほうがしないよりも、われわれのために善いと思えばこそ、そうするのではないだろうか？

ポロス　たしかに。

ソクラテス　してみると、すべてそういったことをする人たちは、善のためにそれをするということになる。

ポロス　そうだ。

24

ソクラテス　ところで、ぼくたちが同意しあったところによれば、われわれが何かのために何かをおこなうばあい、われわれが望んでいるのは、その行為自体ではなく、その行為の目的となっている
c ことがらのほうだということだったね？

ポロス　間違いなし。

ソクラテス したがって、われわれはなにも、人を殺したり国から追放したり財産を没収したりすることを、ただたんに、そのことだけのため望むのではなくて、そのほうが有益であるばあいにはそうすることを望み、有害であるばあいには望まない、ということになる。なぜならば、君も認めるように、われわれは善いことがらをこそ望むのであって、善くも悪くもないことや、まして悪しきことがらは、われわれが望む対象とはならないのだから。

どうだね？　ぼくの言うことはほんとうだと思うかね、ポロス、それとも思わないかね？　なぜ答えてくれないのだ？

ポロス ほんとうだ、と思う。

ソクラテス
d では、これだけのことがらにぼくたちが同意しあったとすると、つぎのようなばあいにはどういうことになるだろうか。だれかが、ある人を国から追放するなり財産を没収するなりしたとしよう。それをするのは、専制君主でも弁論家でもいい。彼はそのほうが自分のために善いと思ってそうするわけだが、しかしじつは、それが身のために悪いことであるとする。このばあい、その人は、自分でこうと思うことは、たしかにしているはずだ、そうではないかね？

ポロス

そうだ。

ソクラテス

しかし、はたして、自分が望んでいることもしていることになるだろうか。もしその行為が身のために悪いことであるとしたら？　なぜ答えないのだね？

ポロス

いや、望んでいることをしているとは思えない。

ソクラテス

e そうすれば、そのような人は、その国において大きな力をもつと言えるだろうか。いやしくも、大きな力をもつということが、君の同意したように、なにか善いことであるとするならば。

ポロス

言えない。

ソクラテス

してみると、ぼくがさきに言っていたことは、結局のところ、正しかったわけだ。人がその国において自分の思いどおりのことをするとしても、その人はかならずしも大きな実力者であるとは言えないし、望みどおりのことをしているとも言えない、ということはね。

ポロス　あなたの口ぶりではまるで、ソクラテス、自分の国で思いのままのことができる身分などにはべつになりたくもないし、だれかが自分の思いどおりに人を死刑にしたり財産を取り上げたり縄をかけたりするのを見ても羨《うらや》ましくもない、とでもいった調子だね。

ソクラテス　君の言うのは、そういった行為が正義にかなっているばあいのことかね、それとも、不正になされるばあいのことかね？

ポロス
469 どちらでもよい。どちらにしても羨ましい話ではないかね？

ソクラテス　めったなことを、ポロス！

ポロス　どうして？

ソクラテス　われわれは、羨むべきでない人たちや惨めな人たちを羨むようなことがあってはならぬ。憐《あわ》れまなければならないからだ。

ポロス　なに？　あなたには、ぼくが言ったような人たちが、そんなふうに言われるべき境遇にあると思えるのか。

ソクラテス　どうしてそうでないことがあろう！

ポロス　すると、だれかが自分の思いどおりに人を死刑にしてその行為が正しいとしたばあい、あなたはそういう人を惨めで憐れむべき人間だと思うのかね？

ソクラテス　いな。そうかといって、羨むべき者だとも思わない。

ポロス　たったいま、惨めだと言ったではないか。

b **ソクラテス**　いかにもそう言ったよ、君、人を不正に死刑にする者のことをね。そういう者はさらにまた、憐れむべき人間でもあるのだ。これに対して、死刑にすることが正しいばあいには、そういう人を羨ましくはないと言っているのだ。

ポロス　不正に死刑にされて死んでいく者こそ、憐れで惨めだろうに！

ソクラテス　死刑にしたほうの者よりはましだよ、ポロス。また、正しく死刑にされた者よりも惨めさは少ない。

ポロス　いったい、どうしてそんなことが言えるのだ、ソクラテス？

ソクラテス　どうしてもこうしても、およそこの世に、人に不正な仕打ちを加えることほど、大きな災悪はないからだ。

ポロス　ほんとうにそれが最大と言えるだろうか。不正な仕打ちを加えられることのほうが、もっと大きな災悪ではないか？

ソクラテス　けっして、そうではないのだ。

ポロス　そうすると、あなたは、人に不正を加えるよりも自分が不正をうけるほうが望ましいというわけかね？

ソクラテス　ぼくとしては、できることなら、そのどちらの身にもなりたくない。しかし、どうしても人に不正を加えるか、それとも自分が不正をうけるか、どちらかをしなければならぬとしたら、ぼくは不正を加えるよりも加えられるほうを選びたい。

c

ポロス　それではあなたは、専制君主の身分にもなりたくはないのかね？

ソクラテス　なりたくないね。すくなくとも、君の言う専制君主であるということが、ぼくの考えているのと同じ意味であるならば。

ポロス　ぼくの言うのは、さっきも言ったように、一国において自分でこれと思ったことを何でもおこなう力があるということ、人を死刑にするのも追放するのもすべて自分の思いのままといった身分のことだ。

25

ソクラテス

d おめでたき友よ、では、ぼくがこれから言うことに批判を加えてくれたまえ。いいかね、こ
のぼくが、広場《アゴラ》が人でごったがえしているときに、小脇《こわき》に短刀をしのばせておいて、君に向か
ってこう言ったとしよう、

「ポロスよ、ぼくはね、たったいま、専制君主としての驚くべき権力をにぎったところなのだ。
その証拠には、ぼくがいま、君の目の前にいるこの人間たちのなかのだれかに狙いをつけて、
こいつをひとつ、いますぐに死刑にしてやらなければ、と思いさえすれば、たちまちぼくの思
いどおりにその男の命はなくなってしまうだろう。また、このなかのだれかが頭を砕かれるべ
きだとぼくが思えば、その男はたちどころに頭を砕かれるだろうし、着物を引き裂かれればよ
e いと思えば、たちまちひき裂かれているだろう。どうだね？　かくも偉大な権力をぼくはこの
国でもっているのだよ」

　そして君が、ぼくの言うことをほんとうにしなければ、これこのとおりと短刀を出して見せ
るのだ。そうすれば、それを見て君は、きっとこう言うだろう、

「ソクラテス、そんなやり方でなら、だれでもかれでも大きな権力があるということになるだろうよ。なぜなら、同じくそのようにしてあなたは、どの家でもあなたがこれと思う家に火をつけることだってできるだろうし、さらには、アテナイの造船所であろうが軍船であろうがふつうの船であろうが、また公共のものたると個人のものたるとを問わず、何にでも同じことができるだろうからね」

いやたしかに、大きな権力があって、何でも思いどおりのことをするというのは、そんなことではないはずだ。それとも、君はそう思うのかね？

ポロス むろん、そんな意味ではないとも。

470 **ソクラテス** では、君がなぜこのような意味での「力」を非難するか、言えるかね？

ポロス もちろん。

ソクラテス なぜなのかね？　言ってくれたまえ。

ポロス

そんなことをする者は、処罰されなければならないからだ。

ソクラテス

処罰されるということは一つの災悪ではないかね？

ポロス

いかにも。

ソクラテス

そうすると、なんと君！　またしても君は、ここで同じ見解に到達したわけだ。すなわち、思いどおりにふるまうということは、その人の身のためになることがそれに伴うばあいはたしかに善きことであって、そして、それがつまり、どうやら、大きな実力があるということにほかならない。しかしそうでないばあいは、それは悪しきことであり、とるにたらぬ力しかないということになるのだ。

b だが、ここでさらに、つぎのようなことを考えてみよう。さっきわれわれが言っていたような、人を死刑にしたり追放したり財産を没収したりすることは、ときにはそういうことをするほうが自分のためになるばあいもあるし、ときにはそうでないばあいもあるということを、ぼくたちは認めないだろうか？

ポロス

たしかに、認める。
ソクラテス では、その点は、どうやら、君からもぼくからも同意を与えられたと見てよいわけだね？
ポロス そう。
ソクラテス では、君は、それをするほうが身のためになるばあいとは、どのようなばあいだと主張するかね？　どこにその境界線を引くか、言ってくれたまえ。
ポロス それよりも、ソクラテス、あなたが自分でその点に答えたらよいだろう。
c
ソクラテス それでは、ポロス、ぼくの口から聞くほうが望ましいとあれば、いかにも言ってきかせよう。ぼくならこう主張する。そうした行為が正義にかなっているばあいには身のためになり、不正であるばあいには身の害になると。

26

ポロス　これは、なんと、さすがに論破しがたいことをおっしゃるね、ソクラテス！　いやさ、三歳の童子でもそれがほんとうでないことぐらい、ちゃんと証明してみせることだろう。

ソクラテス　おや、それなら、ぼくのほうでは、その童子に大いに感謝しなければ。また、同じくらい君にもね。ぼくを反駁して、愚かな考えから救いだしてくれるというのなら。さあ、友人に親切をつくす労をおしまずに、どうか反駁してくれたまえ。

ポロス

d　よろしい、ソクラテス。あなたの言うことを反駁するには、なにも古い昔の話をもち出すまでもない。きのうきょう起こったそのへんのできごとを例にあげるだけでも、けっこうあなたを反駁して、世には不正をおかしながら幸福にくらしている人間がたくさんいるということを、証明してあまりあるのだからね。

ソクラテス　どんな例があると言うのかね？

ポロス　かのペルディッカスの子アルケラオス[1]がマケドニアの地を支配しているという事実は、むろん、あなたの目にしているところだろうね？

ソクラテス　目にはしていないにしても、聞いてはいるよ。

ポロス　それならあなたは、彼アルケラオスの身の上を幸福だと思うかね、惨めだと思うかね？

ソクラテス　そんなことわかるものか、ポロス。なにぶんにも、まだ近づきになったこともないのでね。

ポロス
e　これは驚いた。近づきになればわかるだろうが、そうでないかぎり、すぐにはわからないというのかね、彼が幸福な身の上だということぐらいも？

ソクラテス　わからないとも。ゼウスに誓ってもいい。

ポロス　あなたは、きっと、ソクラテス、ペルシア大王[2]でさえも幸福かどうかわからぬと言いはるつもりだろう！

ソクラテス しかもそれは、嘘偽《うそいつわ》りのないところなのだよ。なぜなら、ぼくは、その人がどれだけの教養をもち、どのていど正義の人であるかということを、知らないのだから。

ポロス おや、幸福かどうかは、すべて、そんなことにかかっているというのかね？

ソクラテス すくなくとも、このぼくの意見によればね、ポロス。男でも女でも、立派な善き人間は幸福であり、不正で邪《よこしま》な人間は不幸だというのが、ぼくの主張なのだから。

ポロス 471 そうすると、あのアルケラオスは、あなたの説によれば、惨めな人間だというわけなのか。

ソクラテス そうだ。もしも彼が、友よ、不正な人間であるとしたらね。

ポロス いや、不正も不正、彼が不正な人間でなくしてなんとしよう。いま彼がにぎっている王権を自分のものにする権利など、もともと彼には、ぜんぜんなかったのだ。なぜなら彼は、ペルディッカスの兄のアルケタスに仕えていた奴隷の女を母として生まれた人間なのであって、正当な筋道から言えば、当然アルケタスの奴隷であるべきはずであった。③だから、もし彼が正しい道をまもるつもりになっていたとしたら、いまごろはアルケタスにかしずきながら、あなたの説によると、さぞかし「幸福な」人間となっていたことだろう。ところが、じっさいにはどうだろう、まことに驚くべき「惨めな」身の上とはなったものだ！　なにしろ、最大の不正事をやってのけたのだからね。

b　ほかでもない、彼は、まず手はじめに、ペルディッカスに奪われていた王位を取り返してやるからと称して、自分の主人であり伯父《おじ》にあたるアルケタスその人を呼びよせた。そして、彼とその子のアレクサンドロス――自分の従兄弟《いとこ》にあたり、ほぼ同じ年ごろだった――とをいっしょにもてなし、酒に酔わせたうえで、馬車にほうりこみ、夜陰に乗じて外へつれ出し、親子を二人とも殺してこの世から消してしまった。

　このような罪をおかしながら、彼アルケラオスは、自分がこの世で最も惨めな人間になった
c　ことに気づかず、いっこうに後悔もしないで、ほんのすこしたつかたたぬうちに、こんどは、自分の弟にその触手をむけたのだった。

　この弟というのは、つまり、彼の父ペルディッカスの正嫡の息子で、当時七歳ぐらいだったが、本来ならば当然、王位を承《う》けつぐべきはずの子であったのだ。しかるに彼は、この子を養

育し王位を返して正しい道をまもることによって自分が「幸福」になろうとはすこしも願わずに、かえって、これを池のなかに投げこんで溺死《できし》させてしまった。そして、その母親のクレオパトラには、あの子は鵞鳥《がちょう》を追いかけていて池に落ち、死んでしまいましたと言ってすましていたものだ。

こういうわけで、およそマケドニアにあって彼ほどひどい不正事をおかした者はいないわけだから、いまや彼は、まさに全マケドニア人ちゅうで最も「惨めな」人間であり、最も「幸福な」人間などではさらさらないわけだ。だからきっと、アテナイ人たちのなかには、あなたを
d はじめとして、自分がアルケラオスの身の上になるくらいなら、どんな人間でもよいから他のマケドニア人になったほうがよいと願う者が、さぞやたくさんいることだろうね！

（1）マケドニア王。すこし先でポロスが話すような陰謀によって王権をにぎり、十四年間の在位ののち、家臣の一人に殺された。悲劇作家エウリピデスのパトロンであったとも言われている。

（2）ペルシア大王は、ギリシアでは、世俗的な幸福を代表する名であった。

（3）このポロスの話に出てくる人物たちの関係を系図で示すと、下のとおり。

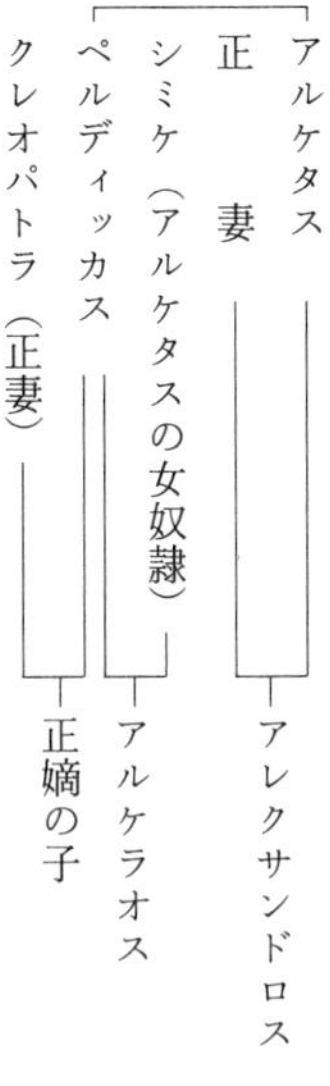

27

ソクラテス　ぼくたちが話しあいをはじめた最初にも、ポロス、ぼくは君を、弁論術に関しては立派な教育をつんでいるようだと褒《ほ》めたが、しかし問答ということになるとさっぱり心がけていないと言ったはずだ。

いまもまた、いったいそれが、どんな子供でもぼくを反駁できるだろうという、例の話なのかね？　君の思うところでは、いまや、不正をおかす人間は幸福ではないというぼくの主張は、君のいまの話によって、すっかり反駁されてしまったと言うのかね？　いったい、どうしてなのだろう、君？　それどころか、ぼくは君の言うことにちっとも同意しはしないのだよ。

ポロス
e　同意するのが癪《しゃく》だからだろう。心ではぼくの言うとおりだと思っているくせに。

ソクラテス　おめでたき友よ、君が一所懸命になっているのは弁論術流の反駁の仕方なのだ。ちょうど、裁判の法廷などで相手を反駁していると信じている人たちがするようなね。というのは、法廷でもやはり、一方の組が相手側を反駁すると思われるのはどういうばあいかというと、自分た

472 ちが述べることがらの証人になってくれる有名人はたくさんいるが、これに対する相手側の証人は一人もしくは皆無といったようなばあいなのだから。

けれども、この種の論駁は、真実をきめるということのためには何の価値もないものだ。なぜなら、大勢の人間、しかも、ひとかどの人物であると思われている人たちが、偽りの証言をするということも、しばしばありうるだろうからね。

いまだって、もし君が、ぼくに対して、ぼくの言うことがほんとうでないと証言してくれる人をここへつれ出すつもりになれば、このアテナイの者だろうと、よその都市の人間だろうと、ほとんど例外なく、口をそろえて、君の言うことについて賛成することだろう。たとえば、君が望むならニケラトスの子ニキアス[1]が、そして彼といっしょにその弟も、君のために証言してくれるだろうね。彼らは、いずれも、ディオニュソスの社《やしろ》に列をなして立っている鼎《かなえ》を奉納し
b たほどの人物だ。それに、スケリアスのアリストクラテス[2]も、君の望みを聞き入れてくれるだろう。これまた、デルポイの社にある例の立派な奉物をささげたほどの人だ。さらには、ペリクレスのところでも一門をあげて君の証人になろうし、そのほかにも、このアテナイにおいて、君がそのつもりになれば、どの氏族であろうと君は選ぶことができるのだ。

しかしながら、ぼくは、たとえこちらはぼく一人であろうとも、君に同意はしない。なぜなら、君は、ぼくが同意せざるをえないようなことは何も言っていないのだから。君がしている

ことはと言えば、ただ、偽りの証言をする人たちをわんさとぼくに差し向け、それによってこのぼくを、ぼくの大切な財産である「真実」から追放しようとつとめることなのだ。

だが、ぼくのほうは、相手の君自身を、君というただ一人の人間を、ぼくの言うことに同意する証人としてしまうのでなければ、ぼくたちの論議する問題が何であれ、そのことがら自体についてなにひとつ語るにたるほどのことを自分でなしとげたとは思わない。君にしてもやは
c りそうだ、とぼくは思う。たとえ、それがただ一人であっても、ぼくという人間が君を支持する証人となるのでなければ、そして、いま言ったような他のすべての人たちは、これを問題外にするようでなければだめなのだ。

かくして、君をはじめ多くの人たちが考えているようなのも一つの反駁の仕方であるとすれば、ぼくはぼくでかくあるべきだと思うようなやり方もまた、別の一つの反駁の方法なのだ。されば、両者をたがいにくらべてみて、どこかたがいに異なった点を見いだせるかどうかしらべてみようではないか。

じじつまた、ぼくたちがいま論争している問題は、けっして些細《ささい》なものではない。およそ、これについて知るよりも立派なことはなく、これについての無知よりも大きな恥はないとさえ言えるようなことがらなのだ。ほかでもない、それは結局、どのような人間が幸福でありどのような人間がそうでないかに関する知と無知ということに帰着するからだ。

d　そこで、とりあえず最初に、目下のぼくたちの議論の問題点をとりあげてみると、君の考えでは、人は不正な罪をおかし不正な人間として生きていても、幸せであることができる、と言うのだね？　いやしくも君は、アルケラオスという人を不正な人間であると認めながら、しかも幸福であると考えるのだから。ぼくたちは君の見解を、このように考えてよいわけだね？

ポロス　いかにも。

（1）ペロポンネソス戦争時代に活躍した有名な政治家、将軍で、富裕であった。
（2）ペロポンネソス戦争の主として末期の歴史にあらわれる政治家、将軍。

28

ソクラテス　それに対してぼくのほうは、そういうことは不可能である、と主張する。まず、ここに一つ、ぼくたちが意見を異にする点があるわけだ。

よろしい。では、不正な罪をおかしながら幸福でありうるというのは、その人が罰をうけ報復を下されたとしても、はたしてそうなのであろうか？

ポロス　とんでもない、そのばあいには、逆に最も惨めな人間だということになるだろう。

ソクラテス
e　してみると、不正な罪をおかしながら罰を受けないでいるばあいにこそ、その人は、君の説によれば、幸福であるはずなのだね？

ポロス　そうだ。

ソクラテス　ところがね、ぼくの考えでは、ポロス、罪をおかす人間、不正な人間は、どっちみち、惨めであることに変わりはないけれども、ただ、どちらかと言えば、不正をおかしながらその罰を受けず報復も下されないばあいのほうがいっそう惨めであり、つぐないをして神々と人間から罰をうけるならば惨めさの程度がすくなくてすむのだ。

ポロス
473　これはまた、ソクラテス、珍説を吐くものだね！

ソクラテス　ところがぼくは、友よ、君にもこのぼくと同じ珍説を言わせようとつとめるつもりなのだ。

君を友人と思えばこそだがね。とにかく、いまのところは、ここでぼくたちの意見が分かれていることになる。しかし君も、いっしょにしらべてくれたまえ。たしかぼくは、まえに、自分が不正を受けるよりも人に不正を加えるほうが、ひどい災悪だと言ったはずだが。

ポロス たしかに。

ソクラテス それに対して君は、自分が不正をうけるほうこそがそうだという説だったね。

ポロス そう。

ソクラテス ぼくはまた、不正をおかす人たちは惨めなのだと主張し、そして君にやっつけられたのだった。

ポロス ゼウスに誓って、まさにそのとおり。

b

ソクラテス と、まあ、君は思っているわけだ、ポロス。

ポロス
そしてそう思うのは、あくまで正しいのだ。
ソクラテス
たぶんね。とにかく、それに対する君の主張は、不正をおかした人たちは罰さえ受けなければ幸福である、と言うのだった。
ポロス
たしかに、そのとおり。
ソクラテス
ぼくのほうは逆に、そのような人たちこそは最も惨めであり、それにくらべれば罰を受ける人たちはまだましである、と主張するわけだ。どうだね、君はこの点もまた反駁するつもりかね？
ポロス
さあ、反駁しようとしても、ソクラテス、これはまた、さっきよりももっとむずかしいね！
ソクラテス
むずかしいどころか、ポロス、それは、もともと、できない相談というものだよ。なんとなれば、真理はいかなるときにもけっして反駁されることがないから。

ポロス
c 何を言う！　ここに一人の男がいて、王位に対して不正な陰謀をたくらんで捕えられ、捕え
られてから拷問を受けたり、局部を切りとられたり、眼を焼かれてえぐられたり、その他あり
とあらゆるひどい責め苦を受け、それも自分一人だけでなく、自分の妻子が同じ責め苦にあっ
ているのを目の前に見せつけられ、あげくのはては、はりつけや火あぶりの刑に処せられたと
する。いったい、この男は、かりに首尾よく発覚をまぬかれ、王の位についてその国の支配者
として生涯をすごすとしたばあいよりも、より幸福だというのか。何でもしたい放題のことを
d して、その国の人々からも他国の人々からも、幸せな身分よと羨まれながら生涯を送るより
も？　これをしも、あなたは、反駁することが不可能だと言うつもりかね？

29

ソクラテス
こんどは、おどしの一手ときたね、けだかきポロスよ。反駁のほうはそっちのけにしておいて。たったいまは、証人に訴えるというやり方だったが。まあ、それはともかく、ぼくにちょっとしたことを思い出させてくれたまえ。王位に対して不正な陰謀をたくらんで、と君は言っ

たのだったね？

ポロス　そうだ。

ソクラテス　それならぼくの答えは、そのどちらの者も、他方とくらべて、より幸福ではありえない、ということだ。不正に王位を獲得したほうの者も、罰を受けたほうの者もね。なぜなら、惨めな者どうしをくらべて、どちらのほうが幸福かと言われても、答えようがないからね。しかし、
e どちらがいっそう惨めかと言うなら、それは発覚をまぬかれて王になりおおせたほうの者だ。

おや、どうしたのかね、ポロス？　笑っているのかね？　さては、それもまた、もう一つの反駁法なのかね。人が何か言ったら、ただあざ笑って、反駁はしないというのも？

ポロス　もうすっかり反駁されてしまったとは思わないのか、ソクラテス？　あなたの言っていることは、およそこの世に、だれ一人として賛成する者はいないようなことなのに。なんなら、ここにいるだれにでも聞いてみなさい。

ソクラテス　あいにくと、ポロス、ぼくは政治的なしきたりが得意なほうではないのだよ。げんに、昨年

474 も、政務審議会の議員になる番にあたったとき、ぼくたちの部族が執行部①の役になり、ぼくが議決のための投票を管理しなければならなくなるにおよんで、とんだ笑い者になってしまったことがある。なにしろ、票決のやり方を知らなかったものだからね。

そういうわけだから、どうか、いまも、ここに列席の諸君の投票を求めるようなことをぼくに命じないでくれたまえ。それよりも、もし君のほうで、ぼくを反駁するのに、これまで君がやった以上によい議論が別にこれといってなければ、さっきぼくが言ったように、こんどは、こちらに順番をゆずって、ぼくが意図しているような反駁法を試しに受けてみたらどうだね？というのは、ぼくの知っているのは、いかにしてただ一人の人間を、つまり、議論をしている当の相手自身を、こちらの言うことを支持する証人たらしめるかということであって、大勢の人のことはどうでもよいのだ。また、投票を求めるについても同じように、ぼくの知っている

b のは一人の人間にそうさせることであって、べつに大勢の人を相手に話しあうこともないのだ。

さあ、君はこんどは、質問に答えながら、僕に反駁の機会を与えようという気があるかね？

ポロス ぼくとしては、ただぼくだけでなく、君もほかの人たちもみんな、自分が不正を受けるよりも人に不正を加えるほうが、また、罰を受けるよりも受けないほうが、災悪が大きいと考える、と思うのだが。

254 そしてぼくのほうは、ぼくもほかの人間も、だれ一人としてそんな考えの者はいないと思う。だいいち、あなた自身、ほんとうに、不正を加えるよりも受けるほうがよいのかね？

ソクラテス
そう。そして君も、そのほかのすべての人もね。

ポロス
冗談じゃない、だれがそんなことを！　ぼくも、あなたも、また、ほかのだれ一人として。

ソクラテス
c では、ぼくの質問に答えてくれるかね？

ポロス
いいとも。まったく、あなたが、いったい何を言うのか知りたいものだ！

（1）五百人の政務審議会を構成する各部族五十人の審議員は、交代で、一年の十分の一の一期間、とくに執行部（プリュタネイア）の役につき、政務審議会を召集し、議事を準備し、採択の世話をする。
『ソクラテスの弁明』三一ページ注（1）参照。

ソクラテス では、知りたくば答えるがよい。もう一度、第一歩から問いなおされているつもりになって。君には、ポロス、どちらのほうが大きな災悪だと思えるかね？　人に不正を加えることのほうかね、それとも、自分が不正を受けることのほうかね？

ポロス むろん、自分が不正を受けるほうだとも。

ソクラテス では、どうだろう、醜いという点から言えば？　不正を人に加えるのと、自分が受けるのと、どちらが醜いことだろうか。

ポロス 人に加えるほうだろう。

ソクラテス 醜いとすれば、災悪も大きいということにならないかね？

ポロス けっして、そうはならない。

ソクラテス

d わかった。察するところ、君の考えでは、立派であること（美）とためになること（善）、害悪のあること（悪）と醜いこと（醜）とは、同じではないのだね？

ポロス 同じではないとも。

ソクラテス では、つぎのような点をどう考える？　すべて立派なもの、たとえば、人間の身体でも、色彩でも、形態でも、音声でも、あるいは、人間の営む仕事のようなものでも、みんなそうだが、君がそういったものをそれぞれのばあいに立派だと呼ぶときには、何かそう呼ぶための基準となる観点があるのではないだろうか。

たとえば、まず「立派な身体」と君が言うばあいを考えてみると、それは、それぞれの身体が役だつような目的が何かあって、その目的のために有用であるという観点から立派だと呼ぶか、あるいは、その身体を眺めるとき、見る者がそこから喜びを与えられるようなばあい、そういう一種の快感を与えるという観点から立派だと呼ぶか、このどちらかではないだろうか。

e 身体の立派さということについて、君は、何かこれ以外の観点をあげることができるかね？

ポロス べつに、ない。

ソクラテス　そのほか、形態にしても、色彩にしても、すべて同様ではないだろうか。君がすべてそうしたものを立派だと呼ぶのは、何らかの快感のゆえか、有益性のゆえか、それとも両方をかねそなえているからか、このどれかの理由によるものではないだろうか。

ポロス　たしかに。

ソクラテス　音声についても、一般に音楽に関係のあるすべてのものについても、同じだろうね？

ポロス　そう。

ソクラテス　さらに、ことがらが法律とか人間の営みとかにかかわるばあいであっても、そういったものが立派であるということは、いまあげた観点、すなわち、有益であるか、快いものであるか、その両者をかねそなえているかという観点をはずれるものではないはずだ。

ポロス
475 たしかに、そう思う。

ソクラテス　いろいろの立派な知識というようなばあいの、その立派さについても同様だろうね？

ポロス　たしかに。まったく、こんどは、あなたの規定の仕方はすぐれたものだ、ソクラテス。立派であるということ（美）を規定するのに、快いこと（快）とためになること（善）という観点をもってきたのは。

ソクラテス　そうすると、醜いということを規定するには、その反対のもの、つまり、苦しいということ（苦）と害があるということ（悪）によればよいわけだね？

ポロス　必然的に、そうなる。

ソクラテス　してみると、立派なものが二つあって、その一方が他方よりいっそう立派だとすると、それは、さきにあげた観点のどちらか一方、もしくは、その両方においてたちまさっているからこそ、いっそう立派だということになるわけだね？　すなわち、快においてまさるか、有益性においてまさるか、または、その両方においてまさるかなのだね？

ポロス
たしかに。

ソクラテス
b また他方、醜いものが二つあって、どちらかのほうがいっそう醜いというばあいには、それは苦痛の点で、または害悪という点で、他方よりたちまさっているからこそ、いっそう醜いということになるだろう。これは必然的なことではないかね？

ポロス
そうだ。

ソクラテス
さて、そこで、さっき、不正を加えることと受けることとについて、どのように言われていたであろうか。君は、ひどい災悪だという点では自分が不正を受けるほうがまさるけれども、どちらが醜いかという点になると、それは人に不正を加えるほうだと、こう言っていなかったかね？

ポロス
そう言っていた。

ソクラテス

では、いやしくも、不正を受けるよりも加えるほうが醜いことであるからには、それは、他方よりも苦しいことであり苦痛の点でまさっているから、より醜いということになるのか、それとも、害悪の点でまさっているからなのか、それとも、両方の点でそうであるからなのか、いずれか一つでなければならないのではないか。これもまた、必然的なことではないかね？

ポロス
どうしても、そうなる。

31

ソクラテス
c では、まず第一の点からしらべてみよう。不正を人に加えることは、自分が不正を受けるばあいとくらべて、苦痛の点でたちまさっているだろうか。不正を人に加える者は、自分が不正を受ける人たちよりもいっそう苦しい目にあうだろうか。

ポロス
いや、ソクラテス、そんなことは、けっしてありえない。

ソクラテス

してみると、すくなくとも苦痛という点では、たちまさっていないわけだ。

ポロス
たしかに。

ソクラテス
苦痛という点が除外されるとすれば、さきの両方の点でたちまさっているということも、もはやありえないことになる。

ポロス
ありえないようだ。

ソクラテス
だから、残るのはもう一つの観点ということになる。

ポロス
そう。

ソクラテス
それは害悪という点だ。

ポロス
そうらしい。

ソクラテス
だから、人に不正を加えることは、自分が不正を受けるばあいよりも害悪の点でたちまさっていて、したがって、いっそうひどい災悪だということになる。

ポロス
明らかに、そうなる。

ソクラテス
d ところで、さきに、人に不正を加えるのは自分が不正を受けるよりも醜いことだという点について、君も、世の多くの人々とともに、同意を与えていたのではなかったかね？

ポロス
そうだ。

ソクラテス
そしていまや、いっそうひどい災悪であることがわかったのだ。

ポロス
そうらしい。

ソクラテス
で、君は、害を受けること醜いことのより少ないものをすてて、いっそうひどい災悪であり、いっそう醜いことのほうをとるのかね？　さあ、ためらわずに答えたまえ、ポロス。答えても、べつに損害を受けるわけではないのだから。医者に身体をゆだねる気持で、男らしく議論の示
e すところに身をゆだね、ぼくの聞いていることに対して肯定するか否定するかしたまえ。

ポロス
いや、ソクラテス、そのようなもののほうをとることはないよ。

ソクラテス
ほかの人は？　そうする者が世にだれかいるかね？

ポロス
いないと思う。いまの議論にしたがうかぎりは。

ソクラテス
してみると、ぼくの言っていたことは正しかったわけだね？　このぼくにせよ、君にせよ、ほかのどんな人間にせよ、自分が不正を受けるよりも人に不正を加えるほうをとる者はだれもいないことになるのだね？　なぜなら、そのほうがいっそうひどい災悪なのだから。

ポロス
そうなるようだ。

ソクラテス

かくて、君の見るとおり、ポロス、ぼくと君との反駁法は、こうしてくらべてみると、たがいにまったく似もつかぬものだということがわかるではないか。君には、このぼくを除いて、
476 すべての人々が同意するのに対して、ぼくにとっては、君さえ賛成して証人になってくれれば、たとえそれが一人の人間だけであっても、それでじゅうぶんなのだ。ぼくは、ただ君の投票だけを求め、ほかの人々のことはかまわないのだ。

さて、それはそれとして、つぎに、ぼくたちの意見が食い違っていた第二の点について考えてみることにしよう。それは、不正をおかして罰を受けることは、君の考えがそうだったように、はたして災悪のなかでも最もひどいものであるか、それとも、このぼくの考えていたように、罰を受けないほうがもっとひどい災いなのか、という点であった。で、この問題を、つぎのようにして考えていこう。罰を受けるということと、不正をおかしてその正当な懲らしめを受けるということと、この両者は同じである、と君は言うかね？

ポロス

同じだ。

ソクラテス

b では、正しいことは、それが正しくあるかぎり、すべて立派であるということを、君は否定することができるかね？　よく考えたうえで答えてもらいたい。

ポロス　いや、ぼくには、そうだと思われる、ソクラテス。

32

ソクラテス　ではさらに、つぎのことも考えてみてくれたまえ。もしだれかが、あることをする（働きかける）ならば、それに応じて、その人からその行為をされる（受けとる）ものがかならず何かなければならぬのではないか。

ポロス　たしかに、そのように思われる。

ソクラテス　そのばあい、その受動者が受けとる行為というのは、まさに他方の能動者がなしたところの行為であり、能動者のほうで働きかけたのとちょうど同じ性格のものではないだろうか。

　ぼくの言うのは、たとえば、つぎのようなことだ。もしだれかがなぐるとすれば、かならずそれに応じて、なぐられるものが何かなければならないね？

ポロス　なければならぬ。

ソクラテス　c そして、もしなぐるほうの者がはげしくなぐるとか、早くなぐるとかすれば、なぐられるほうのものもまた、ちょうどそれに応じたなぐられ方をするわけだね？

ポロス　そう。

ソクラテス　したがって、なぐられるほうのものにおよぼされる行為の結果は、ちょうど、なぐるほうのものが働きかける行為の性格を、そのまま受けとっていることになる。

ポロス　たしかに。

ソクラテス　さらに、だれか（治療のために焼鏝《やきごて》で）焼く人があれば、必ず焼かれるものが何かなければならないのだね？

ポロス

なければならぬ。

ソクラテス

そして、一方がはげしく焼くとか苦痛を与えるような仕方で焼くとかするのであれば、焼かれるほうのものもまた、ちょうどそのような焼き方に応じた仕方で焼かれるのだね？

ポロス

たしかに。

ソクラテス

さらに、何か切る（切開する）ものがあれば、同じ理屈で、切られるものが何かあるわけだね。

ポロス

そう。

ソクラテス

d そして、その切り方が大きかったり、深かったりすれば、切られるほうのものもちょうどそれに応じた同じ切られ方をするのだね？

ポロス

明らかに、そうだ。

ソクラテス
これを総括して、一般にすべてのものについて、さっき言ったように言えば、君は同意してくれるだろうか。すなわち、能動者が働きかける行為の性格は、それがどのようなものであれ、そのまま受動者が受けとる行為の性格と同じものであると。

ポロス
同意しよう。

ソクラテス
これだけのことに同意が与えられたとして、さて、問題の、罰を受けるということだが、これは何かの行為を受けとるほうだろうか、働きかけるほうだろうか、どちらだろう？

ポロス
むろん、ソクラテス、受けとるほうにきまっている。

ソクラテス
すると、それに応じて働きかけるものが何かあるわけだね？

ポロス
むろん、なければならない。懲らしめを与える人が、まさにそれにあたるわけだ。

ソクラテス

懲らしめ方を誤らぬ者は、正義にかなった懲らしめ方をしているのだね？

ポロス　e そうだ。

ソクラテス　そのばあい、その人は正しい行為を働きかけているのか、そうでないのか。

ポロス　正しい行為を働きかけているのだ。

ソクラテス　すると、懲らしめられるほうの者も、罰を受けることによって、正しい行為を受けとっていることになるのではないか。

ポロス　そういうことになるようだ。

ソクラテス　しかるに、正しいことは立派なことであると、たしかわれわれのあいだでは同意されたはずだね？

ポロス

たしかに。

ソクラテス
してみると、いま言った人たちのうちで、一方は立派な行為を働きかけていることになり、他方、懲らしめられる者は、それに応じて立派なことを受けとっていることになるわけだ。

ポロス
そう。

ソクラテス
477 受けとるのが立派なことであるとすれば、それは、ためになることであるはずではないか。なぜなら、立派なことは、快いか、有益であるかの、どちらかなのだから。

ポロス
必然的にそうなる。

ソクラテス
したがって、罰を受ける者は、ためになる善いことを、身に受けているということになるわけだね？

ポロス
そのようだ。

ソクラテス　してみると、彼は、利益を受けていることになるね？

ポロス　そうだ。

33

ソクラテス　その有益ということは、はたして、ぼくが解釈しているとおりでよいのだろうか。つまり、いやしくも正しい懲らしめを受けるのであれば、その人の魂がまえよりもすぐれたものとなるのだろうか。

ポロス　まあ、そうだろうね。

ソクラテス　とすると、罰を受ける者は、魂の欠陥から救われるわけだね？

ポロス

そうだ。

ソクラテス　それは、つまり、最もひどい災悪から救われることにほかならないのではあるまいか。つぎのことから考えてみたまえ。財産の状態というものを考えるばあい、人間のおちいる欠陥として貧乏ということ以外に何か君は認めることができるかね？

b

ポロス　いや、貧乏がそれだ。

ソクラテス　では、身体の状態においてはどうだろう？　君がその欠陥として主張するのは虚弱さとか、病気とか、醜さとか、その他これに類するものだろうね？

ポロス　たしかにそうだ。

ソクラテス　同じように魂においても、やはり、劣悪なあり方というものが何かあると君は考えないかね？

ポロス

むろん、そう考えている。

ソクラテス
そういう悪い状態として君が名をあげるのは不正とか、無学とか、臆病《おくびょう》とか、その他そういったものではないか。

ポロス
たしかにそのとおり。

ソクラテス
c そこで、財産と、身体と、魂と、この三つのものに対応して、それらがもつ三つの悪い状態を、君はあげたわけだね？　すなわち、貧乏と、病気と、不正と。

ポロス
そうだ。

ソクラテス
さて、これら三つの悪い状態のなかで最も醜いのはどれだろうか。それは、不正であり、総括的に言えば、魂の劣悪さではあるまいか。

ポロス
それは、大いにそうだ。

ソクラテス
最も醜いとすれば、害悪もまた最も大きいのではないかね？
ポロス
どういう意味で？　ソクラテス。
ソクラテス
つぎのような意味でだ。最も醜いものは、さきに同意されたことがらから考えると、いつのばあいでも最も大きな苦痛をもたらすか、最も大きな害悪をもたらすか、あるいは、その両方を同時にもたらすか、このいずれかによって最も醜いものであるはずだ。
ポロス
それは、たしかにそうだ。
ソクラテス
しかるに、不正をはじめとして一般に魂の劣悪さはすべて最も醜いものであるということが、いまぼくたちによって同意されたのだね？
ポロス
d 同意された。
ソクラテス

そうすると、その魂の劣悪さというものは最も苦痛なことであって、この苦痛という点で他にたちまさっていることによって、さっきあげたいろいろの悪い状態のなかで最も醜いものであるのか、それとも、たちまさっているのは害悪をもたらすという点においてであるのか、あるいは、その両方においてであるのか、この三つのうちのどれかにあたるのではないかね？

ポロス　それは、どうしてもそうなる。

ソクラテス　では、不正であったり、放埒《ほうらつ》であったり、臆病であったり、無学であったりすることは、貧乏したり、病気になったりすることとくらべて、はたして、もっと大きな苦痛感を与えるだろうか。

ポロス　そうは思えない、ソクラテス。すくなくともこれまでの話からだとね。

ソクラテス　

e　すると結局、魂の劣悪さがあらゆる悪い状態のなかで最も醜いのはなぜかと言えば、それは、なにか並みはずれて大きな害悪という点、驚くべき害悪をもたらすという点で、他にたちまさっているからだということになる。なぜなら、それはすくなくとも、苦痛という点でたちまさっているわけではないのは、まさに君の言うとおりだからだ。

ポロス

そういうことになるようだ。

ソクラテス

しかるに、いやしくも害悪をもたらすという点でまさること最大なるものならば、それは、およそあらゆる存在のなかで最も大きな災悪と言えるわけだろう？

ポロス

そうだ。

ソクラテス

したがって、不正や、放埒や、その他、一般に魂のもつ劣悪さは、およそこの世に存在する最大の災悪だということになるね？

ポロス

そういうことになるようだ。

ソクラテス
ところで、人を貧乏から解放するのはどんな技術だろうか。金もうけの術ではないかね？
ポロス
そうだ。
ソクラテス
病気から解放するのは、医術ではないかね？
ポロス
478 間違いなく。
ソクラテス
では、悪徳や不正から解放してくれるのは何の技術だろうか。すぐにすらすらと答えられなければ、つぎのように考えてみたまえ。身体が病気になった人たちをわれわれは、どこへ、だれのところへつれて行くだろうか。
ポロス
むろん、ソクラテス、医者のところへだ。
ソクラテス
では、不正をおかす人たちや放埒にふるまう者たちは、どこへつれて行くだろうか。

ポロス
裁判官のところへ、と言えばよいのだろう？
ソクラテス
罰を受けさせるために、だね？
ポロス
そうだ。
ソクラテス
そのばあい、そういう連中を正しい仕方で懲らしめる人たちは、何らかの司法（正義）を用いて懲らしめるのではないか。
ポロス
b むろん。
ソクラテス
かくして、人を貧乏から解放するのは金もうけの術、病気から解放するのは医術、そして放埒や不正から解放するのは司法（正義）、ということになる。
ポロス
そうなるようだ。

ソクラテス さて、いまあげたもののなかで、どれがいちばん立派なものだろうか。

ポロス いまあげたもののなかで、とは？

ソクラテス 金もうけの術と、医術と、司法のなかで、だ。

ポロス それは、ソクラテス、司法がだんぜんずばぬけている。

ソクラテス すると、こんどもまた、司法は、快感か、利益か、もしくは、その両方かの、どれかを最も多くもたらすものであるわけだね？　いやしくもそれが最も立派なものだとすれば。

ポロス そうだ。

ソクラテス では、医者の治療を受けるのは快いことだろうか。人々は治療を受けながら愉快な気持でいるのだろうか。

ポロス
いや、そうは思えない。
ソクラテス
しかし有益であることはたしかだね、そうだろう？
ポロス
そうだ。
ソクラテス
c なにしろ、大きな災悪から解放されるのだからね。だからこそ、苦しいのを我慢して健康になるのは有益であるということになるわけだ。
ポロス
むろん、そうだ。
ソクラテス
では、身体に関して最も幸福になれるのは、そのように治療を受けるばあいだろうか、それとも、はじめからぜんぜん病気にもならないばあいであろうか？
ポロス
それはむろん、ぜんぜん病気にもならないばあいだ。

ソクラテス そう。それというのも、思うに、もともと、災悪から解放されるという、このことが幸福なのではなく、はじめからぜんぜん災悪をもたないことこそが幸福であるはずだったのだからね。

ポロス たしかにそのとおりだ。

ソクラテス d では、どうだろう？ 身体のなかにせよ、魂のなかにせよ、同じく悪いところをもっているつぎの二人のうち、どちらがより惨めだろうか。治療を受けてその災悪から解放される者のほうだろうか、治療を受けずにその災悪をもちつづける者のほうだろうか。

ポロス それは、治療を受けない者のほうだと思う。

ソクラテス ところで、罰を受けるということは、最も大きな災悪である悪徳から解放されることだったね？

ポロス たしかにそういうことだった。

ソクラテス
それはつまり、司法の下す罰が精神の健康を呼び戻して、人をより正しい人間となし、かくて、悪徳をなおす医術の役をはたすからにほかならないだろうね？
ポロス
そうだ。
ソクラテス
そうすると、まず最も幸福なのは、魂のなかに何も疾患をもたない人間だ。なぜなら、この、魂の災悪こそは、災悪のなかでも最も大きなものだということが明らかにされたのだから。
ポロス
e むろん、そうだ。
ソクラテス
第二番目に幸福なのは、そのような災悪から解放される者だろう。
ポロス
まあ、そうだろうね。
ソクラテス
それは、訓戒され、咎められ、罰を受ける者のことであった。

ポロス
そう。

ソクラテス
してみると、そうした災悪をもちつづけていて、それから解放されない人間こそは、最も不幸な生活をおくる、ということになる。

ポロス
そういうことになるようだ。

ソクラテス
そのような人間とは、ほかでもない、最大の罪をおかし最大の不正をおこないながら、うま
479 く立ちまわって、訓戒も懲らしめも罰も逃れることに成功した者のことではないだろうか。ち
ょうど、君の主張によると、アルケラオスをはじめ、その他の独裁者たちや、弁論家たちや、
権力者たちが画策してそれに成功したようにね。

ポロス
そうかもしれない。

35

ソクラテス

なぜといって、ねえ君、そういった連中が自分のためにやりとげていることはといえば、ちょうど、人が最もひどい病気にかかっていながら、身体上の過失をつぐなうべき罰を医者の手によって受けないようにしよう、つまり、なんとかして治療されないようにと——焼かれたり切開されたりするのは痛いからというので、まるで子供のようにこわがってね——うまくごま
b かしているのと、ほとんど変わりないと言えるだろうからね。どうだね、君にもそう思えないかね？

ポロス

たしかにそのように思える。

ソクラテス

それというのは、ほかでもない、そうした病人はどうやら、健康という身体の徳性がどんなに大切なものかということを知らないからなのだ。

ぼくたちがいま同意しあったことがらから考えると、罰を逃れようとする人たちのしているのも、おそらくは、これと似たようなことだろうね、ポロス？　つまり、彼らは罰を受けるこ

との苦痛の面だけを見て、その有益な面に関しては盲人同然であり、不健康な魂、ひびがはい
った魂、不正で冒瀆《ぼうとく》的な魂をもって生きるということが、身体の不健康であるばあいなどより
c もどれだけ惨めであるかということがわからないのだ。だからこそ、彼らはまた、百方手をつくして罰を受けることを避け、最大の災悪から解放されまいとつとめて、そのためには金や味方の者たちを動員しもするし、できるだけ説得力をもった語り手になろうと心がけたりもする。
ところで、ポロス、ぼくたちが同意を与えたことがらが真実だとすると、この議論からどのような結論が出てくるか、気がついているかね？　それとも、もしなんなら、それをここで、まとめて考えてみることにしようか。

ポロス　それがよいとあなたが思うのなら。

ソクラテス　ではまず、不正であることと、不正をおかすことは、最も大きな災悪である、ということが議論の帰結として出てきているわけだね？

ポロス
d たしかにそうなるようだ。

ソクラテス

それからまた、罰を受けるということはこの災悪からの解放にほかならない、ということが明らかになったのだね？

ポロス　おそらくね。

ソクラテス　これに対して、罰を受けずにいるならば、その災悪のなかにとどまることになるわけだ。

ポロス　そう。

ソクラテス　だから、ただ不正をおかすだけのことなら、もろもろの災悪のなかでもその大きさにおいて第二番目に位置づけられるけれども、不正をおかしながら罰を受けないでいるということになると、これは本来、あらゆる災悪のなかでも最も大きな、第一番目のものということになる。

ポロス　そういうことになるようだ。

ソクラテス　ところで、ちょうどこの点こそが、君、まさにぼくたちの意見が分かれていたところではな

かったかね？　つまり、君のほうは、アルケラオスという、最大の不正をおこないながらなん
e ら罰を受けることのなかった人間を、幸福だと見なしていたし、ぼくの考えは、それとまったく反対に、アルケラオスであろうと、ほかのいかなる人間であろうと、不正をおかしながら罰を受けないような者は、当然、世に類を絶した惨めな人間であるはずであり、また、一般にいつのばあいでも、人に不正を加える者は自分が不正を受ける者よりも、罰を受けない者は罰を受ける者よりも、より惨めな人間であるというのだったのだから。これが、ぼくの言っていたことではなかったかね？

ポロス
そうだ。

ソクラテス
それで、ぼくの言っていたことが真実だということは、すっかり証明されたのではないかね？

ポロス
そのようだ。

36

ソクラテス よろしい。さて、それで、こうしたことが真実であるとすると、ポロス、弁論術がもつ大き
480 な効用というのは、そもそも、どのような効用だということになるだろうか。というのは、い
ま同意されたことがらから考えると、人は何よりもまず、自分自身に対して最もよく注意をは
らって、けっして不正をおかさぬように気をつけなければならないのだね？ 災悪をいっぱい
背負《しょ》いこむことになるわけだから。そうだろう？

ポロス たしかに。

ソクラテス だがもし、いったん不正をおこなってしまったならば、それが自分自身であろうと、自分が
心にかけている他のだれであろうと、とにかく、みずからすすんで、できるだけすみやかに罰
を下してもらうような場所へおもむかなければならない。ちょうど医者のところへ行くのと同
b じように、不正という病いが慢性化し魂の奥ふかく内攻してこれを不治のものにしてしまわな
いために、大急ぎで裁判官のところへかけつけなければならないのだ。

それとも、ぼくたちは、これ以外にどう言ったらよいのだろうか、ポロス？　いやしくも、さっきぼくたちによって同意されたことがらが動かないとするならば。あれと矛盾しない帰結を述べようとするためには、どうしても、これ以外に言いようがないのではないか。

ポロス　たしかにほかの主張はできないだろう、ソクラテス。

ソクラテス　してみると、すくなくとも不正を弁護するという目的のためには、その不正をおこなったのが自分自身であろうと、両親であろうと、仲間たちであろうと、子供であろうと、あるいは、祖国が不正をおかすばあいであろうと、弁論術がわれわれの役にたつ余地はぜんぜんないということになるね、ポロス。

c　それが役にたつばあいを想定するとすれば、まったく反対の目的を考えなければならない。すなわち、人は弁論術を使って、まずだれよりも自分自身を告発しなければならぬし、さらには、身内の者たちでも、それ以外の親しい者たちでも、もし不正をおこなう者があれば、そのつどこれを告発して、その罪を包みかくさずに明るみに出さなければならない。罰を受けて健全になるために。

そしてそのようなばあいには、自分自身にも、ほかの人たちにも、卑怯《ひきょう》未練なまねをさせないで、ちょうど医者に身をゆだねて切開してもらったり焼いてもらったりするのと同じように、もっぱら、ためになること、立派なことを求めながら、それが苦痛であるということは勘定に入れないで、目をつぶって、勇気を出していさぎよく裁きに身をゆだねるように仕向けなけれ
d ばならぬ。おかした罪が笞刑《ちけい》に値するのであれば、身をさしのべて打擲《ちょうちゃく》を受けさせ、拘留に値するのであれば縄を受けさせ、罰金ならば罰金をはらわせ、追放ならば追放を受けさせ、死刑が適当ならば死刑を受けさせ、だれよりもさきに自分が自分自身に対して、また、他の身内の者たちに対して告発者となり、ただこの目的のためにこそ――しかり、おかされたもろもろの罪が明るみに出ることによって、何よりも大きな災悪である不正から解放されるためという、この目的のためにこそ、弁論術を使わなければならぬのだ。ぼくたちは、このように主張すべきだろうか、すべきでないだろうか、どうだね、ポロス？

ポロス

e まことに、どうも奇妙な話だとは思うけれども、ソクラテス、しかしあなたとしては、それで、きっと、まえの話と首尾一貫していることになるのだろう。

ソクラテス

だから、まえに言ったこともいっしょにご破算にしてしまうか、そうでなければ、いまのようなことがそこからの結論として必然的に出てくるか、このどちらかではないかね？

ポロス　そう、それはたしかにそうだ。

ソクラテス　ところで立場を代えて、こんどは逆に、相手が自分の敵であろうと、ほかのだれであろうと、とにかく、ある人に対してこちらから害を加えなければならぬというばあいが、あったとしよう。そのようなばあいには——ただし、自分自身がその敵から不正を受けることはないとしての話であって、それだけは警戒しなければならないが——もし自分が害を加えようとするその敵がだれかほかの人に対して不正な罪をおかしているのであれば、言行いずれの面においても、
481
あらゆる手段をつくして、その敵が罰を受けないように、裁判官のところへ出頭することもないように、工作しなければならない。

またもし、その敵が裁判官のもとへ出頭させられることになってしまったならば、こんどはなんとかして、その敵が刑を免れて罰を下されることのないように工作しなければならない。彼が大金を強奪したのであれば、なるべくその金をつぐなわずに懐に入れたままで、彼自身やその家族のために邪で瀆神《とくしん》的な仕方で濫費してしまうように仕向け、また、もし彼が死刑に値する罪をおかしたのであれば、なんとかして死刑にならないように工作しなければならない。それも、なるべくなら、悪人のままいつまでも死なないでいるのがいちばんよいが、それがか

b なわぬならば、とにかくできるかぎり長年月、そのままの人間として生きながらえるようにとりはからわなければならないのだ。

ぼくの考えでは、ポロスよ、弁論術とは、以上述べたようなことのためにこそ効用があるのだ。げんに、不正をおこなうつもりのない人間のためには、かりに弁論術がいくらか役にたつことがあったとしても、その効用はあまり大したものではないと思えるからね。じっさいには、これまでの議論のなかでそんな効用があるとはどこでも明らかにされなかったのだが。

37

カリクレス ちょっと聞くが、カイレポン、いったい、ソクラテスは、こういうことをまじめになって言っているのだろうかね、それとも冗談なのかね？

カイレポン ぼくには、カリクレス、ひじょうにまじめであるように思える。だが、その点は、本人にたずねてみるのがいちばんよいだろう。

カリクレス

もとより、神々に誓って、これが聞かずにいられようか。さあ、どうか教えてもらいたい、
c ソクラテス。わたしたちは、いまあなたがまじめになって言っていると考えたらよいのか、それとも、これは冗談だととってよいのか、いったい、どちらなのかね？　ほかでもない、もしあなたがまじめであるとしたら、そして、あなたの言っていることがほんとうだとしたら、われわれ人間すべての生き方はすっかり転倒してしまっていることになるのではないだろうか。そして、われわれがじっさいにしていることはと言えば、どうやら、何もかも本来なすべきことと反対のことばかりだということになりはしないだろうか。

ソクラテス

カリクレスよ、人間の心の状態というものには、その人その人によってそれぞれ違いはあるものの、もしも人間どうし、おたがいの感情になんら共通するところもなかったとしたら、そして、われわれ一人一人の抱く感情が、自分以外の他人とはまったく縁のない、その人だけの
d ものだとしたなら、自分自身の心中を他人にわかってもらうということは、なかなか容易なことではなかっただろうね。

ぼくがこんなことを言いだしたのはほかでもない、ぼくは、ぼくと君とが現在、ある同じ感情を経験しているという事実に気がついたからなのだ。すなわち、ぼくたち二人は、それぞれ二人の恋人の魅力にまいっている。その相手とは、ぼくのほうはクレイニアスの子アルキビア

デス[1]と、もう一人はほかならぬ「哲学」。また、君の恋人も二人いて、その一人とはアテナイの民衆（デモス）、もう一人はピュリランペスの子の同じくデモス[2]だ。

そこで、ぼくはつねづね感づいているのだが、君はそれだけのしたたか者でありながら、君の愛人《パイディカ》の主張することならどんなことでも、また、どのような見解であろうとも、けっしてそれに反対することができずに、相手の言うなりにあれこれと態度を変えているようだ。げん
e に、民会においては、君がなにか意見を述べて、アテナイの民衆がそれはそうではないと言えば、君はたちまち彼らの望むとおりに意見を変えてしまうし、また、ピュリランペスの子の、例の美しい若者に対しても、やはり同じような弱みを見せている。それと言うのも、ほかならぬ愛人のもくろむこと、言うこととともなれば、君はそれに逆らう力をまるでもっていないからなのだ。

だから、君がいつもそれら愛人たちに迎合して意見を述べるばあい、その君の意見がどうも
482 変だと驚く人があったとして、もし君が正直なところを打ち明ける気になるとしたら、君はきっと、その人にこう言うだろう、「だれかがまずぼくの愛人にこういう意見を述べるのをやめさせてくれないことには、ぼくのほうもけっしてこうした話をするのをやめるわけにはいかぬのだ」とね。

だからまた、君がぼくの口から聞かなければならないのも、これはこれで、同じような性質

のものだと考えてくれたまえ。そして、ぼくがさっきのようなことを言っても、けっして驚かないで、むしろ、ぼくの愛人である「哲学」にそうしたことを言うのをやめさせるようにしてくれたまえ。

なぜなら、君、打ち明けて言うと、君がいまぼくの口から聞いたことは、じつは「哲学」が述べる意見なのであって、しかも、ぼくにとってこの愛人はもう一人の愛人よりもはるかに移り気がすくないのだからね。じっさい、あのクレイニアスの息子（アルキビアデス）はといえば、いまこう言っていたかと思えばつぎにはああ言うといった調子だが、哲学の言うことはつねに
b 変わらない。

そして君は、その哲学の言うところに対して、いまになって呆れかえっているわけだ。その話がなされていたあいだ、君自身もずっとここに立ち合っていたのにね。

まあ、そういうわけだから、反駁するなら張本人の哲学をこそ反駁して、ついさっきも言っていたことだが、不正をおかすことや、不正をおかしながら罰を受けないでいることは、あらゆる災悪のなかでも最もひどいものだというのは間違っているということを証明してくれたまえ。

さもなくして、もしも君がその点を反駁されないままに残しておくようなことがあれば、エジプト人たちの神なる犬に誓って、カリクレスよ、君カリクレスという人間に首尾一貫した筋

をとおすことはけっしてできないだろうし、全生涯にわたって君自身のうちに不協和な状態がつづくことだろうよ。

だが、このぼくは、すぐれた友よ、ぼくの琴やぼくが世話をする合唱隊の調子が合わずに不
c 協和であっても、また、世の大多数の人々がぼくと意見が合わずに唱えてもかまわないが、ただ、ぼくという一人の人間が自分自身と調和せず矛盾したことを言うような状態にだけは、けっしてなりたくないと思う。

(1) アルキビアデスについては『饗宴』212d 以下を参照。

(2) ピュリランペスはプラトンの母の叔父にあたる人。その息子のデモスは当時評判の美少年であった。

38

カリクレス

ソクラテス、あなたがそうやって得意そうにまくしたてている様子は、まるでもう、正真正銘の大道演説家そっくりだね。そしてそのたいそうな雄弁ぶりは、もとをただせば、そもそもポロスが、ゴルギアスのあなたを相手としての議論のやり方はまずいといって難じておきながら、こんどは自分もそれとまったく同じはめにおちいったがためなのだ。

d というのはね、ポロスはたしかこう言ったはずだ。弁論術を学びたいと言ってゴルギアスのところにやって来る希望者が正義に関する知識をもっていなかったばあい、ゴルギアスは彼にその知識を教えるのかどうか、とあなたからたずねられたとき、教えないと言えば憤慨するのが、まあ、世間一般の人情であるため、それに気おくれして教えると答えてしまった。かくして、いったんこのことを認めてしまったがために、ゴルギアスは自分で自分の言葉に矛盾したことを言わざるをえなくなり、そして、それがまさしくあなたの思うつぼとするところなのだと、こう言ってポロスは、あのとき嘲《あざけ》ったけれども、それも、わたしのみるところでは、正当なことだった。ところが、いまや、そのご当人が、またもそれと同じめにあうことになったわけだ。

　わたしをして言わしむれば、ポロスのやり方で感心しないのは、不正を受けるよりも不正を
e 加えるほうが醜いということをあなたに容認したこと、まさにこの点である。なぜなら、この点に同意を与えたばっかりに、こんどは、彼自身が議論のなかであなたのために金縛りにされたあげく、すっかり口を封じられてしまったのだが、それというのも、彼が心に思っているとおりのことをそのまま口に出して言うのを恥じたからにほかならない。

　まったく、あなたという人は、ソクラテス、真実を追究すると称しながら、そういうところへ話をもっていって、月並みな考えで俗耳につけ入ろうとする人なのだ。あなたの議論で言わ

れていたことがらは、自然《ピュシス》本来の根拠にもとづいて立派なことなのではなくて、ただ法律習慣のうえで美風とされているだけなのだから。

ところで、その自然と法律習慣とであるが、この両者はたいていのばあい、たがいに相反するものである。だから、もし人が恥ずかしいという気持に負けて、心に思うことをそのまま口
483 に出して言う勇気をもたないならば、かならずやその人は矛盾したことを言わざるをえないはめにおちいらされる。そこにあなたは賢明にも目をつけて、そのわなを抜け目なく議論のなかに仕かけておくのだ。すなわち、人が法律習慣のうえのことを考えながら何か言うと、それを自然のうえのことがらにすりかえて質問し、相手が自然のことを言えば、こんどは法律習慣のうえのことがらにすりかえるという、これがあなたのやり口だ。

げんに、はやい話が、さっきの不正を加えることと受けることとのばあいにしても、ポロスが言ったのは、法律習慣のうえでは一方がより醜いということなのに、あなたはその言葉を追究して、自然のうえのことがらのほうへもっていった。というのは、自然本来の性格から言えば、災悪のより大きなものは、すべてそのまま、より醜いのであり、つまり、不正を身に受けることのほうが醜いのに対して法律習慣のうえでは、不正を人に加えるほうが醜いとされてい
b るのだから。じっさい、そんな、不正を甘んじて受けるなどということは、本来、一個の男子たる者にあるまじきことであって、奴隷かなにかにこそふさわしいと言うべく、そんなやつは、

生きているよりも死んだほうがましなのだ。しかり、不正を加えられ、辱しめを受けながら、われとわが身をまもることもできなければ、自分が気づかってやっている他の者を助けることもできないような徒輩は！

しかしながら、そもそも法の制定者というのは、思うに、世の大多数を占めるそういう力の弱い人間どもなのだ。だから、彼らが法を制定して、これは賞讃《しょうさん》すべきこと、これは非難すべきことなどときめて、賞《ほ》めたり咎めたりしているのは、要するに、自分たちの身の上を心配
c し、自分たちの利益をはかろうという目的からにほかならない。つまり、彼らは、人間たちのなかでも力のすぐれた人たち、自分の権利の優位を主張するだけの能力をもった人たちをおどかして、自分たちの持ち分がそういう人たちに侵されないように、欲ばるのは醜いことだ、不正なことだと言いたて、不正とはまさにそのように他人よりも多くを持とうと求めることにほかならぬと説く。思うに、自分たち自身は劣等な連中なのだから、平等の分け前さえあれば、それでじゅうぶん満足できるからだろう。

39

かくして、このような事情のために、法律習慣のうえでは、世の大多数の者たちよりも多く

持とうと求めるのは不正であり醜いことだと言われていて、またこれをしも人々は「不正行為」と名づけているのであるが、しかしわたしの思うに、自然そのものは、まさに同じそのこ
d とこそが正義なのだということを示しているのである。すなわち、すぐれた者は劣った者よりも、また、有能な者は無能な者よりも、多くを持つことこそが正しいのだと。

これがそのとおりだということを明示する事実は、いたるところにある。動物たちの世界においてもそうだし、人間たちのつくりなす全体としての国と国、種族と種族との関係においてもそうだ。いずれにおいても明らかなのは、正義とはつねにそのようにして強者が弱者を支配し、強者は弱者よりも多くを持つという仕方で判定されてきたということである。

げんに、クセルクセス(1)が軍を率いてギリシアの地を寇《おか》したのは、あるいは、その父（ダレイオス一世）がスキュティア人たちのところへ攻め入ったのは、そもそも、ほかのいかなる正義
e にもとづいてなのか。同じような例は、ほかにも枚挙のいとまがないであろう。

いや、思うに、これらの人たちのそのような行動は、正義というものの自然本来のあり方にかなったふるまいなのであり、さらに言うならば、ゼウスに誓って、法にさえもかなったものなのだ。しかり、法は法でも、それは自然の法であって、おそらく、われわれが勝手に制定するような法ではないであろう。

その法なるものによって、われわれは自分たちのなかで最もすぐれた者たち、最も力強い者

たちを、ちょうど獅子《しし》を飼いならすときのように、子供のときから手もとにひきとり、その気
484 性をしつけて型にはめこもうとする。平等をまもらなければならぬ、それが立派で正しいこと
なのだと言い聞かせながら、その呪文《じゅもん》と魔術でたぶらかして、彼らを奴隷化してしまうのだ。
しかしながら、わたしは思う、じゅうぶんな天性を授かった人間がひとたびあらわれるなら
ば、彼はこれらすべての束縛を身からふりはらい、ずたずたに引き裂き、くぐり抜けて、自由
の身となり、われわれがきめて書いておいたさまざまの規則も、数々の術策も呪文も、また、
いっさいの自然に反する法律も、すべてこれを足下に踏みにじって立ちあがり、われわれの奴
b 隷であった男は、突如、君主となってあらわれる。自然の正義が燦然《さんぜん》と輝きでるのは、このと
きだ。

そしてわたしの見るところ、ピンダロス[2]もまた、そのわたしの言っているのとまさに同じ考えを、その詩のなかで示している。すなわち、いわく――

法こそは、ものみなの王
死すべき者らの、また死することなき神たちの

しかるに、この法とは、彼の主張によると、つぎのようなものなのだ。

ものみな統《す》べるその腕《かいな》は
いかなる無理にも正義を与う
ヘラクレスの業こそ、その証しなれ

なぜならば無償にて……、とか何とか、たしかそのようなことを、彼は言っている。というのも、わたしはこの詩を完全におぼえているわけではないから。

しかしとにかく、ピンダロスがそこで言おうとしているのは、ヘラクレスが、金をはらって買ったのでもなければゲリュオネス[3]から贈り物として受けとったわけでもないのに、牛たちを
c 駆りだして引攫《ひっさら》っていってしまったという内容であって、これはつまり、牛であろうと、ほかのどんな所有物であろうと、およそ力の弱い劣った人間たちのものはすべて、力の強いすぐれた人間の所有に帰するのが自然本来の正義なのだということを意味しているのだ。

（1）ペルシア帝国の王で、在位前四八六～六五年。
（2）前五二二ころ～四四二年ころに生きた、古代ギリシアにおける代表的な抒情詩人。
（3）世界の西のはて、オケアノスの大洋のなかにあるエリュティアという島に、多くの家畜を飼って住んでいた怪物。ヘラクレスは太陽の黄金の盃に乗って大洋を渡り、この島についてゲリュオネスを殺

し、牛の群れを奪ったと伝説されている。

40

かくて、ものごとの実相は以上述べたとおりであるが、あなたもいいかげんにもう哲学から足を洗って、もっと人間の重大事に向かうならば、この真相がわかるようになるだろう。というわけは、哲学というものは、たしかに、ソクラテス、若い年ごろにほどよく触れておくだけなら、けっして悪いものではない。しかし必要以上にそれに打ち込んで時間をつぶすならば、人間をだめにしてしまうものだ。

ほかでもない、せっかくすぐれた素質にめぐまれていたとしても、その年ごろをすぎてもな
d お哲学をやっていると、ひとかどの立派な人物となって名をあげるためにぜひ心得ておかなければならないことがらを、なにひとつ知らぬ人間になりはてること必定だからだ。すなわち、そういう人間は、国家社会におこなわれているいろいろの法規にも疎くなり、公私さまざまの取り決めにあたって人と交渉するときに用いなければならぬ口上も知らなければ、人間の持ついろいろの快楽や欲望にも無経験な者となる。つまり、一口で言えば、人さまざまの性向にまるで通じていない人間ができあがることになるわけだ。

e だから、そんな人間が、公私いずれにせよ、何らかの行動に出るようなことがあれば、もの笑いのたねになるだけだろう。それはちょうど、逆に、国事にたずさわっている人々が、あなた方がふだんやっているような議論に加わるとすれば、やはりきっと笑いものになるだろうと察せられるが、それとまったく同じことだと言える。つまり、例のエウリピデスの文句が、ここでちょうどあてはまるわけである。

人それぞれの才が輝き、心はげみてめざすのは
ひねもすつとめて悔いなきは
みずからの、こよなく得手とする仕事

485 これに反して、自分が苦手とするような仕事に対しては、人はそれを避けて悪しざまにののしる。そして、もう一つの得意な仕事のほうを讃えるものだが、それもわが身かわいさのため、そうすることによって、自分で自分を賞讃しているつもりなのだ。

しかしながら、思うに、いちばん正しい態度は、そういった仕事を両方ともやってみることであろう。

哲学というものにしても、教養のための範囲内でこれを手がけるのは結構なことだし、年の

若いときに哲学をするのはけっして恥ずかしいことではない。けれども、人間がすっかりいい年になっていながらまだ哲学をつづけているとなると、これは、ソクラテス、どうも滑稽《こっけい》なことになると言わざるをえない。

b　わたしの個人的な感じを言わせてもらえれば、哲学をやっている人たちに対してわたしのいだく気持は、ちょうど、片言を言ったり子供っぽい遊戯をしたりしている人たちに対して抱く気持とひじょうによく似ている。つまり、そのような話し方がまだ似つかわしい小さな子供が片言でしゃべったり遊戯をしたりしているのを見ると、わたしはうれしくなり、いかにもかわいらしく、育ちのよさを感じ、その子の年ごろにふさわしいことだと思う。これに反して、まだ年端もいかぬちっぽけな子供がいやにはっきりした話し方をするのを聞くと、これはなにか興ざめた感じで、耳ざわりでもあるし、奴隷の身分にふさわしいものをそこに感じるのだ。他
c 方また、大の男が片言でしゃべるのを聞いたり遊戯をしているのを目にしたりするときは、まったく滑稽で、これでも一人前の男かと思い、いっそひっぱたいてやりたくもなる。

　で、わたしが哲学をやっている人たちに対して抱く感じも、これとまったく同じなのだ。つまり、若い青少年が哲学にいそしんでいるのを見れば、わたしは感心して、こうでなければならぬと思い、そういう人間にはなにか自由市民らしい、育ちのよさを感じるが、これに反して、この年ごろに哲学をやらないような人間は、自由市民らしいおおらかなところがなく、将来に

d おいてもなにひとつ立派で気高い仕事をする見込みのない者だと思う。しかしながら、いい年をしてまだ哲学にうつつを抜かしていて、いっこうにそこから足をあらわぬような男を見ると、もうそんな男は、ソクラテス、ぶんなぐってやらなければと思うのだ。

　ほかでもない、さっきも言ったように、そういう人間は、どれほど生まれつきの素質がすぐれていても、もはや一個の男子たる値打ちがなくなっているからだ。一国の中央から逃れ、詩人（ホメロス）が男子の栄誉を輝かすべき場所としてあげている広場《アゴラ》を避けて、社会の片隅に
e もぐりこみ、三、四人の若造を相手にぼそぼそとつぶやきながら余生をおくり、自由に大声で思うぞんぶん力づよい発言をすることもないとすればね。

41

　だがね、ソクラテス、このわたしは、あなたに対してかなりの好意をもっている者なのだ。されば、わたしがいま抱いている気持は、さきに触れた同じエウリピデスの作品のなかで、かのゼトスがアンピオン[1]に対して抱いていた気持とまさに同じものだと言えるかもしれない。じっさい、そのゼトスが兄に向かって言う台詞《せりふ》を、わたしもそのままあなたに向けて、こんなふうに語りかけたい気持におそわれるのだ。

486 《あなたは、ソクラテスよ、あなたは本来心にかけなければならないことをなおざりにしてい
る。そして、あたら生まれつき、それだけの気高い魂を与えられていながら、なにか子供っぽ
い格好で人目をひくようなことをしている。②何が正しいかを審議する裁きの庭で的確な発言を
自分のためにすることもできなければ、人をなるほどと納得させるようなことをつかまえるこ
ともできず、他人のために相談にのって、力づよい忠告を与えることもできぬではないか、と
ね》

しかし、親愛なるソクラテス、どうかわたしの言うことに気を悪くしないでいただきたい、
こんなことを言おうとするのも、あなたに好意をもっていればこそなのだから——あなたは、
そんな状態でいることを恥ずかしいとは思わないのだろうか。

このわたしの見るところでは、そのような状態にあるのはあなただけでなく、一般に哲学に
たえずますます深入りしていく連中はみんな同様なのだが。じっさい、かりにいまだれかが、
あなたなり、あるいは、ほかのそういった連中のだれでもよいからその一人を、何の罪もない
のに、悪いことをしたと言って逮捕し牢屋《ろうや》にひっぱって行ったとしても、さぞかしあなたは、
b なすすべもなく茫然《ぼうぜん》とし、言うべき言葉もわからぬままに、ただ大口をあけていることしかで
きないだろう。そして法廷へ出頭したならば、あなたを告発する者がどんなにつまらない、や
くざな人間だったとしても、もしその男が死刑を求刑する気になれば、あなたは死刑にされて

しまうことだろう。
とはいえ、そんなことで、いったい、どうして知恵の名に値すると言えようか、ソクラテ
ス？「天稟《てんぴん》すぐれた人間をひきとり、つまらぬ男にしてしまう術」がどうして「知」なのか。
われとわが身をまもることもできず、最大の危険から自分をも他の何人《なんぴと》をも救いだすこともで
c きずに、敵どもから全財産を残らず巻きあげられるにまかせ、あげくのはてには、一国におい
て文字どおりいっさいの権利を奪われた生活をおくるような、そんな人間にしてしまう技術が
どうして「知恵」と言えようか。
そのような人間に対しては、いささか乱暴な言い方をしてよければ、横っ面に一撃くらわせ
てもなんの咎《とが》めも受けずにすむだろう。いざ、よき友よ、わたしのすすめに従いたまえ……。
《詭弁《きべん》で人をやりこめるようなことは、もうやめたまえ》。そなたの習うべきムゥサ（ミューズ）
の技芸は実務のそれ。そなたの習いはげむべきは、そなたの思慮の誉れを高からしめるような
ことがら。《いまのような、そんな気のきいたふうなことは、他の人々にまかせるがよい》
それを馬鹿話と呼ぶべきにせよ、たわごとと呼ぶべきにせよ、《そんなことをしていれば、
いずれ、そなたの住む家は空っぽになってしまうだろうに》。
d あなたの見ならうべきは、そんな些細な議論をたねに揚げ足とって人をやりこめるような連
中でなくて、富や名声や、その他数々のよきものを兼ねそなえた人物たちなのだから。

(1) 悲劇作家エウリピデスの悲劇『アンティオペ』(最後期の作品の一つと伝えられるが、現存しない)に登場する兄弟。ゼトスは力の強い荒々しい気性の牧人、アンピオンは音楽を愛しヘルメスから贈られた琴を奏でて水の流れを感動させる名手。
(2) テクスト Dodds にしたがう。

42

ソクラテス　もしもぼくの魂が黄金でできているとしたら、カリクレスよ、金を検査してみるための試金石のなかでも特別上等なのを一つ見つけたとき、ぼくが大よろこびするだろうとは思わないかね？　ぼくは自分の魂をその石にあててためしてみたうえで、その石が魂の世話はこれでよしと、ぼくに請け合ってくれるならば、もうそれ以上ほかの試験をしてみなくても、これで自分が満足すべき状態にあるのだということがよくわかるはずなのだからね。

カリクレス　e いったい、また、何のためにそんなことをたずねるのかね、ソクラテス？

ソクラテス

いま説明してあげよう。

ぼくはね、君とこうして出会ったことは、まさに、いま言ったような幸運なめぐりあいだったと思うのだ。

カリクレス

どうして？

ソクラテス

それはね、ぼくの魂が思いなしたいろいろの見解について、君がそれでよしと同意してくれるようなものがあれば、ぼくのその考えはそのまま真理として通用するという確信がもてるからだ。

487 というのはほかでもない、ぼくは思うのだが、人が相手の魂を検査してみ、その生き方が正
しいか否かをじゅうぶん調べるためには、その人には三つの条件が必要であって、それを君は
三つとも完全にそなえている。すなわち、知識と、好意と、率直さとがそれだ。

ぼくは、いろいろとたくさんの人に出会うけれども、そういう人たちはこのぼくを吟味しう
るだけの知的能力を君のようにそなえていなかったり、あるいは、賢くはあっても、君ほどは
ぼくのことを心配してくれていないために、ほんとうのことを言ってくれようとしなかったり
b なのだ。また、ここにいる二人の客人、ゴルギアスとポロスとは、なるほどご両人とも知者で

はあるし、ぼくに好意をもってくれてもいるのだが、ただ、ざっくばらんになんでも話すという点がすこしたりなくて、必要以上に気弱で遠慮ぶかいところがある。どうしてそうでないと言えよう？　なにしろ、このお二人はあまりの気弱さのあげく、二人が二人ともそれぞれに、その気おくれゆえに大胆にも、大勢の人を前にして自分で自分の言葉に矛盾したことをあえて言う結果となったほどなのだからね。それも、ことは最も重大な問題に関するというのに。

だが、君はちがう。君には、ほかの人たちが持っていないこうした点が、すべてそなわっている。すなわち、まず君の受けた教育がじゅうぶんなものだということは、多くのアテナイ人が認めるところであろう。それにまた、このぼくに対して好意的でもある。

c どんな証拠があるかって？　よろしい、話してあげよう。じつはね、カリクレス、ぼくは、君たち四人が集まって知恵の仲間をつくっているのを知っているのだ。君と、アピドナイ区の[1]テイサンドロスと、アンドロティオンの子アンドロンと、コラルゲイス区のナウシュキデスとがね。それで、いつだったか、ぼくは、君たちがどの程度まで知恵を修める（哲学する）べきかという点について相談しあっているのを立ち聞きしたことがある。ぼくは知っているが、そのとき君たちのあいだで支配的だった意見は、あまり哲学に熱心になってこまかい議論にまで
d 深入りするのはよくないということだった。必要以上にそういう知恵が発達しすぎて知らぬまに人間がだめになってしまうということのないように、たがいによく注意しようと、君たちは

忠告しあっていたようだね。だからいま、君が自分自身のいちばん親しい仲間に対するのとまったく同じ忠告をこのぼくにもしてくれるのを聞くわけなのだから、これはもう、君が間違いなくぼくに好意をもってくれているという事実を証明してあまりあるだろう。

さらにもう一つ、君がなんでも腹蔵なく口に出しても、けっして羞恥《しゅうち》や気おくれのない人間だということは、げんに君が自分で主張しているところでもあるし、また、すこしまえの君の話しぶりもまさにその君の言葉を裏書きするものであった。

e

かくして、こうした点に関連して、いまや明らかに、つぎのようなことが言えるわけだ。つまり、もし議論のなかで君が同意を与えてくれる点がなにかあるならば、そのことがらはもうそれで、じゅうぶんに君とぼくによって吟味しつくされたものと見なされようし、もはやそれ以上、ほかの試金石にかけてためしてみる必要はないことになるだろう。なぜなら、ほかならぬ君がそのことがらを認めたのであれば、君にその承認をなさしめたのは知恵の不足でも羞恥の過剰でもありえないし、さらにはまた、君がぼくを騙《だま》そうとして、そうするはずもないのだから。君がぼくに好意をもってくれていることは君自身が請け合っているところなのだからね。

したがって、ぼくと君とのあいだに意見の一致が見られたという事実は、それだけですでに、ぼくたちは間違いなく完全に真理に到達したことを示すものであろう。

ところで、カリクレス、君がさっきぼくを叱《しか》ったことがらであるが、およそ考察の主題とし

て、これほど望ましいものはありえないだろう。すなわち、その問題とは、男子たるものは、
488 年をとってからでも若いあいだでも、どのような人間でなければならないか、また、どのよう
な仕事にどの程度までたずさわるべきか、ということである。
　ぼくについて言えば、もしもこのぼくが自分の生き方についてなにか間違ったことをしてい
る点があるとすれば、その過ちはけっして自分から故意におかしているのではなく、ただひと
えに、ぼくの無知のためだということをよく承知してもらいたい。だから、君としては、ぼく
を諭しはじめたその調子を最後までやめることなく、ぼくが従事しなければならないのはどん
な仕事か、また、どうすればそれを身につけることができるかを、じゅうぶんよくわかるよう
に明示してくれないだろうか。それで、もしもぼくが、いま君に同意しておきながら、あとに
なってその同意したとおりにふるまっていないのを君に見つかるようなことになったなら、ど
b うか、そのときは、ぼくという人間はよくよくの馬鹿者だと考えてくれたまえ。そして、もう
それからは、絶対にぼくを諭すようなことはしないでくれたまえ。何のとりえもない男と見な
してもらってかまわないのだから。
　では、すまないが、もう一度はじめから、問題の「自然にかなった正義」とは、君ならびに
ピンダロスの主張するところによればどのようなものなのか、くりかえして言ってくれないか。
それは、強者が弱者のものを力ずくでもちさり、優者が劣者を支配し、卓越した者がつまらぬ

者よりも多くを持つということなのかね？　君が「正義」と言うのは、もっとなにか別のことなのだろうか、それとも、ぼくの記憶はこれで正しいだろうか。

カリクレス　いや、わたしが言ったのはそのとおりのことだし、いまもその主張に変わりはない。

（1）これらの人物については詳細不明。

43

ソクラテス　ところで、そのばあい、君が「優者」と呼んでいるのと「強者」と呼んでいるのとは、同じ
c 人間のことなのだろうか。じつは、あのときにも、君の言おうとする意味がよくつかめなかったのでね。

君が「強い」と呼ぶのは力のある人々のことであり、そして、力のない人々が力のある人々に服従しなければならないというわけなのかね？　さっき君が指摘していたことがらのばあいにも、どうも君は、そんなふうな意味に言葉を使っていたように思うのだが。

つまり、君の指摘するところによれば、大国は自然の正義に従って小国を侵攻する、なぜな

ら大国は小国よりも強くて力があるのだから、ということだったが、これは、「より強い」と「より力がある」と「よりすぐれている」とがいずれも同じであるという意味にとれるからね。それとも、よりすぐれてはいるけれどもより弱小であったり、より強くはあるけれどもより劣悪であったりすることも、ありうるのだろうか。あるいは、そうではなく、「よりすぐれてい
d
る」ということと「より強い」ということとの定義は同じなのだろうか。まさにこの点を、どうか、はっきりと規定してくれたまえ。「より強い」というのと、「よりすぐれている」というのと、「より力がある」というのとは、同じ意味なのかね、それとも違うのかね？

カリクレス　よろしい、はっきりと言っておこう。それは同じ意味なのだ。

ソクラテス　それでは、多数の人間はただ一人の人間よりも、自然本来において、より強いのではないか。そして、まさにその多数の人間こそが一人に対抗して法を制定するということは、君もさっき言っていたところだね？

カリクレス　そうだとも。

ソクラテス

すると、大勢の者がきめる法規は、とりもなおさず、より強い人々のきめる法規だということになるね？

カリクレス　たしかに。

ソクラテス
e　だからまた、よりすぐれた人々の法規でもあるわけだね？　なぜなら、より強い人々というのは、君の言によると、よりすぐれた人々であるはずだから。①

カリクレス　そう。

ソクラテス　それなら、そういう人々のきめた法規は自然本来において立派なものだということにならないかね？　いやしくも、強者のきめたことなのだから。

カリクレス　認める。

ソクラテス　ところで、その多数者はどのような考えを掟《おきて》としてきめるかといえば、これもまた、君がさ

489 っき言っていたように、平等をまもるのが正義であり、不正を人に加えるのは自分が不正を受けるよりも醜いことだという考えではないか。どうかね、そうでないのかね？

まあ、よく気をつけて、こんどは君がここで、羞恥や気おくれのためにぼくの術中におちいることのないようにしてくれたまえ。多数者はそう考えるのかね、考えないのかね？　つまり、平等の分け前をまもることこそが正義であって、人のものを侵すことがそうなのではない、また、不正を加えるのは受けるよりも醜いことなのだ、と。さあ、答えをしぶるなかれ、カリクレス！　君がもし同意を与えてくれるならば、それはじゅうぶんな具眼の士から与えられた同意なのだから、ぼくの考えは君によってすでにすっかり確証ずみということになるだろうから。

カリクレス　いかにも、それが多数者の考えることだ。

ソクラテス

b してみると、不正を人に加えるのは自分が不正を受けるよりも醜いことだとか、また、平等をまもるのが正しいとかいうことは、ただ法律習慣のうえのことだけだなどと言って、すますわけにはいかなくなるね。それはまた、自然本来においてもそうなのだということになる。そうなると、どうやら、君がさきに言っていたことはほんとうではなく、また、ぼくに対する非難もあたっていなかったことになるようだね。君の言うところによると、法律習慣と自然とはたがいに相反するものであり、まさにその点を見てとったぼくは、議論のなかで悪賢くそれを利用して、人が自然的な面について言えば法律習慣のほうに話をもっていくし、逆に、相手が法律習慣の面のことについて言えば自然的なことがらのほうへ話をすりかえたということだったが。

（1）テクスト Dodds にしたがう。

44

カリクレス

この人ときたら、いつまでたっても、つまらぬたわごとをやめるときはないのだろう！ あなたにうかがいたいが、ソクラテス、そんないい年をしていながら言葉尻をつかまえることばかりに汲々《きゅうきゅう》としていて、あたたはいったい恥ずかしくないのかね？ 人がちょっと表現の仕
c 方を間違えれば、それをもっけの幸いと喜ぶようなまねをしていて！

いまだって、わたしが「より強い」と言うことによって、「よりすぐれている」ということ以外の、何か別のことを意味していると思っているのかね？ わたしはずっとまえからちゃんと、「より強い」というのと「よりすぐれている」というのは同じであると主張するのだと、

あなたに言っているではないか。それともあなたは、わたしの言う意味を、奴隷その他、たぶん肉体的に頑強だろうというほかは何のとりえもない連中がかき集められて烏合《うごう》の衆をなしているとき、そんな人間どもが何か主張すればそれがそのまま法規となるというようなことだとでも、思っているのかね？

ソクラテス　よしわかった、世にも賢きカリクレスよ、君の言わんとするところは、そういうことなのだね？

カリクレス　そうだとも。

ソクラテス　d いや、じつは、君、ぼく自身もずっとまえから、君が「より強い」と言うのはそのような意味ではないだろうかと、見当はつけていたのだよ。それをあらためてしつこくたずねるのは、君が言おうとしていることをはっきり知りたいと思う気持が強いからなのだ。たんに人が二人寄ったからといって、それで一人の人間よりもすぐれているとか、また、君の奴隷たちが君よりも体力が強いからという理由で君よりもすぐれているなどとは、もとより君が考えるはずもないからね。

さあ、それでは、もう一度、はじめから言ってみてくれたまえ。君の言う「よりすぐれた人々」とは、「力の強い」という意味ではないとすると、いったい、どのような意味なのかね？

それに、願わくば、お偉い先生よ、もうすこしぼくをお手やわらかに指導してもらいたいものだ。そうでないと、君の講義に出席するのをあきらめなければならなくなるからね。

カリクレス

e 皮肉を言うね、ソクラテス。

ソクラテス

ゼトスに誓って、皮肉などとは、とんでもない、カリクレス。君こそ、さっきはそのゼトスにかこつけて、さんざんぼくに向かって皮肉を言っていたではないか（485e以下）。それより、さあ、言ってくれたまえ。君の言う「よりすぐれた人々」とはどのような人々のことなのかね？

カリクレス

より卓越した人々のことだ。

ソクラテス

ほらごらん、君自身、言葉をあれこれと変えて言うだけで、その内容については何も明らかにしてくれないではないか。それならひとつ、この点を言ってくれるつもりはないかね？「優者」とか「強者」とか君の言うのは、より思慮のある人々という意味なのか、それとも、なにかもっと別の意味なのか？

カリクレス

いや、ゼウスに誓って、それこそわたしの言おうとする意味だ。まさにそうだとも。

ソクラテス

490 そうすると、君の説によれば、一人でも思慮ぶかくさえあれば、思慮なき者が千万人寄り集まるのよりも強いというばあいもしばしばありうることであって、そういう思慮ぶかい人こそが後者のような連中の上に君臨して支配すべきであり、支配者の持ち分は被支配者の持ち分より多くあるべきだと、こういうことになるわけだね？　一人よく万人にまさるというのであれば、君が言いたいと思っている意味はこれ以外にないような気がするからね。いいかね、ぼくはべつに、君の言葉尻だけを追いかけているのではないのだよ。

カリクレス

そう、それがわたしの言おうとしていることだ。つまり、わたしの見解によれば、自然の正義とはまさにそのこと、つまり、よりすぐれた人間、より思慮のある人間であれば、凡庸な連中を支配し彼らよりも多くのものを持つということにほかならないのだから。

45

ソクラテス　そこで、ちょっと待ってくれたまえ。そのことはまた、どういう意味で君は言っているのだろう?

b　かりにわれわれが、ちょうど現在こうしているように、同じ場所に大勢で集まっていて、共有の飲食物がたくさんわれわれに与えられてあるとしよう。そしてわれわれは、種々さまざまの人間の集まりだとしよう。体力の強い者もいれば弱い者もいる。ただ、そうしたわれわれのなかに医者が一人いて、飲食物については他の者よりも思慮がある人間だとしよう。しかし他方、体力の強い弱いという点から言えば、当然のことながら、その医者は、ある人たちよりは強く、ある人たちよりは弱いわけだ。そこで、このようなばあい、その医者は、こと飲食物に関しては、われわれよりも思慮があるのだから、したがって、われわれよりすぐれた人間であり強い人間だということになるだろうね?

カリクレス　いかにも。

ソクラテス

c では、はたして彼は、よりすぐれた人間だからという理由で、そこにある食物をわれわれほかの者よりも余計にとるべきだろうか。それとも、支配者の資格で全部を分配する仕事は、たしかに彼が引き受けなければならないにしても、それらの飲食物を消費して自分の身体のために使うという点においては、もし害を受けないようにしようと思えば、彼は当然、欲ばるべきではなく、ある人々よりは多く、ある人々よりは少なく取るべきではないだろうか。そして、たまたま彼が、みんなのなかでいちばん体力が弱かったとしたら、彼は最もすぐれた人間でありながら、みんなのなかで最も少ししか分け前にあずかれないことになるのではないか、カリクレス？　そうはならないかね、君？

カリクレス

d あなたの話に出てくるのは、食べ物だとか、飲み物だとか、医者だとか、くだらぬものばかりだ。わたしはそんなものについて話しているのではない。

ソクラテス

だが、君が「よりすぐれた人」と言うのは「より思慮のある人」のことではないのかね？　これは認めるかね、認めないかね？

カリクレス

それは、たしかに認める。

ソクラテス
それなら、よりすぐれた人はより多くもつべきだということは？
カリクレス
いかにも認めるが、それは食べ物や飲み物のことではない。
ソクラテス
わかった。それでは、きっと、着物のことなのだろうね？　そして、機織りに最も秀《ひい》でた者はいちばん大きな着物をもつべきであり、だれよりも立派な着物をだれよりもたくさん着こんで、そこらを歩きまわらなければならないというのだろうね？
カリクレス
なにが着物だ！
ソクラテス
e でなければ、むろん履物のことだろう。履物に関して最も思慮あり最もすぐれた者は人よりも余計にもつべきだと、そう言うのだろう。きっと、靴屋がだれよりも大きな履物をだれよりもたくさん履いて、そこらへんを闊歩《かっぽ》すべきなのだろうね？
カリクレス
履物？　なにをくだらぬことばかり！

ソクラテス
では、君の言うのは、そういったことではないとすれば、たぶん、つぎのようなことかもしれない。土地についてふかい思慮をもった、ひとかどの立派な農夫がいるとしたら、この農夫こそ、おそらく、人よりも余計に種子をもつべきであり、そして、自分の土地のためにできるだけたくさんの種子を使うべきだと、こういうのだろう？

カリクレス
よくもまあ、いつまでもそう同じことばかり言えるものだね、ソクラテス！

ソクラテス
そう、カリクレス、話す内容も同じなら、話題そのものも同じだというわけさ。

カリクレス
491 神々に誓って、まさにそのとおりだとも！　まったく、あなたという人は、いつもいつも、やれ靴屋がどうの、洗い張り屋がどうの、肉屋がどうの、医者がどうのといった話ばかりしていて、いっこうにやめようとしない。まるでわれわれの議論の問題点はそうした連中にあると言わんばかりにね。

ソクラテス
それなら、君のほうで、どういう人々のことを問題にすればよいのか、言ってくれなければ。①

より強くて思慮のある人間は、いったい何を人よりも多くもてばその多くもつことが正義となるのかね？　それとも君は、ぼくが案を出しても受けつけようとせず、さりとて、自分からすすんで言ってくれようともしないのかね？

カリクレス

いや、わたしのほうに関するかぎり、もうずっとまえから言っているはずだ。まず、人より
b もたちまさった人間とはどのような人たちかと言えば、それは、靴屋でもなければ肉屋でもなく、国家《ポリス》公共のことがらに関して思慮をもち、いかにすれば一国をよく治めることができるかをわきまえた人たちのことだ。またさらに、ただ思慮においてすぐれているだけでなく勇気をもあわせそなえた人たち、自分の思いついた構想を何でも最後までなしとげるだけの実行力をもち、精神の柔弱さのために途中でくじけてしまうようなことのない、男らしい人たちのことだ。

（1）テクストは Dodds の提案する読み方にしたがう。

46

ソクラテス

わかるかね、世にもすぐれたカリクレスよ、君がぼくに対して非難することがらと、ぼくが君に対して非難することがらとは、どれほどちがっているかを？　というのは、君は、ぼくがいつも同じ話ばかりすると言って、それでぼくを咎めるけれども、ぼくのほうは、それと正反対のことで君を咎めなければならないのだからね。

c すなわち、君は同じことがらについて一度たりとも同じ意見を述べることがない。「優者」や「強者」を規定するのに、あるときには「力の強い人たち」のことだと言ったかと思うと、つぎにはそれを「思慮のある人たち」のことだと規定し、いまはいまで、またもやちがった考えをもちだすしまつだ。「強者」「優者」とは、こんどは、勇気のある人たちだと君によって言われているわけだからね。さあ、お願いだから君、もうこのへんできりをつけるために、君の言う「優者」や「強者」とは、いったい、どのような人たちのことであり、また、何に関してすぐれた人たちなのかを、ちゃんと言ってくれたまえ。

カリクレス

いや、わたしとしては、もうすっかり言いつくしているはず。それは、国家公共のことがらに関して思慮をもち、勇気のある人たちのことだ、と。じじつ、そういう人たちこそは本来、
d その国々を支配するのにふさわしい人たちであるし、そして正義とは、まさしくそういう人たちが他の者たちよりも、すなわち、支配者が被支配者よりも、多くをもつことにほかならない。

ソクラテス
ところで、自分自身に対してはどうなのかね、君？

カリクレス
いったいぜんたい、何のことだね①？

ソクラテス
支配するのかね、それとも、支配されるのかね？

カリクレス
というと？

ソクラテス
君の言うような人たちの一人一人がそれぞれ自分で自分を支配するのかどうか、という意味だ。それとも、そんなことは、自分自身を支配するというようなことは、ぜんぜん不必要であって、ただ、他人を支配すればそれでよいのかね？

カリクレス
「自分自身を支配する」とは、どんな意味で言っているのかね？

ソクラテス
何もめんどうなことを言っているのではないよ。世の多くの人々が言うような意味で、節制

e してよく己れに克《か》ち、自分のうちにあるもろもろの快楽や欲望を支配する者のことだ。

カリクレス
これはこれは、なんとあなたも愉快な人だ。まぬけなお人よしを称して節制家とは！

ソクラテス
どうして？　ぼくの言っているのがそんなことではないということぐらい、だれにでもわかるはずだが。

カリクレス
ところが、大いにそうなのだ、ソクラテス。人間およそ何者に対してであれ、奴隷として仕えながら、いったい、どうして幸福であることができようか。いやいや、自然本来における美や正義とは、こういうことだ。それをいま、このわたしが、包むところなくはっきりと言って聞かせよう。

すなわち、人は、正しい生き方をするためには、自分自身の欲望を抑制するようなことはし
492 ないで、これを最大限にゆるしてやり、そして、勇気と思慮をもってその最大限にのばしたも
ろもろの欲望にじゅうぶん奉仕し、欲望の求めるものがあれば何でも、そのときそのときに、
これを充足させてやるだけの力をもたなければならぬ。しかしながら、けだしこのようなこと
は、とても世の大衆のなしうるところではない。そこで、彼ら大衆は、それにひけ目を感じる

がゆえに、こうした能力ある人たちに非難の矢を向けるのであるが、これも、つまりは、おのれの無能力をおおい隠そうという魂胆にほかならぬ。そして口を開けば、放埒は醜いことだと主張して、さきの話のなかでわたしが言ったように、生まれつきすぐれた素質をもつ人たちを抑えつけ奴隷化しようとするわけだ。そしてまた、自分たちは快楽に満足を与えることができ
b ないものだから、しきりと「節制」や「正義」を賞めたたえるけれども、それは要するに、自分たち自身に意気地《いくじ》がないからなのだ。

なぜなら、考えてもみよ。もともとはじめから王子の身分に生まれたような人たち、あるいは、みずからのもって生まれた素質によって独裁君主の位につくとか、権勢ある地位を獲得するとかして、何らかの支配権をわがものとするだけの力をもっている人たち、そういう人たちにとっては、ほんとうのところ、およそ「節制」や「正義」ほどに醜く害になるものが何かあるだろうか。そういう人たちには数々の善きものを享受することがゆるされていて、妨げるも
c のは何もないのに、こちらからすすんで世人大衆の法律や言論や非難などを自分たちの主人として迎え入れねばならぬというのか。そうした人たちが、正義や節制と称するあの結構なしろものに従うならば、そしてそのおかげで、自分の味方の者たちのために、敵どもに与えるよりも何一つとして多くのものを分けてやることができないとしたら、どうして惨めにならずにいられようか？　それも、支配者として自分自身の国に君臨していながら、そんな無能者でいな

ければならぬとしたら！

いや、ソクラテス、あなたは真実を追究していると称しているが、よろしい、それなら、そのありのままの真実とは、こうなのだ。すなわち、傲《おご》りと、放埓と、自由とが、ひとたびそれを裏づける力を獲得するとき、それこそが人間の徳というものであり、幸福にほかならないのであって、それ以外の、あのお上品ぶったいろいろの飾り、自然に反した人間のあいだの約束ごとなどは、馬鹿げたたわごとにすぎず、なんの価値もないものだ。

（1）この前後はテクストDoddsにしたがう。

47

ソクラテス

d　まことに堂々と、カリクレス、君は議論を徹底させ、率直に披瀝《ひれき》してくれる。じっさい、ほかの人たちなら、心には思っていても口に出してはなかなか言いたがらないようなことを、君はいま、あからさまにぶちまけてくれているのだから。

しからば、ぼくからも君にお願いしておこう。いかなることがあっても、その追究の手をゆるめないようにしてくれと。人はいかに生くべきかということがほんとうに明らかになるためにね。

では、どうか言ってくれたまえ。君の主張によれば、人間本来のあり方にかなったような者になろうとするならば、もろもろの欲望を抑制すべきではなく、できるだけ大きくなるままにゆるしてやって、なんとしてでもそれに満足を与える途《みち》を考えてやらなければならぬ、そして
e まさにそれが人間の徳性にほかならぬと、こう言うのだね？

カリクレス

いかにも、それがわたしの主張するところだ。

ソクラテス

そうすると、何ものも必要としないような人たちが幸福なのだと言われているのは、あれは間違っているわけだね？

カリクレス

もしそうとしたら、石や死人たちがいちばん幸福だということになるだろうからね。

ソクラテス

しかしね、君の言うとおりだとしたら、生とは恐ろしいものではないか。というのは、じっさい、ぼくとしては、エウリピデスがつぎの詩句のなかで言っていることがほんとうのことだったとしても、それほど驚きはしないだろう。

だれが知ろう、この世の生は死にほかならず
死こそまことの生でないかを

493 そして、われわれはおそらく、ほんとうは死んでいるのだとしてもね。じじつ、ぼくはこれまでに、それを裏づけるような話を、一人の賢者から聞いたこともあるのだから。つまり、その賢者の話してくれたところによると、われわれの現在の生はじつは死なのであり、肉体《ソーマ》とはわれわれにとって墓《セーマ》にほかならず、また、魂のなかのいろいろの欲望が住みついている部分は誘惑されやすく、あれこれと変動しやすい性格のものだという。そして、ある気のきいた男が、たぶんシケリアかイタリアの人だろうが、とにかくその男が、人間の魂のそこの部分を、それが口説かれ《ピタノン》やすく信じやすいというところから、名前をもじって「甕《ピトス》」と名づけ、また、
b 愚かな人《アノエトス》たちを「アミュエトス」(秘儀によって浄《きよ》められぬ人たち)と呼び、さらに、そうした愚かな人たちの魂のなかのいろいろの欲望が宿っている部分については、その放埒さとしまりのなさを見てとり、これを「穴のあいた甕《かめ》」と称して、いつもそれが満たされないでいるありさまを比喩《ひゆ》的に表現したということである。

かくして、この命名者が示そうとするところは、カリクレス、ちょうど君の意見と正反対の

ことだ。すなわち、ハデス——見えざるところ（アイデス）という意味だが——そのハデスの
国（冥界）にいる者たちのなかでも、このような、秘儀によって浄められていない人たちこそ
が、いちばん惨めであり、彼らは穴のあいた甕のなかへ同じように穴のあいた別の容器、つま
り篩《ふるい》で水を運びつづけるのだということを示そうとしているのだ。ぼくにこの話全体を聞かせ
c てくれた例の賢者の言うところでは、この命名者が「篩」と言うのは、魂のことなのだ。そし
て、愚かな人たちの魂が篩にたとえられたというのも、そうした魂は、信念がないのと、忘れ
っぽいのとで、何ごともしっかりと自分のなかにもちこたえることができないから、穴だらけ
な状態にあると見なされたためにほかならないということである。
　これらの話にいくらか奇妙に聞こえる点があるということは、じゅうぶん認めなければなら
ない。しかし、この話は、ぼくが君に証明しようと思っていることがらを、明らかにしている。
ぼくは、なんとかできるものなら、それを証明することによって、君を説いて、考えを変えて
もらい、満ちたりることを知らぬ放埒な生活のかわりに、秩序をもち、そのときどきに与えら
れているもので満足して、それ以上を求めないような生活のほうを、君に選んでもらいたいの
だが。
d 　しかしはたして、君は、ぼくの説得によって方針を変え、秩序ある人たちのほうが放埒気ま
まな人たちよりも幸福だと考えるようになってくれるだろうか。それとも、いくらぼくがこう

した物語をほかにたくさんしてみたところで、君の考えはそれによっていささかも変わるところがないのだろうか。

カリクレス そう、あとで言ったほうがほんとうだろうね、ソクラテス。

48

ソクラテス よし、それなら、いまのと同じ学派から考えを借りて、もう一つ、別の譬《たと》えを君に話してみよう。問題の二つの生き方、秩序ある生活と放埒な生き方のそれぞれについて、つぎのように言うことを君は認めるかどうか、まあ、考えてみてくれたまえ。

e いまここにAとBの二人の人間がいて、二人ともそれぞれ、たくさんの甕を持っているとしよう。Aの人が持っている甕はいずれも傷のない健全なもので、その一つには酒、一つには蜜《みつ》、一つには乳というようにして、そのほかたくさんの甕がそれぞれいろいろのもので満たされている。ただ、こういったいろいろの液体の、一つ一つの補給源はめったにないうえに、近よりがたく、それを手に入れるためにはさんざん困難な苦労をしなければならないものとしよう。

さて、Aの人は、いちど甕を満たしてしまえば、あとはもう、注ぎ入れることもしなければ、
それに気をつかうということもなく、こうした点に関しては平静な落ち着きを保っている。こ
れに対してBの人のばあい、補給源に関しては、いちおう補給可能ながら困難な仕事であると
いうAの人と同じ条件にあるけれども、ただ、それを入れる容器のほうが穴のあいた傷ものば
494 かりであって、ために彼は、夜となく昼となく、たえずそれを満たす仕事をつづけていなけれ
ばならない。そうしないと、極度の苦痛を味わうことになるのだ。

はたして君は、それぞれの生活がこのようなものであるとしたら、放埒な人の生活のほうが秩序ある人の生活よりも幸福だと言うだろうか。どうだね、こんなふうに言えば、いくらか君を説得して、秩序ある生活のほうが放埒な生活よりも善いということを承認させることになるだろうか。それとも、まだ説得するにはいたらないだろうか。

カリクレス

その説得は効を奏さないね、ソクラテス。なぜといって、自分の甕が満たされた第一の男に
とっては、もはや、何の快楽もありえないわけだからね。これこそまさに、さっきわたしの言
ったような、石に似た生き方というものだ。なにしろ、いったん満たされてしまったのちは、
b もはや喜びも苦しみもなしに生きるのだから。いや、快く生きるということは、できるだけた
くさん「流れこむ」という、まさにそのことのなかにあるのだ。

ソクラテス たくさん流れこむとすれば、当然の理として、出ていくほうもまた、たくさんでなければならないし、流れでるための穴も、やはり、なにか大きなものでなければならないわけだね？

カリクレス たしかにそのとおりだ。

ソクラテス こんどは、なんだが、君の言う生き方は、カラドリオン[1]の生活を思わせるね。なるほど、死人や、石のように生きるのとは、たいした違いだ。では、ひとつ、言ってみてくれたまえ。そのような生き方について君が念頭においているのは、たとえば、腹がへることや、また、空腹のときにものを食べることなどだろうね？

カリクレス いかにも。

c **ソクラテス** それから、喉《のど》が渇くことや、渇いているときに飲むことなども、そうだね？

カリクレス そうだ。また、そのほかのおよそありとあらゆる欲望をもち、それらをのこらず満たすことができて、それによって喜びを感じながら幸福に生きるということを言っているのだ。

（1） 千鳥科に属する貪欲な鳥。

49

ソクラテス よくぞ言ってくれた、すばらしい友よ。どうか、そういうふうに、最初はじめたときの調子を最後までつづけてくれたまえ。恥ずかしいと思ったりするのは禁物だ。しかしどうやら、そう言うぼくのほうも、恥ずかしいのを我慢しなければならなくなったようだ。

まず手はじめに聞くが、人が疥癬《かいせん》にかかって、かゆくてたまらず、思うぞんぶんいくらでも掻《か》くことができるので、掻きつづけながら一生をすごすとしたら、これもまた幸福に生きることだと言えるのかね？

カリクレス
d なんとも突拍子もないことを言う人だね、ソクラテス。まったく、大道演説家そのままだ！

ソクラテス じっさい、それだからこそ、カリクレスよ、ポロスとゴルギアスはぼくのためにすっかり度《ど》肝《ぎも》を抜かれて、恥ずかしくなってしまったわけなのだ。だが、君ならよもや、ものに動じるようなことはないだろうし、恥ずかしくなることもないだろう。なにしろ、君は勇気のある人だからね。

さあ、とにかく、ぼくの質問に答えてくれたまえ。

カリクレス

では、やむをえぬ。そういうふうに掻きながら生をおくる者も、やはり快く生きることになるだろう、と言っておく。

ソクラテス

快い生ならば、幸福な生でもあるだろうね？

カリクレス

いかにも。

ソクラテス

e それは、ただ頭だけがかゆいというばあいなのだろうか……。それとも、まだ何か、質問をつづけるべきだろうか？

さあ、カリクレス、君はなんと答えるかね、もしだれかが君に、これにつながるあらゆる問いを片っぱしからつぎつぎとたずねていったとしたら？　そして、こういったようなことがらの究極には男娼《だんしょう》たちの生活というものが考えられるが、そんな生活こそはまさに恐るべきものであり、恥ずべきものであり、惨めな生活ではないだろうか。それとも君は、そういう人たちでさえも、欲求するものがぞんぶんにかなえられるならば幸福であると言う勇気があるのかね？

カリクレス そんないかがわしいことへ話をもっていって、ソクラテス、あなたは恥ずかしいとは思わないのか。

ソクラテス いったい、こんなところへ話をもってきたのは、このぼくなのかね、高貴な友よ？ それとも、それは、ただ何でもかんでも喜びを感じるものでありさえすれば、それがどんな喜び方であろうとも、幸福なのだと言ってすましていて、いろいろの快楽のなかでもどれが善い快楽で、どれが悪い快楽であるかを、いっこうに区別しようとしない男なのかね？ 495
さあ、いまからでも遅くはないから、言ってくれたまえ。君は、快と善とはまったく同じものだと主張するのかね、それとも、快楽のなかには善からぬ快楽もあると主張するのかね？

カリクレス では、快と善とが別のものであると言ってわたしの説が首尾一貫しなくなると困るから、まあ、両者は同じものだと主張しておこう。

ソクラテス そんなことでは、カリクレス、はじめの約束を裏切るというものだ。そして君はもう、ぼくといっしょにものごとの真相を徹底的にしらべることができないことになるだろう。かりにも君が自分でほんとうにこうと思ったことがらに反することを言うようではね。

カリクレス そういうあなたも、そうしているではないか、ソクラテス。

b

ソクラテス それならぼくのほうも、もしほんとうにそうしているのなら、君と同じように、正しいやり方ではないということになる。しかしまあ、君、よく注意して考えてみてくれたまえ。何がなんでも楽しみさえすればそれが無差別に善いことだとは、おそらく言えないのではあるまいか。なぜなら、それがそのとおりだとすると、そこからの帰結として、さっきほのめかされたような、ああいう多くのいかがわしいことがらが、ほかにもまだ、いろいろとたくさん出てくるのは明らかだからね。

カリクレス と、まあ、あなたは思うわけだ、ソクラテス。

ソクラテス　しかし、君はほんとうに、カリクレス、そんなことをあくまで頑強に主張しつづけるつもりかね？

カリクレス　そうだとも。

50

ソクラテス　c すると、ぼくたちは、君が本気でそう言っているものと解して、議論にはいってもよいわけだね？

カリクレス　いいとも、大いにそうしてもらおう。

ソクラテス　さあ、それでは、君がそうしてもよいと思うのであれば、つぎのような区別について、ぼくに答えてくれたまえ。知識というものがあることを、君は認めるだろうね？

カリクレス
いかにも。
ソクラテス
そして、知識とともに勇気というものがあると、君はさっき言っていたね？
カリクレス
たしかに、そう言っていた。
ソクラテス
そのばあい、君は、勇気と知識とは別のものであると考えて、とくにそれら二つのものの名をあげたのだろうね？
カリクレス
たしかにそのとおりだ。
ソクラテス
では、どうだろう、快楽と知識とは？　君はこの両者を同じものと言うかね、別のものと言うかね？
d
カリクレス
むろん、別のものだろうね、世にも賢いお方よ。

ソクラテス では、勇気もやはり、快楽とは別のものかね？

カリクレス 言わずと知れたこと。

ソクラテス さあ、それでは、これらのことをよく記憶にとどめておかなければ。アカルナイ区の人カリクレスは快と善とを同じものであるとなし、他方、知識と勇気とはたがいに別のものであり、また、善とも別のものであると主張した、とね。

カリクレス しかるにその点は、アロペケ区の人ソクラテスの同意せざるところなり、と。それとも同意するだろうか。

ソクラテス いや、彼は同意しないね。また、思うに、カリクレスにしても、一度自分で自分自身をしかるべく観察してみるならば、同意しなくなるだろう。そのためにまず、ぼくに答えてくれたまえ。
e
善い状態にある（幸福な）人たちと悪い状態にある（不幸な）人たちとは反対の状態を経験していると考えないかね？

カリクレス そう考える。

ソクラテス では、その両者がたがいに反対の状態であるとすると、ちょうど健康と病気のばあいについて言えるのと同じ関係が、それらのものどうしのあいだにもやはりなりたたなければならないはずだね？ つまり、人間は健康でありながら同時にまた病気であるということはむろんないはずだし、また、健康からも病気からも同時に離れるということもないはずだろう？

カリクレス それは、どういう意味かね？

ソクラテス 496 たとえば、身体のどの部分でもよいから、そこだけをとりあげて考えてみるがよい。人は眼炎と呼ばれる眼の病いにかかることがあるだろう？

カリクレス むろん。

ソクラテス そのばあい、その同じ眼が同時に健康でもあるなどということは、ありえないだろうね？

カリクレス　絶対に。

ソクラテス　では、その人が眼炎から解放されるばあいはどうだろう？　その同じときに眼の健康からも離れて、結局、両方の状態から同時に離れてしまうということが、はたしてあるだろうか。

カリクレス　いや、けっして。

b **ソクラテス**　けだし、もしそうとすれば、不可思議で理屈にあわぬことになるだろうからね。そうだろう？

カリクレス　まったく。

ソクラテス　じっさいはそうではなくて、思うに、人はその両方の状態をそれぞれ交互に得たり失ったりするのだね？

カリクレス

そうだ。

ソクラテス　強さと弱さについても、同じことが言えるのではないか。

カリクレス　そう。

ソクラテス　早さと遅さもそうだね？

カリクレス　たしかに。

ソクラテス　そして人は、善や幸福と、これに対立する悪や不幸についても、同じように、交互にどちらか一方をつかみ、交互にどちらか一方から離れるのではないか。

カリクレス　間違いなくそうだ。

c
ソクラテス　そうすると、人が同時にそれから解放されたり、同時にそれをもったりするようなものが何か見いだされるとしたら、すくなくともそれらのものは善と悪ではありえないことが明らかだね？　この点にぼくたちは同意を与えたものだろうか、どうだろうか。よくよく考えたうえで、答えてくれたまえ。

カリクレス　いや、文句なしにわたしは同意する。

51

ソクラテス　さあ、それでは、さきに同意されたことがらにもどろう。君は空腹のことを言っていたが、あれは、空腹が快いものだと言うつもりだったのか、苦しいものだと言うつもりだったのか、どちらだね？　ただし、ぼくがたずねているのは飢餓それ自体のことだ。

カリクレス　むろん、それは苦しいものだ。ただし、飢えているときに食事をするのは快いことだと言うけれども。

ソクラテス

d わかった。しかしとにかく、飢えそれ自体は苦痛なのだね？

カリクレス そうだ。

ソクラテス 渇きも同じだね？

カリクレス 大いにそうだ。

ソクラテス で、もっと多くの例についてたずねていこうか。それとも、一般に欠乏や欲望はどれもみな苦しいものだということに、君は同意してくれるかね？

カリクレス 同意する。もう、たずねなくともよい。

ソクラテス よかろう。

ところで他方、渇いているときに飲むのは快いことである、とこう君は主張するのではないか。

カリクレス いかにも。

ソクラテス そのばあい、君が言っていることのなかで「渇いているときに」というのは「苦しんでいるときに」ということだろうね？

カリクレス
e そう。

ソクラテス 他方、「飲む」というのは欠乏状態を満たすことであり、快楽なのだね？

カリクレス そう。

ソクラテス だから、快い思いをするということを君が言うのは、飲むことのほうにおいてそうなのだというわけだね？

カリクレス そのとおり。

ソクラテス
それは渇いているときに、だろう？

カリクレス
そうだ。

ソクラテス
つまり、苦しんでいるときに、ということだね？

カリクレス
そう。

ソクラテス
さて、それで、どういう結論になるか、気がつくかね？　君が「渇いているときに飲む」と言うとき、それはとりもなおさず、苦しみながら同時に快い思いをすると言っていることになるのだよ？

それとも、それは同じところで両方いっしょに起こるのではないだろうか。その起こるところは、魂のなかの同じところであろうと、身体のなかの同じ場所であろうと、どちらでもかまわないが。その点は問題に影響しないからね。とにかく、ぼくの言うようなことになるだろうか、ならないだろうか。

カリクレス
そういうことになる。
ソクラテス
ところで、人が善い状態にありながら同時に悪い状態にあるということは不可能だ、と君は
497 主張している。
カリクレス
そう主張している。
ソクラテス
しかるに他方、苦しみながら快い思いをするということは可能である、と君は同意した。
カリクレス
そうらしい。
ソクラテス
してみると、快い思いをすることは善い状態にあることではなく、また、苦しむことは悪い状態にあることと同じではない。したがって、快と善とは別のものだということになる。
カリクレス
なんだかわからんが、屁《へ》理屈《りくつ》をこねているようだね、ソクラテス。

ソクラテス　どういたしまして、ちゃんとわかってはいるのだが、空《そら》とぼけているだけだろう、君は、カリクレス。さあ、とにかく、もうすこしさきへ進んでくれたまえ。ぼくを叱っている君という
b 人が、どんなに賢い人間であるかを自覚してもらうためにね。
われわれは、渇きがとまるのと同時に、飲むことによる快楽もまた終わるのではないだろうか。

カリクレス　何を言っているのか、わたしにはわからないね！

ゴルギアス　（かたわらから）そういう言い方をしてはいけない、カリクレス。君はわたしたちのためだけにでも、ちゃんと答えるべきなのだ。そうでないと、議論に決着がつかないからね。

カリクレス　しかし、ソクラテスという人は、いつもこうなのですよ、ゴルギアス。こまごまとした、つまらないことを、しつっこく質問しては、人を反駁してやりこめようとするのです。

ゴルギアス　そんなことは、君にとってどうでもよいはず。いずれにしても、そういった点の評価は、い

まの君の役目ではないのだよ、カリクレス。いや、ソクラテスに、彼の思うようなやり方で反駁させなさい。

カリクレス（ソクラテスに）

c それなら、あなたのそういうこまごまとした《スミクラ》、けちな質問をつづけなさるがよい。ゴルギアスがそのつもりとあればやむをえぬ。

52

ソクラテス

君も運のよい男だよ、カリクレス。小秘儀《スミクラ》のほうをまだすませないまえに大秘儀によって浄められてしまうとは(1)ね。このぼくは、そんなことはゆるされないと思っていたのだ。だから、とにかく、君がさっき答え残したところから答えてもらうことにしよう。われわれ一人一人は、だれでも、渇きがやむのと同時に快楽を感じることもやめるのではないかね？

カリクレス

そうだ。

ソクラテス　また、飢えにしても、その他のいろいろな欲望にしても、みんな、それぞれの快楽がやむのと同時にやむのではないか。

カリクレス　そのとおりだ。

ソクラテス　つまり、一般に苦痛と快楽とは同時に終わる、ということになるね？

d

カリクレス　そう。

ソクラテス　しかるに、善いものと悪いものとのばあいには、両方が同時に終わるということはない。これは、君がすでに同意したところだ。それとも、いまは同意しないつもりかね？

カリクレス　同意するとも。で、それがいったい、どうしたというのだ？

ソクラテス　つまりね、君、善いことがらと快いことがらとは同じではなく、また、悪いことがらと苦しいことがらとも同じではなくなるということだよ。なぜなら、一方の組は同時に終わるが、他方の組はそうではなく、このことは、この両方の組がたがいに別のものであることを意味しているからだ。とすれば、どうして快いことがらと善いことがらとが、あるいは、苦しいことがらと悪いことがらとが、同じものでありえようか。

だが、君さえよければ、さらに、つぎのような仕方で考えてみてもらおうか。というのは、こういうふうにしてみても君の説は辻褄が合わなくなると思うからなのだが、まあ、とにかく
e 見てくれたまえ。君がすぐれた善き人たちを善いと呼ぶのは、その人たちにいろいろのすぐれた善い点がそなわっているからではないかね？　ちょうど、ある人たちに美しさがそなわっているばあいにその人たちを美しいと呼ぶのと同じように。

カリクレス

たしかに。

ソクラテス

では、どうだろう、愚かで臆病な人たちをすぐれた善き人たちと呼ぶだろうか？　すくなくともさっきは、君はそうは言わずに、勇気と思慮をそなえた人たちのことをすぐれた人たちであると言っていたね？　それとも、君がすぐれた善き人たちと呼ぶのは、そういう人たちのことではないのかね？

カリクレス　たしかに、そうだとも。

ソクラテス　では、どうだろう、君はこれまでに、まだ思慮のそなわらない子供が喜んでいるのを見たことがあるね？

カリクレス　ある。

ソクラテス　大人のばあいは？　愚かな人が喜んでいるのをまだ見たことがないかね？

カリクレス　いかにも見たことがあると思うが、しかし、それがどうしたというのかね？

ソクラテス

498 いや、べつに……。ただ、答えてくれさえすればいいのだ。

カリクレス　見たことがある。

ソクラテス

では、どうだろう、思慮分別をそなえた人が苦しんだり喜んだりしているのは？

カリクレス 見たことがある、と認めよう。

ソクラテス では、いったい、どちらの人たちの喜びや苦しみのほうがより大きいだろうか。思慮ある人たちのほうだろうか、愚かな人たちのほうだろうか。

カリクレス あまり大差がない、とわたしは思う。

ソクラテス いや、それでけっこう。ところで君は、これまでに、戦場において臆病な男を見たことがあるかね？

カリクレス むろんある。

ソクラテス では、どうだろう、敵軍が退却していくときに、君には、どちらの人たちのほうがいっそう喜んでいるように思えたかね？　臆病な連中のほうかね、それとも、勇気のある人たちのほうかね？

カリクレス　いっそう喜ぶと言えば、両方ともそうだとわたしには思えた。と言っていけなければ、すくなくともその喜び方はどちらの人たちもほとんど同じくらいのものだろう。

b

ソクラテス　それは、どちらでもかまわない。しかしとにかく、臆病な人たちも、やはり、喜ぶことはたしかに喜ぶのだね？

カリクレス　それは、大いに喜ぶとも。

ソクラテス　愚かな人たちのばあいも、どうやら、同じことが言えそうだね？

カリクレス　そう。

ソクラテス　では、こんどは、敵軍が攻め寄せてきたときには、苦痛を感じるのは臆病な人たちのほうだけだろうか。それとも、勇気のある人たちもその点は同じだろうか。

カリクレス　両方ともだ。
ソクラテス　同じ程度に？
カリクレス　おそらくは、臆病の連中のほうがよりいっそう。
ソクラテス　敵軍退却のばあいにはその連中のほうがよりいっそう喜ぶのではないか。
カリクレス　たぶん。
ソクラテス　そうすると、愚かな人たちも思慮ある人たちも、臆病な人たちも勇気のある人たちも、君の
c 言うところによると、ほとんど同じ程度に苦しんだり喜んだりするけれども、ただ、どちらかといえば、臆病な人たちのほうが勇気のある人たちよりもいっそうそうなのだと、こういうわけなのだね？
カリクレス

そうだ。

ソクラテス　しかるに、思慮と勇気をそなえた人たちはすぐれた善き人たちであり、臆病で愚かな人たちは劣悪な人たちなのだね？

カリクレス　そう。

ソクラテス　そうすると、すぐれた善き人たちも、劣悪な人たちも、どちらもほとんど同じ程度に喜んだり苦しんだりするということになるね？

カリクレス　そうだ。

ソクラテス　すると、いったい、すぐれた善き人たちと劣悪な人たちとは、ほとんど同じ程度に善き人であったり悪しき人であったりするのだろうか。あるいはさらに、劣悪な人たちのほうがよりいっそう善き人たちなのだろうか。

カリクレス

d
ゼウスに誓って、何を言っているのか、ちんぷんかんぷんだ。

（1）アッティカのエレウシスでおこなわれた秘儀（大地母神デメテルとその娘コレのための祭儀）では、予備的儀典である「小秘儀」に参加して浄められた者だけが「大秘儀」にあずかることができた。ソクラテスは、カリクレスが言った「こまごました（スミクラ）」という言葉のつながりを利用したわけである。

362

53

ソクラテス　こういうことならわかってもらえるかね？　つまり、君は、すぐれた善き人たちはいろいろの善いことがそなわっているからこそ善き人たちなのであり、悪しき人たちはいろいろの悪いことがらがそなわっているから悪い人たちなのだと認めているということ。他方また、その善いことがらとは快楽のことであり、苦痛とは悪いことがらであると主張しているということ。

カリクレス　たしかに。

ソクラテス

では、喜んでいる人たちには、いやしくも彼らが喜んでいるのである以上、快楽という善きことがらがそなわっているのではないか。

カリクレス　もちろん。

ソクラテス　そこで、善いことがそなわっているのだから、喜んでいる人たちは善き人たちなのではないかね？

カリクレス　そう。

ソクラテス　では、逆に、苦しんでいる人たちには悪しきことがらが、すなわち苦痛が、そなわっているのではないか。

カリクレス　そなわっている。

e **ソクラテス**　しかるに、君の主張によれば、悪しき人たちが悪しき人たちであるのは悪いことがらがそなわっているからなのだ。それとも、いまはもう、そうは主張しないかね？

カリクレス 主張する。

ソクラテス そうすると、快楽を感じている人たちはだれでも善き人であり、苦痛を感じている人たちはだれでも悪しき人だということになるね？

カリクレス たしかに。

ソクラテス 感じる快苦が大であればあるほど、それだけより多く善き人であったり悪しき人であったりするわけだし、その程度が少なければそれだけ少なくそうであり、同じ程度なら同じ程度にそうなのだね？

カリクレス そう。

ソクラテス ところで、君の主張するところによれば、思慮ある人たちも愚かな人たちも、臆病な人たちも勇気ある人たちも、ほとんど同じ程度に喜んだり苦しんだりする、あるいは、臆病な人たちのほうがいっそうそうだと言うのだね？

カリクレス たしかに。

ソクラテス では、これまで同意されたことがらを全部あわせて考えると、そこからぼくたちにどういう
499 結論が出てくるか、ひとつ、いっしょにしらべてくれたまえ。よく言われるように、立派なことがらを二度も三度もくりかえし語り考えるのは、それ自体立派なことでもあるのだから。ぼくたちの主張するところを列挙してみると、まず、思慮があり勇気のある者は、すぐれた善き人間である、そうだね？

カリクレス そう。

ソクラテス これに対して、愚かで臆病な者は劣悪な人間なのだね？

カリクレス たしかに。

ソクラテス
さらに、快楽を感じている者は善き人間なのだね？
カリクレス
そう。
ソクラテス
そして、苦痛を感じている者は悪しき人間なのだね？
カリクレス
必然的に。
ソクラテス
しかるに、すぐれた善き人間も劣悪な人間も同じように、しかし、どちらかと言えば、たぶん劣悪な人間のほうがより多く苦しんだり楽しんだりするのだね？
カリクレス
そう。
ソクラテス
そうすると、劣悪な人間は、すぐれた善き人間と同じように悪かったり善かったりするということになるのではないか。あるいはさらに、劣悪な人間のほうがすぐれた善き人間よりもい

b っそう善い人だということになるのではないか。
もし人が「快い」というのと「善い（すぐれた）」というのとを同じであると主張するならば、このような結論や、また、そのまえに言われたような（494e〜495a）ああいう結論が、そこから帰結してくるのではないかね？　これらの帰結はまさに必然的なものと言えないだろうか。
どうだね、カリクレス？

54

カリクレス　ほんとうを言うと、ソクラテス、わたしはね、だいぶまえからあなたの言うことにうんうんとうなずきながら、じっと聞いていたけれども、しきりとこんなふうに思われてならなかったよ。さぞやこれでは、だれかがたとえ冗談半分にでも何かあなたの言うことを認めてやれば、あなたはきっと子供のように大喜びでそれにしがみつくことだろう、とね。まるであなたときたら、このわたしにせよ、この世のほかのだれにせよ、快楽といってもおのずから善いのと悪いのとの区別があるということを、考えていないと思っているかのようだからねえ！

ソクラテス

c おお、これはひどい、カリクレス！　なんと君は油断のならぬ男なのだ。このぼくを、子供扱いしおったな。同じことがらについて、いまこうだと言ったかと思えば、つぎにはいやこうだと言って、ぼくをたぶらかしたりして。とはいえ、最初のころは、ぼくは、よもや君が故意にこのぼくをだまそうとは思ってもいなかったのにねえ！　なにしろ、君の好意を信じていたからね。だが、じつは、ぼくはだまされたのだった。かくなるうえは、どうやら、むかしの諺で言われているように、そのときそのときに全力をつくし、君から与えられるものをありがたく受けとるよりほか、残された途《みち》はないようだね。

ところで、いま君の言っているのは、快楽には善い快楽もあれば悪い快楽もあると、どうやらこういうことらしいね、そうだろう？

カリクレス

d そうだ。

ソクラテス

そのばあい、善い快楽というのは有益な快楽のことであり、悪い快楽とは有害な快楽のことではないか。

カリクレス

たしかに。

ソクラテス　しかるに有益な快楽とは、なにかよい結果をもたらす快楽のことであり、有害な快楽とは、なにか悪い結果をもたらす快楽のことだね？

カリクレス　そうだ。

ソクラテス　そのばあい、君の言おうとしているのは、こういうような快楽のことではないだろうか。たとえば肉体的な快楽として、さっきわれわれの話に出ていたような、食べたり飲んだりするときの快楽があるが、そうしたいろいろの快楽のうちで、身体のうちに健康とか強壮さとか、その他なんらかの身体上の徳性をもたらすようなものは善い快楽であり、これらと反対の結果をもたらすような快楽は悪い快楽であると、こう言うのではないか。

カリクレス　たしかに。

e

ソクラテス　そして苦痛のほうも同じようにして、有益なのと有害なのとに区別できるわけだね？

カリクレス

むろん。

ソクラテス　そこで、快楽にしても苦痛にしても、人が選ばなければならぬのは、また、実行に移さなければならぬのは、有益なもののほうではないか。

カリクレス　たしかに。

ソクラテス　これに対して有害なもののほうは、そうしてはならぬのだね？

カリクレス　むろんのこと。

ソクラテス　じじつ、もし君がおぼえてくれているとすれば、われわれのすべての行為は善いことのためになされなければならぬというのが、ぼくとポロスの意見だったのだ（468b）。君も、はたしてそれに賛成だろうか。すなわち、善こそはあらゆる行為の目的であること、そして、すべて他のことは善のためになされなければならないのであって、けっしてその逆ではないというこ
500 とに？　どうだね、君も第三番目の者としてわれわれのために一票を加えてくれるかね。

カリクレス
いかにも。
ソクラテス
そうすると、ほかのことをおこなうばあいと同様、快いこともまた善いことのためになすべきなのであって、快いことのために善いことをなすべきではないのだね？
カリクレス
たしかに。
ソクラテス
では、いったい、いろいろの快いことがらのなかから、どのようなのが善いことであり、どのようなのが悪いことであるかを選びわけるということは、だれにでもできるようなことだろうか。それとも、それができるためには、それぞれのばあいに専門的な技術を必要とするだろうか。
カリクレス
専門的な技術を必要とする。

55

ソクラテス

では、ぼくたちは、ここでもう一度、さっきぼくがポロスとゴルギアスに向かって言っていたことがらを思いおこしてみることにしよう。君がおぼえていてくれるとすれば、ぼくはまた、つぎのようなことを言っていた（463a 以下）。

b すなわち、人のために何かをしてやる仕事にはいろいろあるが、そのあるものは快楽以上のことを何もかえりみず、快楽だけをもたらすことに専念して、善いものと悪いものとを識別することをしない。他方、これに対して、そうした仕事のうちのもう一つの種類のものは、何が善いものであり何が悪いものであるかをよく識別する。そしてぼくは、快楽を対象とするほうの営みに属するものとして料理法をあげ、これを「技術」ならぬ、たんなる「経験」なりとなし、これに対してもう一方の善を対象とする仕事に属するものとしては、医療の技術をあげたのであった。

そこで、友情の神ゼウスの名にかけて君に頼みたい、カリクレスよ。どうか君自身も、このぼくを茶化そうというつもりになったり、ほんとうにそう思ってもいないことを出まかせに答
c えたりしないでくれたまえ。またそれとともに、このぼくのほうから話すことも、けっして冗

談のつもりで受けとらないようにしてくれたまえ。

ほかでもない、君も見るとおり、いまぼくたちの議論で問題にされていることはといえば、そもそも、いささかでも心ある人間にして、これ以上真剣になれるような問題が何かほかにあるだろうか。人生をいかに生きるべきかという、この一つの問い以上に？

すなわち、いったい、どちらの生き方を選ぶべきか。君がぼくにすすめているように、かの男子本来の仕事なるものをおこなって、民衆に向かって演説をしたり、弁論術をおさめたり、君たちが現在やっているような仕方で政治活動をしたりしながら生きていくべきだろうか。それとも、ぼくがおこなっているような、知の追究（哲学）にささげた生をおくるべきだろうか。また、一方の生き方が他方の生き方とくらべて異なるのは、結局、どこにおいてなのであるか……？

d されば、最もよい方法は、おそらく、ぼくがさっきこころみたような区別をおこなうことである。そして、この区別にもとづき、これらの生き方はほんとうに二つの異なった生き方であるかどうかについてたがいの意見が一致したならば、そのうえで、この二つの生き方はたがいにどこで違っているのか、また、二つのうちどちらの生き方を選ぶべきかを考察するのがよいだろう。しかし、おそらく、まだ君には、ぼくの言おうとしているのがどんなことかわかってはいないだろうね？

カリクレス

たしかに、まだよくわからないね。

ソクラテス

では、もっとはっきり説明させてもらおう。ぼくと君とは、一方に善というものがあり他方に快というものがあって、その快と善とは別のものであること、また、この両者のそれぞれに対応して、それぞれを獲得するために努力し工夫するような仕事があること、すなわち、一方には快を追求する営みがあり他方には善を追究する営みがあること、これだけのことについてたがいに意見の一致を見たのであるから……。

e いやしかし、まず、このこと自体を認めるか認めないかを君に聞いておこうか。どうだね、いまのことに賛成してくれるかね？

カリクレス

そのとおりだ、と認めよう。

56

ソクラテス

さあ、それではつぎに、ぼくがこのポロスとゴルギアスに向かって論じていたことがらについて、もしあのときにぼくの言ったことが正しいと君に思われたのであれば、ここで、あらためてその同意を確認してくれたまえ。ぼくの言っていたのは、たしか、つぎのようなことだった。

すなわち、料理法というものはけっして技術の名に値するものではなく、経験的なこつにす
501 ぎないとぼくには思えるが、これに対して医術のほうは、ちゃんとした技術なのである。なぜかと言えば、一方の医術は、自分が世話をしてやる対象の本性も自分がとりおこなういろいろな処置の根拠もしっかりと研究していて、そうした一つ一つのことについて理論的な説明を与えることができる。これに反してもう一方のものは、快楽の提供を目あてに奉仕するのがその仕事のすべてなのであるが、この快楽という目標に向かってゆくやり方はと言えば、およそ技術的ということからはほど遠く、快楽というものの本性も原因もなに一つしらべるわけでなし、理論のひとかけらさえなく、分類して数えあげるということなどはぜんぜんしないと言ってよい。要するに、熟練と経験にたよって、ただ、ふつうどうすればどのようになるかを記憶にと
b どめておき、それによって快楽を与えることに成功しているだけなのである……。

そこで、さしあたって、まず君に考えてもらいたいのは、以上のようなぼくの話が君に満足すべきものと思えるかどうか、さらに、魂の領域においてもやはりこれと同じような仕事が別

に二種類あるのではないかということである。つまり、その一方は技術の名に値するものであって、何が魂にとって最善であるかをかならずなんらかのかたちで慮《おもんぱか》るような仕事、これに対して他方のものは、そういうことは無視して、ちょうどさきの身体の領域においてそうだったように、ここでもただ魂の快楽のことばかりを考え、どうすれば魂に快い感じがもたらされるかということだけを研究して、そうした快楽のうちでどれが善くどれが悪いかというようなことは考察もしなければ、もともと関心の対象にもならない。関心を向けるのは、ただもっぱら、それが善いことであれ悪いことであれ、とにかく相手の気に入るかどうかということだけである。

c　このぼくはね、カリクレス、そのような営みがたしかにあると思う。そして、ぼくをして言わしむれば、このような営みこそはおべっかというものにほかならないのだ。その対象が身体であろうと、魂であろうと、他の何であろうと、人がその対象の快楽のみにかしずいて、ためになることとならぬことを考えないとすれば、いずれも同類である。

さあ、君はどうだね、こうしたことがらについて、ぼくたちの意見に与《くみ》するか、それとも反対するかね？

カリクレス

反対はしない。あなたの議論に片をつけるためにも、ゴルギアスを満足させるためにも、あなたの言うことを認めておこう。

ソクラテス では、いま言われたような営みがなりたつのは一人の魂を相手にするばあいにかぎるのであ
d って、二人もしくは多数の者の魂を相手にしては不可能であろうか。

カリクレス そんなことはない。相手が二人の魂であっても、多数の者の魂であっても、考えられることだ。

ソクラテス それなら、さらに、一度に大勢の人間の集団を相手にして、その人たちの魂の機嫌をとることも可能だろうね？　何が最善かということをぜんぜん考えなくてもよいとすれば。

カリクレス たしかにできると思う。

57

ソクラテス

では、じっさいにそれを仕事としている者にはどんなものがあるか、あげることができるかね？　いや、それよりも、もしよければ、ぼくのほうで君に一つ一つたずねていくから、それがその種の仕事に属すると思ったらそうだと答え、そうでないと思ったらちがうと答えてもらうことにしよう。

e
まず、笛吹きの術について考えてみよう。君には、この術が、いま言われたような性格のものだとは思えないかね、カリクレス？　われわれの快楽だけを追いかけて、そのほかのことは何も心にかけないものだと思わないかね？

カリクレス　たしかにそう思う。

ソクラテス　さらに、この種の芸ごとの全般について、同じことが言えないだろうか。たとえば、競技会で演奏されるときの、キタラ（竪琴《たてごと》）の術のような。

カリクレス　そう。

ソクラテス　また、合唱隊《コロス》に稽古《けいこ》をつけたりディテュランボスの詩①をつくったりすることは、どうだろう

502
か。似たような性格が、そこに、なにか見いだせるのではないかね？　それとも君は、メレスの子キネシアスが②、聴衆をすぐれた人間にするようなことを語ろうとすこしでも心がけていると思うかね？　彼が意を用いているのは、これなら観客の群れを喜ばせるはずだと思うような詩を語ることだけではあるまいか。

カリクレス　むろん、そうにきまっている、ソクラテス。すくなくともキネシアスに関してはね。

ソクラテス　では、その父親のメレスはどうだろう？　キタラに合わせてうたっていたとき、彼の目標は、はたして、できるだけ最善なものをということに向けられていたと思うかね？　それどころか、あの男のばあいは、できるだけ快いものをという気持さえ念頭になかったのではあるまいか。なにしろ、彼の歌たるや、観客を悩ますのがつねだったのだからね。

それはともかく、考えてみてくれたまえ、一般に、キタラのための歌とかディテュランボスの作詩とかいったものは、すべて快楽のために発明されていると思えないかね？

カリクレス　たしかにそう思える。

ソクラテス

b　では、さらに、かの荘重にしてすばらしい詩形式、悲劇の創作が熱心に心がけるものは何であろうか。それが真剣になってつとめているのは、君の見るところでは、どちらだと思うかね？　観客を喜ばせるということだけだろうか。それとも、観客にとって快いこと、気に入られることであっても、それが有害であるばあいにはそのようなことがらはけっして作品のなかで語るまいとつとめ、逆に、快くはないが有益であるようなことがあれば、観客が喜ぼうと喜ぶまいと、そういうことがらをこそ台詞のなかにも合唱隊の歌のなかにも織りこむようにしようとつとめるのであろうか。君には、悲劇の創作が心がまえとしてもっているところは、このどちらだと思えるかね？

カリクレス　c　その点なら明白だ、ソクラテス、快楽のほうへ、観客を喜ばせることのほうへ向かっている。

ソクラテス　そのような行き方こそは、カリクレス、さっきのぼくたちの主張によれば、おべっかということではなかったかね？

カリクレス　たしかに。

ソクラテス

さて、そこで、およそいかなる詩にもせよ、そこから曲調とリズムと韻律とをとり去ってしまうならば、あとに残るのは、ただの言葉だけではないかね？

カリクレス　当然そうなる。

ソクラテス　その言葉というのは、大勢の群衆に向かって語りかけられるものではないか。

カリクレス　そうだ。

ソクラテス　してみると、詩作の仕事というのは、一種の大衆演説だということになるね？

d **カリクレス**　そうらしい。

ソクラテス　しかも、それは、弁論術の技巧をこらした大衆演説だということになるだろうね？　それとも君には、作家が劇場でみんなに披露しているのは、あれは弁論術の実演だとは思えないかね？

カリクレス
たしかにね。
ソクラテス
そうすると、ここにぼくたちは、民衆相手の弁論術の一種を発見したわけだ。それは、子供も、女も男も、また、奴隷も自由市民も、いっしょくたに集まったような、そういう民衆に語りかける弁論術であって、われわれがあまり感心しないものであるけれども。なぜなら、それは、ぼくたちの主張によれば、おべっかを使うことなのだからね。
カリクレス
たしかに。

（1）酒神ディオニュソス神を讃える歌の形式。
（2）ディテュランボス詩人。

58

ソクラテス
よろしい。それでは、民衆は民衆でも、アテナイの市民たちの集まりを相手にする弁論術は

e どうだろうか。また、アテナイ人のみならず、ほかの諸国における自由市民たちの集まりを相手にする弁論術について、われわれはそもそもどのように考えるべきだろうか。

君には、弁論家たちがいつも最善のことがらに目を向けて、自分の言論によって国民たちができるだけすぐれた人間になるようにとの一事を目標に努力しながら語っていると、そう思えるかね？ それとも、この種の弁論家たちも、やはり国民のご機嫌とりのほうに走り、自分たちの個人的な利益のためには公共のことをなおざりにしながら、ちょうど子供を相手にするのと同じ態度で、民衆と付き合っているのであろうか。すなわち、民衆のご機嫌をとることばかりにつとめて、他方、そうすることが彼らをすぐれた人間にするか劣った人間にするかという
503 ようなことは、すこしも意に介さないのが実情だろうか。

カリクレス

その質問には、もう、これまでのように単純にどちらだときめて答えるわけにはいかない。自分の話そうとすることがらを語るにあたって、国民のことを真剣に心にかけている人たちもいれば、他方には、あなたの言うような弁論家たちもいるわけだからね。

ソクラテス

その答えでじゅうぶんだ。このことにほんとうに二通りのばあいがあるとすると、その一方はたぶん一種のおべっかであり、俗耳受けをねらった醜い演説だということになるだろう。こ

れに対して、国民が精神的にできるだけ向上するようにとはかって、自分の言葉が聴衆に快くひびこうが、不快に聞こえようが、それにかかわりなく終始一貫、ただ最善のことがらを語ろうとつとめることのほうは立派なものだということになるだろう。だがね、君はそのような弁
b
論術にこれまで一度もお目にかかったことがないのではないか。それとも、もし君が、数ある弁論家たちのなかから、そのような人を一人でもあげることができるのなら、どうしてこのぼくにも、それがだれであるか教えてくれないのかね？

カリクレス　いや、たしかに、ゼウスに誓って、当世の弁論家たちのなかからだれかあげよと言われても、わたしとしては、だれもそれと名をあげることができないね。

ソクラテス　それならどうだね、むかしの弁論家たちのなかからなら、だれかをあげることができるのかね？　アテナイの市民たちが、以前はつまらぬ人間だったのに、その人が弁論活動をはじめてからというものは、その人のおかげですっかりすぐれた人間になったと評判されるような、そんな例がだれかあるだろうか？　すくなくともぼくは、そのような弁論家としてだれがいるのか知らないのでね。

カリクレス

c これはしたり！　テミストクレスというすぐれた人間がいたことを、あなたは聞いていないというのかね？　それにキモンや、ミルティアデスや、さらには最近故人となった、かのペリクレスもいるではないか。① 彼の話は、あなたも直接聞いたはずだが。

ソクラテス

そう、もしも、カリクレス、君がまえに言っていたように、自分の欲望にせよ、他人の欲望にせよ、とにかく欲望を満足させるということが、ほんとうにすぐれた人間であるゆえんのものであるとするならばね。

だが、人間の徳性とはそんなことにあるのではなくて、むしろそれは、その後の議論でぼくたちが同意せざるをえなくなったように、さまざまの欲望のなかで、満足させれば人間が向上
d するようなものはこれを満たし、人間を堕落させるような欲望は満足させないということであるとするなら、そして、そうするためには一つの専門知が要るというのであれば、いま君のあげた人物たちのなかで、こうした条件にかなう人がだれかいたと、はたして君は主張できるかね？

カリクレス

なんと答えるべきか、わたしにはわからない。②

（1）テミストクレス（前五二八ころ～四六二ころ）、ペリクレス（前四九五ころ～二九）、キモン（前五

一二ころ～四四九）、ミルティアデス（前五五〇ころ～四八九）は、アテナイの代表的政治家。
（2）この前後はテクストDoddsにしたがう。

59

ソクラテス

いや、正しいやり方で探究すれば、きっと君は見つけることができよう。されば、このままじっくりと腰を落ち着け、いまあげられた人たちのなかでだれかそういう人がいたかどうか、しらべながら、探してみることにしよう。

さあ、そこでひとつ、君にたずねたいのだが、いったい、すぐれた人物、最善をめざす語り手というものは、何を語るにしても、ただでたらめに話すのではなくて、ある一つの目標に目
e をすえながら語るのではないだろうか。このことは、ほかのどんな職人のばあいでも同様だろう。彼らはいずれも、自分たちが作ろうとしているものに心をおき、それに目をすえながら、それぞれ自分の作品に一つ一つ手を加えていくのであるが、そのさい、そうした処置の選択はけっしてでたらめにされるわけではなく、自分の作りつつある作品に一定の形が実現されるようにとの意図のもとになされるわけだ。

504

たとえば、画家でも、大工でも、造船家でも、そのほかどんな種類の職人でも、これと思う者をそのなかから選んで、しらべてみたまえ。いかに彼らの一人一人が、作品のどの部分にせよ、その一つ一つを一定の規律のもとにおき、それらをたがいに適合調和せしめ、かくして、ついには作品の全体を一つの規律と秩序にかなったものに組み立てるかがわかるだろう。そして一般に、ほかの職人たちもそうだが、とくにさっき話に出ていた、身体を扱う職人とも言うべき体育家や医者なども、やはり身体に秩序を与え、その秩序のもとに身体を組織づけるのだと言えるだろう。これがそのとおりだと、われわれは認めることができるだろうか、認めないでおこうか。

カリクレス　そのとおりだ、ということにしよう。

ソクラテス　そうすると、家なら家は、それが規律と秩序にかなっていれば、善き家であり、逆に無秩序ならば、悪い家だということになるわけだね？

カリクレス　そうだ。

ソクラテス

船のばあいも同様だね？

カリクレス b そう。

ソクラテス さらにまた、われわれの身体もそうだね？

カリクレス たしかに。

ソクラテス では、魂のばあいはどうだろう？　すぐれた魂であるためにそれが獲得しなければならぬのは無秩序であろうか、それとも、ある種の規律と秩序であろうか。

カリクレス これまでの議論からすれば、このばあいにも同じく同意を与えないわけにいかないだろう。

ソクラテス ところで身体のばあいには、規律と秩序から生まれる状態に対して、何という名前がつけられているだろうか。

カリクレス

健康とか強壮さとかいったことを、おそらくあなたは言っているのだろう。

ソクラテス いかにも。では、こんどは、魂においては、規律と秩序から生まれるものに対して、どんな c 名前がつけられているだろうか。どうか、身体のばあいと同じように、その名前を見つけて言ってみてくれたまえ。

カリクレス なぜ自分で言わないのだね、ソクラテス？

ソクラテス いや、そのほうがよければ、ぼくが言うことにしよう。君のほうは、ぼくの言うことが正しいと思ったら、それでよいと言うし、そうでなかったら反駁して、けっしてぼくの言うなりにならないでくれたまえ。

いいかね、ぼくの思うところでは、身体における正しい規律に対しては「すこやかな」という名前があって、そこから身体のなかに、健康をはじめとして、そのほか一般に身体上の徳性が生まれることになるのだ。これでよいかね、いけないかね？

カリクレス それでよい。

ソクラテス　d これに対して、魂における規律と秩序は「規《のり》にかなった」とか「法」とかいった名で呼ばれていて、人々はこれによって法にしたがう人間ともなり端正な人間ともなる。そして、こうした性格こそ、正義と節制の徳にほかならない。認めるかね、認めないかね？

カリクレス　認めよう。

60

ソクラテス　それでは、さきに言われたような弁論家、つまり、真の技術をもつすぐれた弁論家は、まさにこれらの徳性に目を向けながら、そのあらゆる言行を通じて人々の魂に働きかけるのではないだろうか。そして、なにか贈り物をするときには贈り物をしたり、奪いさるときには奪いさ
e ったりしながらも、その心を向けるところはつねにただ一つ、なんとかして同国民の魂のなかに正義が生まれて不正が除かれるように、節制が生じて放埒が除かれるように、一般に徳が植えつけられて悪徳が去るように、ということではないだろうか。承認するかね、しないかね？

カリクレス
承認する。

ソクラテス
じっさい、カリクレス、身体のばあいを考えてみても、病気で惨めな状態にある身体に対して、世にもおいしい食べ物を、あるいは、飲み物そのほか何でもいいが、やたらとたくさん与えたりしたところで、いったい、何の役にたつだろうか。もしも、それがなにひとつ有益な点がないばかりか、むしろ正しく評価するかぎり、逆に害にさえなるようなものだとしたら？
そうではないか。

カリクレス
505 そうだとしよう。

ソクラテス
それというのも、思うに、人間は、身体の状態が惨めであっては、生きていても何の得るところもないからだ。なぜなら、そんな状態では、人生そのものがまた、惨めにならざるをえないだろうからね。そうではないかね？

カリクレス
そうだ。

ソクラテス　だからこそまた、もろもろの欲望を満足させるということにしても、たとえば腹がへれば食べたいだけ食べ、喉が渇けば飲みたいだけ飲むというようなことにしても、身体が健康なときならば医者はたいていのばあいゆるしてくれるけれども、しかし病気のときには、欲しいものをつめこんで欲望を満足させるようなことは、まずけっしてゆるさないと言ってよいのではないか。君だって、これは認めるだろう？

カリクレス　いかにも。

ソクラテス
b
魂のばあいにも、君、同じことではないだろうか。それが劣悪な状態にあるかぎり、つまり、愚かで、放埒で、不正で、不敬虔《ふけいけん》な魂であるかぎり、そのような魂にはいろいろの欲望の満足を禁じるべきであり、もっとすぐれた魂となるために役だつようなことがら以外は勝手に何かおこなうことをいっさいゆるすべきではないのではないか。認めるかね、認めないかね？

カリクレス　認める。

ソクラテス

そのほうが、その魂自身のために善いからだろう？

カリクレス たしかに。

ソクラテス ところで、いろいろの欲しいものから遠ざけてこれを禁じるということは、抑制によって懲らしめることにほかならないのではないか。

カリクレス そう。

ソクラテス してみると、抑制によって懲らしめられることは、君がさっき（491e 以下）考えていたような無抑制の放埒よりも、魂のために善いということになる。

カリクレス
c 何を言っているのか、わたしにはさっぱりわからないね、ソクラテス。質問するなら、だれかほかの人にしたらよいだろう。

ソクラテス この男を見よ。自分のためになることをしてもらうのが我慢できないとは！　そして、いままさに話題の放埒を抑制されることを、みずから受けるのに耐えられぬとは！

カリクレス　いかにも。それに、わたしには、あなたの言うことなど、まったくどうでもかまわぬのだ。これまでのことも、ただゴルギアスのために答えたまでなのだから。

ソクラテス　そうかね。それでは、ぼくたちはどうしたらよいのだろう？　こうして議論を途中で打ち切ってしまうのかね？

カリクレス　自分できめたらよいだろう。

ソクラテス

d しかしね、物語でさえも中途半端のままで残しておくのは神意にもとると言われている。頭のないままでそこらをさまよい歩くことのないように、ちゃんと頭をつけて仕上げをしなければいけない、とね。だから、どうか、残っていることがらについても答えてくれないか。ぼくたちの議論が頭をつけられて仕上がるようにね。

61

カリクレス　なんと、あなたも、強引な人だね、ソクラテス。どうか、このわたしの言うことを聞いて、もうこの議論をやめにしてくれるか、さもなければ、だれかほかの人を相手に話しあってもらいたいものだ。

ソクラテス　ほかの人って、だれがそうしてくれるのかね？　とにかく、この議論を不完全のままに残すようなことだけはしないようにしようではないか。

カリクレス　自分ひとりで議論をすすめることはできないものかね？　独白の形でも自問自答の形でもよいから。

e **ソクラテス**　つまり、エピカルモス[1]の言ったことをぼくにやらせようというわけなのだね。《これまでは二人で話していたことを、これからさきはこのわたくしが、一人でじゅうぶん間にあわせましょう》とね。

しかしどうやら、それも万《ばん》やむをえないというところだろうか。ただし、それには、こういうふうにしようではないか。② つまり、ぼくは思うのだが、ぼくたちがいま論じている問題について何が真実であり何が偽りであるかを知ることに対しては、ぼくたちはみんな人に負けないだけの強い熱意をもたなければいけない。それが明らかになることは、みんなに共通の善いこ
506 となのだからね。だからして、いまからぼくは、自分にこうと思われるところを議論の形で述べていくけれども、もし諸君のなかのだれでも、ぼくが自分で同意を与えることがらが真実に反すると思うようなことがあったら、その点をつかまえて、反駁してくれなければいけない。じっさいのところ、このぼくとしても、そうしたことがらをすでに知っていて話すわけではけっしてなく、諸君と力をあわせていっしょに探究しようとしているのだからね。だから、ぼくに異議を申し立てる人の言葉に一理あることがはっきりすれば、ぼくはだれよりもさきにその点を譲歩するつもりだ。

ただし、ぼくがこんなことを言っているのも、諸君がぜひとも議論の決着をつけるべきだと思うならばの話であって、もし諸君のほうにその気がないのなら、もうこれで打ち切って、引き上げることにしようではないか。

ゴルギアス（かたわらから）

b いや、ソクラテス、わたしとしては、まだ引き上げずに、君に話を最後までつづけてもらう

べきだと思う。ほかの人たちも同じ気持でいる様子だ。じっさい、わたし自身としても、君がひとりで残りの議論をすすめていくのを聞きたいと思うしね。

ソクラテス　ええ、ゴルギアス、わたし自身の気持もそうなのです。できれば、このカリクレスともっと話しあいをつづけて、さっきのゼトスの台詞（485e 以下）へのお返しとしてアンピオンの台詞でこの男に報いるところまでいきたいのはやまやまなのですが。

ところが、肝心の君が、カリクレス、ぼくといっしょに議論を最後までつづけようとしてくれないのだからねえ。

だがまあ、それならそれで、君はぼくが話していくのを聞いていて、ぼくの言うことに正し
c
くない点があると思ったら待ったをかける、ということだけはしてくれたまえよ。そして、首尾よく反駁してくれるならば、ぼくはけっして、君がぼくに対してそうだったように、君に腹を立てるようなことはしない。それどころか、君は最大の恩人としてぼくの心のなかにその名を書きとどめられることになろう。

カリクレス　なんでもよいから、自分で議論をつづけて、片をつけてもらおう。

（1）前五世紀前半にシケリア島シュラクサイを中心に活動した喜劇作家。喜劇の祖としてひじょうに有

名であるが、作品は断片しか残っていない。
（2） テクスト Dodds にしたがう。

62

ソクラテス

では、これまでの議論をもう一度、最初のところから復習してみるから、どうか聞いてくれたまえ。

「そもそも、快と善とは同じものであるか」

——同じものではない、ぼくとカリクレスとで意見が一致したところでは。

「では、善のために快がなされるべきだろうか、快のために善がなされるべきだろうか」

——善のために快が。

d 「ところで快とは、それがそなわるばあい、われわれが快い思いをするもののことであり、そして善とは、それがそなわっているばあい、われわれがすぐれた人間であるようなものだね？」

——たしかに。

「しかるに、われわれがすぐれた人間であるのも、また、一般にすべてすぐれたものがすぐれたものであるのも、なんらかの徳（卓越性）がそなわることによるのではないか」

――ぼくには、カリクレス、それは必然的なことであると思われる。

「しかるに、それぞれのものがもつ徳（卓越性）というのは、道具のそれにせよ、身体のそれにせよ、さらに魂のそれにせよ、いかなる動物のそれにせよ、けっして、ただでたらめな仕方によって完全にそなわるというものではなく、それぞれのものに本来あたえられているところの、規律と、正確さと、技術とによって、最もみごとにそなわるのである。そうではないだろうか」

――ぼくとしてはそう主張する。

e 「してみると、それぞれのものの徳とは、一つの規律によって規正され秩序づけられたものだということになるね？」

――ぼくとしてはそう主張したい。

「そうすると、およそいかなるものにせよ、それがすぐれたものとなるのは何によるかと言えば、それぞれのものに固有な、ある秩序が、それぞれのものにそなわるからにほかならないね？」

――ぼくにはそう思える。

「だから、魂にしても、自分自身が本来そなえるべき秩序を有するならば、そのような魂は無秩序な魂よりもすぐれているわけだね？」

——必然的にそういうことになる。

「しかるに秩序をもった魂は、端正な魂だろうね？」

——むろんそのはずだ。
507 「そして端正な魂は、節制をわきまえた思慮ある魂だね？」
——むろん、そうでなければならない。

「したがって、節制をわきまえた思慮ある魂はすぐれた魂だということになる」……

ぼくとしては、これ以外に別の主張をすることはできないのだ、親愛なるカリクレスよ。だが、君のほうで何か言うことがあれば、どうか教えてくれまいか。

カリクレス
まあ、いいから、話をつづけてもらおう。

ソクラテス
では、議論をつづけよう。
「節制をわきまえた思慮ある魂こそすぐれた魂だとするならば、それと反対の状態にある魂は悪しき魂だということになる。しかるに、そのような性格の魂とは、愚かにして放埒な魂のことにほかならなかった」

――たしかに。

「そして思慮節制のある人は、神々との関係においても、人間たちとの関係においても、当然なしてしかるべきことをなすはずであろう。なぜなら、もしそうでないようなふるまいがあったとしたら、思慮があるとは言えないだろうから」

b ――必然的にそうであるはずだ。

「さらに、この当然なしてしかるべきことをなすということは、人間との関係においては正しい行為となり、神々との関係においては敬虔な行為ということになる。そして正しいことをおこない敬虔な行為をする者は正しい人間、敬虔な人間でなければならないはずだ」

――そのとおり。

「さらに、そのような人は、また、かならず勇気のある人間でもあるはずだ。なぜならば、追いかけたり逃れたりすべきでないようなものを追いかけたり逃れたりするのは、けっして思慮ある人間のなすところではなく、相手が事物であれ人間であれ、あるいは、快楽や苦痛であれ、まさにそうしてしかるべきものを逃れたり追いかけたりするのが、そして、まさに踏みとどまるべきところによく堅忍を持《じ》して踏みとどまるというのが、思慮ある人間のやり方なのであるから。

c したがって、つぎのようなことが、動かぬ必然的帰結として出てくるのだ、カリクレスよ。すなわち、思慮節制をわきまえた人間は、いまわれわれが述べきたったごとく、正しくて、勇敢で、かつ敬虔な人間であるからには、まったき意味においてすぐれた善き人間であること、しかるに、すぐれた善き人間であるならば何をしてもすべてよく立派におこなうはずであること、しかるに、そのなすところがよくいく者は幸せで幸福な人間であり、これに反して、劣悪でそのなすところがうまくいかぬ者は惨めな人間であること。そして、この最後に言われたような人間とは、思慮節制をわきまえた人とちょうど反対の状態にある人、すなわち、君が賞めたたえていた（492c）、かの放埒無法な人間にほかならないであろう」

63

かくして、ぼくがこうした問題について自分の見解として定めるのは以上のようなことであり、そしてぼくは、これをあくまで真実であると主張したい。

しかるに、これが真実であるとすれば、そこから出てくる実践上の帰結は、どうやら、つぎのようなことになるだろう。すなわち、幸福になりたいと願う者は、思慮節制の徳をこそ追い
d 求め、これを習いおさめるべきなのであり、これに対して放埒は、それこそわれわれ一人一人

の脚《あし》の力のおよぶかぎり、これを避け逃れなければならない。そして、できることなら懲らしめをなにひとつ必要としないよう自分でよく配慮しなければならないが、もしもひとたび懲らしめを必要とする事態にたちいたったならば、その当事者は、自分自身であれ、身内のなかのだれかであれ、あるいは、一個人にせよ、国全体にせよ、いやしくも幸福になろうとするのなら、かならず罰を受け懲らしめを与えられなければならない。

これが、ぼくには、この人生を生きてゆくにあたって目を向けるべき目標だと思われる。人は、自分自身のことであれ、国事に関することであれ、その努力のすべてをこの目的に傾注しながら、すなわち、幸福になるために正義と節制の徳がそなわるよう努力しながら、それによ
e って行動を律しなければならない。さまざまの欲望を抑制されぬままに放置して、それを満足させることにあくせくとつとめながら生きるべきではけっしてないのである。そんなやり方こそは、はてしなき禍《わざわ》いであり、盗人の生活を生きることでなくて何であろう?

じっさい、そのような人間は、ほかのどんな人間からも、また神からも、愛されることはありえないだろう。なぜなら、そのような者は他のだれとも、ともに交わることができないし、そして、交友の情のないところに友愛のありえようはずがないからである。

508 しかるに、賢者たちの言うところによれば、カリクレスよ、天も地も、神々も人間たちも、そのすべてを統括して一つに結びつけているものは、ほかならぬこの交友と友愛なのであり、

さらには、秩序と節度と正義なのである。彼らがこの宇宙全体をコスモス（秩序）と呼んで、けっして無秩序とも放埒とも呼ばない理由は、友よ、じつにここにあるのだ。

ところが君は、こういったことにはさっぱり注意を向けていないように思われる。しかも、君自身、賢い人だというのに！　君は幾何学的な平等[1]というものが、神々のあいだでも、人間のあいだでも、偉大な力をもっている事実にまったく気づいていない。そして欲ばって、他人の持ち分をおかす能力をつとめて身につけなければならぬなどと思っている。これも、つまりは、君が幾何学をなおざりにしているからなのだ。

b とまれ、われわれとしては、いま言われた説を反駁して、幸福な人たちを幸福ならしめているものは正義と節制の所有ではなく、また、不幸な人たちを不幸ならしめているのはその人のもつ悪徳なのではないということを証明するか、それとも、もしこの説が正しいとすると、そこからどのようなことがらが帰結されるか、考えてみなければならない。

何が帰結するかというと、まえに言っていたようなすべてのことが、ここから結論として出てくるのだよ、カリクレス。君はそれについて、いったい、まじめにそんなことを言っているのかと、ぼくにたずねたっけね（481b）。ほら、ぼくが、もしなにか不正をおかしたならば、その不正をおこなった当人が、自分自身であれ、自分の息子であれ、仲間の者であれ、かならずその者を告発しなければならない、弁論術というものも、この目的のためにこそ用いるべきだ、と言っていたときに。

さらにはまた、ポロスが恥じらいの感情に負けて認めてしまったと君の思っていたことがら(482d～e)、すなわち、不正をおこなうのは不正を受けるよりも醜いことであるのと同じ程度c
だけ、大きな害悪をこうむるのだということ、あれも、思えば、真実のことだったのだ。

それからもう一つ、将来ほんとうの意味で弁論術を身につけようとする者は正義の人でなければならず、何が正しいことがらであるかについてしっかりとした知識をもっていなければならぬということもね。このことはこのことでまた、ゴルギアスが恥じらいの感情に負けて同意を与えてしまったのだとポロスは言っていたが(461b)。

(1) 算術的平等に対する比例的平等。

64

さて、これがこのとおりだとすると、君がこのぼくに向かって非難していることがらは、いったい、どういうことになるのか、これをつぎに考えてみることにしよう。

はたして、あの申し立ては正当であろうか、正当でないだろうか? 君の申し立てるところによれば、このぼくという人間は、自分の身を守ることもできなければ、友だちや身内のだれ一人をも守ってやることもできず、最大の危難から救いだす能力とてなく、どんな人間からでも好き勝手な仕打ちを受けること、あたかも法益を剝奪《はくだつ》された者のごとくであって、だれでも
d ぼくに対しては、君の元気のよい言い方（486c）をそのまま借りるなら、「横っ面に一撃くらわせる」ことでも、財産をとりあげることでも、国を追い出すことでも、あげくのはてには死刑にすることでさえも、すべて意のままだということであった。そして、そんなありさまでいることは何よりもみっともないことだというのが、君の説であった。これに対するぼくの見解がどのようなものであるかは、すでに何度も述べられたけれども、ここでもう一度、それをくりかえしても、べつにさしつかえなかろう。

e ぼくの主張は、カリクレス、こうだ。自分が不正に横っ面をなぐられたとしても、さらには、ぼくの身体が切られようと、巾着《きんちゃく》が切られようと、そんなことはべつに最大の恥辱であるとは、ぼくは認めない。いや、むしろ、ぼく自身なりぼくの持ち物なりを、不正になぐったり切ったりすることのほうが、それよりももっと醜く、もっと大きな災悪であると主張する。同じくまた、盗みを働いたり、人をかどわかしたり、壁を破って家へ押し入ったり、要するに、ぼくなりぼくの持ち物なりに対して、いかなる不正事にせよ、これをおかすことは、被害者のぼくにとってよりも、不正をおこなったその当人のほうにとってもっと大きな災悪でもあるし、もっと大きな恥辱でもあると主張する。

509 こういったことがらは、ぼくたちにとってはすでにもうさきの議論のなかで、いまぼくが述べているような形で明らかにされたものなのであるが、いささか無遠慮に言うことをゆるしてもらえるなら、それは鉄と鋼のような論理によってしっかりと拘束され、縛《しば》りつけられているのだ。すくなくとも、こうして見たところ、そのように思われる。この堅い論理の縛《いまし》めを、君なり、あるいは、君よりももっと血気さかんな他のだれかなりが、打ち破って解き放つのでないかぎり、いまぼくが述べているのと違ったことを主張してみても、それはしょせん、正しい言説とはなりえないであろう。

じじつ、ぼくとしてはいつも同じことを言うことになるが、こうしたことがらがほんとうはどうであるかをぼく自身は知っているわけではないけれども、しかしとにかく、こうしていまのように会って話した人たちのなかでは、だれ一人として、上述の見解と違った見解をとなえながら笑いものとならずにいることはできないのだ。

だから、ぼくは、ここにふたたび、これはほんとうにこのとおりなのだと想定することにし
b よう。しかし、もしこれがこのとおりであって、不正は不正をおかす当人自身にあらゆる災悪のなかでも最大の害を与えるものであるとするならば、そしてさらに、その最大の禍いよりももっと大きな災悪というものがありうるとしたら、不正をおかしながら罰を受けないでいることこそがそれであるとするならば、そもそも人間は、どのような事態において自分自身を守る

ことができないときに、ほんとうの意味で笑いものとならなければならないのだろうか。それは、最も大きな危害をわれわれから遠ざけて防がなければならないときに自分の身を守ることができないばあいではないだろうか。

いや、むろん、ことの必然から言えば、そのような事態にあって自分の身をも自分の友や身
c 内の者たちをも守ることができないことこそ、最も恥ずかしいことなのであり、二番目に大きな害悪から守れないのが二番目に恥ずかしく、三番目に大きな害悪のばあいが三番目というようにして、以下これに準ずるはずである。つまり、それぞれの害悪が本来もっている大きさの程度に応じて、そのそれぞれのばあいに身を守る能力の立派さの程度もきまるし、逆に、その無能力の恥の程度もきまるわけだ。

はたして、こうではあるまいか、カリクレス？

カリクレス それに違いない。

65

ソクラテス

さて、そこで、人に不正を加えることと、自分が不正を受けることと、この二つのうち、ぼ
くたちの主張では、害悪をこうむる程度は不正を人に加えるほうが大きく、加えられるほうが
少ないというわけだ。そうすると、いったい、人間は何を身にそなえたならば自分自身を守る
d ことができて、その結果、これら両方の側における利益を、つまり、不正を人に加えないこと
によって得る利益と不正を受けないことによって得る利益を、確保できるであろうか。能力だ
ろうか、意志だろうか。

ぼくの言うのは、つぎのような意味だ。人から不正を受けないためには、不正を受けまいと
いう意志さえあればよいのか、それとも、不正を受けないでいるだけの能力を身にそなえなけ
ればならないだろうか。

カリクレス

それは、むろん、能力をそなえなければならない。

ソクラテス

では、人に不正を加えるほうについては、どうだろう？　不正をおこなうようなことはすま
いという意志さえあれば、それだけでじゅうぶんであって、じっさいに不正をおこなうような
e ことをせずにすむであろうか。それとも、この目的のためにも、何らかの能力と技術を——そ
れを学んで修練をつむのでなければ不正をおかすことを避けられないという事情のために——

身にそなえなければならないのだろうか。
さあ、まさにこの点については、すぐにも君の答えを聞きたいものだ、カリクレス。まえの議論のなかで（467c～468e）ぼくとポロスとが、不正をおかそうと積極的に望むような者はだれもいない、不正をおかす人たちはすべて不本意ながらそうするのだ、ということに同意を与えたとき、君は、ぼくたちがそれに同意せざるをえなかったのは正しかったと思うかね、それとも、まちがっていたと思うかね？

カリクレス
510 その点は正しかったということにしよう、ソクラテス。あなたの議論に片がつくために。

ソクラテス
そうすると、その目的のためにも、やはりどうやら、ある能力と技術をそなえなければならないわけだね？　われわれが不正をおかさないようにするという目的のためにも。

カリクレス
たしかに。

ソクラテス
さて、それでは、人から不正をぜんぜん受けないようにそなえるために、あるいは、受けたとしてもそれを最小限にとどめるようにそなえる技術とは、いったい、どのようなものであるうか。何がそれにあたるかについて君の意見がぼくと同じであるかどうか、ひとつ、しらべてみてくれたまえ。

ぼくには、つぎのようなのがそれにあたると思われるのだがね。つまり、そのためには、自分自身が一国の支配者になり、あるいは、さらに独裁君主となるなりするか、そうでなければ、ときの支配政権に味方する党派の者となるかしなければならない、とね。

カリクレス　あなたが何かいいことを言いさえすれば、ソクラテス、どんなにわたしが褒めるのにやぶさ
b かでないか、まあ、見てもらいたいものだ。いまあなたが言ったことはまことによかった、とわたしは思うね。

66

ソクラテス　では、つぎに言うことも、やはり、君のお褒めにあずかれるかどうか、しらべてみてくれたまえ。

ある人が他の人と最も親しい友となりやすいのは、むかしの賢者たちの言葉にもあるように、

その性格が似た者どうしのあいだである、とぼくは思うのだが、君にもそう思えないかね？

カリクレス
そう思う。

ソクラテス
だから、粗野で教養のない独裁君主が支配しているようなところにあっては、その支配者よ
c りもはるかにすぐれた人間がその国にだれかいたばあい、独裁君主はきっとその人を恐れて、心の底からその人と親しくなることはけっしてできないのではあるまいか。

カリクレス
そのとおりだろう。

ソクラテス
そうかといってまた、ずっと劣った人間であっても、やはりだめだろう。その独裁君主はその男を軽蔑して、まじめに友だち付き合いする気にはとてもなれないだろうからね。

カリクレス
それもまた、そのとおりだろう。

ソクラテス
かくして、そのような君主と親しくなる資格のある者として残るのはどういう人間かと言え

ば、それはただ、似かよった品性をもち、非難するものも賞讃するものも一致しているために、その君主によって支配され、その支配下に隷属《れいぞく》することになんの抵抗も感じないような人間だけである。このような人間こそは、その国における有力者となるだろうし、この男に不正を加
d
える者があれば、だれでもただではすまされぬだろう。そうではないかね？

カリクレス　そうだ。

ソクラテス　そこで、この国に一人の青年がいて、心中このように考えたとしたらどうだろう？　いったい、どうしたら自分は大きな権力を手に入れて、だれからも不正を受けないようになれるだろうか、とね。どうやら、彼に残された途《みち》はと言えば、若いときからすぐに、その君主と同じものを喜んだり嫌ったりするように自分を習慣づけて、できるだけその君主とあい似た性格になろうと工夫する以外にはないだろう。そうではないかね？

カリクレス　そう。

ソクラテス

e それに成功したならば、この青年にとっては、自分がだれからも不正を受けないようになって、君たちの言う「一国の有力者」となるという目的は完全に達成されたことになるだろう。

カリクレス たしかに。

ソクラテス では、はたして、不正をおこなわないということのほうも達成されたことになるだろうか。それとも、このほうは、まったくほど遠い話であろうか。いやしくも、不正な人間である支配者とあい似た人間であり、そのような支配者のもとで大きな力をふるうのであってみれば？ いや、すくなくともぼくの考えるところによれば、そのような状態のもとにあっては、その人の講じる対策は、まったく反対に、できるだけ多くの不正をおかすことができるように、そして不正をおかしてもその罰を受けないように、という目標に向けられることになるだろう。そうではないか。

カリクレス そうだろう。

ソクラテス
511 そうなると、彼は最も大きな災悪をわが身に引き受けることになるだろう。なにしろ、君主の性格をまねて、その結果として得た権力を行使しているうちに、それによって魂が邪悪なものとなり、すっかり損われてしまうわけだからね。

カリクレス

なんだか知らないが、あなたは、いつもいつも、ああだこうだと議論をひねくりまわしているようだね、ソクラテス。いやさ、あなたにはわからないのかね、そうやって君主の性格をまねる者は、そういうまねをしないような者を殺すことだって、財産を取り上げることだって、思いのままにできるのだよ？

ソクラテス

b わかっているとも、カリクレス、ぼくが聾者でもないかぎりはね。君からも、ポロスからも、さっきからさんざん聞かされてきたし、そのほかにも、この国のほとんどすべての人が口をそろえてぼくにそう言って聞かしてくれるよ。

しかし、どうか、君のほうでも、このぼくの言うことを聞いてくれないか。なるほど、そういう人は思いのままに他方の人を殺すこともできるだろう。だが、それは、邪悪な人間でありながら、立派ですぐれた人間を殺すことになるのだよ？

カリクレス

それこそ、まさに嘆かわしき事態というものではないか。

ソクラテス

416 いや、道理をわきまえた人間にとっては、けっしてそうではない。それは、ぼくたちの議論
が示しているところだ。それとも君は、人間が自分のためにつとめて配慮しなければならない
のは、ただ、できるだけ長い期間生きながらえるということだとでも思っているのかね？　そ
して、そのために人は、われわれをそのときどきの危険からいつでも救ってくれるような、そ
c ういう技術をこそ習いおさめるべきだと考えているのかね？　たとえば、君がこのぼくに習え
と命じている弁論術、裁判の法廷においてわれわれを安全に救ってくれるという弁論術のよう
な……。

カリクレス

そうだとも。ゼウスに誓って、あなたに対するその忠告はけっして間違っていないのだ。

67

ソクラテス

しからばどうだろう、世にもすぐれた友よ、いったい君は、水泳の知識をなにか崇高なもの
だと思うかね？

カリクレス

とんでもない、そんなこと思うものか。

ソクラテス

しかし、そうは言うけれどもね、人間を死から救うことにかけては、この知識だってやはり同じことなのだよ。人がどうしてもこの知識を必要とするような事態におちいったばあいにはね。

d だが、君にはそれがつまらぬ知識だと思えるのなら、ぼくはもっと重要なものをあげよう。それは、航海術だ。この技術は、ただ人の生命だけでなく、身体や財貨までも一切合財《いっさいがっさい》、いちばん恐ろしい危険から安全に救ってくれる。ちょうど弁論術と同じようにね。

しかも、この技術のほうは、謙遜《けんそん》で慎みぶかく、なにか特別たいした仕事をしているといったような、もったいぶった顔つきで威張りかえるようなまねはけっしてしない。いや、法廷弁論の術とまったく同じだけのことをなしとげながらも、人を安全に救うというその仕事がかりにアイギナ島[1]からこのアテナイまでの航路でおこなわれたとすれば、報酬として、まあ二オボロス[2]ぐらいを要求するだろうし、また、それがアイギュプトス（エジプト）や黒海方面から、
e この土地までの、距離でおこなわれるのであれば、この技術は、いま言ったように、その人自身もその子供たちも、財貨も女たちも、一切合財を安全に救い、港まで送り届けて上陸させて

おきながら、それだけの大きな奉仕に対してせいぜい二ドラクメを請求するにすぎないのだ。しかも、この技術の所有者であり、これだけの事業をなしとげた当の本人が、上陸してから海辺の自分の船のあたりを散歩している、その慎ましやかな態度を見よ！

それというのも、思うに、彼は頭を働かせて考えてみることを、ちゃんと知っているからなのだ。自分は、航海をともにした船客たちを海に溺《おぼ》れないようにしてやったが、そうすることによって、はたして彼らのうちのだれを益しだれに害を与えたことになるのかは、ほんとうはわからないのだということをね。ほかでもない、彼は、自分が船客たちを、乗船したときとくらべて肉体的にも精神的にも、よりすぐれた人間にしたうえで上陸させたわけではないのを、よく承知しているからだ。

彼は、こんなふうに考える。もし乗客たちのなかに重い不治の病いに身体をおかされている人がいて、その人が海に溺れるのをまぬかれたのであれば、そういう人は死ななかったがゆえにかえって惨めであり、したがって、船員である自分からなんら有益な奉仕を受けたことにはならないであろう。しかるに、だれかが身体よりもさらに大切なもの、魂のなかに数多くの不治の病いをもっているばあい、そういう人にかぎって生きていたほうがよいというようなことが、いったい、ありうるだろうか。そういう人を、海であれ、法廷であれ、その他どこであれ、とにかく危険から安全に救ってやることによって、その人のためになる奉仕をしたことになる

b だろうか。いや、そんなはずはない、と彼は考える。邪悪な人間にとっては、生きているということはなんら善いことではない、邪悪な人間が悪い（不幸な）生き方しかできぬのは動かぬ必然だから、ということを彼は知っているのだ……。

（1）アテナイの外港ペイライエウスから東南の海上、約二十マイルほど沖にある島。
（2）オボロスとつぎに出てくるドラクメは当時の貨幣（銀貨）の単位。六オボロスが一ドラクメにあたる。当時、夫婦者の一日の生活費が三オボロス、職人の一日の賃銀の標準が一ドラクメであったといわれる。

68

そういうわけだから、船の舵取人《かじとりびと》はふつう、われわれを安全に救うからといって威張りかえるようなことはしないのである。

さらにまた、君よ、兵器をつくる技師にしても同じことだ。彼は、人を安全に救う力にかけては、しばしば、船の舵取人はおろか、一軍の将とくらべても、その他、何者とくらべても、けっしてひけをとらない。なにしろ、国全体をそっくり救うばあいだって、あるのだから。よもや君は、彼を法廷弁士なみだとは思わないだろう？

c とはいえ、カリクレス、もしも彼が、君たちと同じようなものの言い方をして、自分の仕事にもったいをつけるつもりになったとしたら、彼はきっと、諸君は兵器製造技師にならなければならぬ、他の仕事などすべてものの数にも入らないのだから、と説きすすめ、その申し立てによって君たちを圧倒してしまうことだろうね。じじつ、それだけの言い分はじゅうぶんにあるのだからね。

しかし、にもかかわらず君は、彼と彼の技術とを蔑《さげす》んでいて、兵器製造人という呼び方に侮《ぶ》蔑《べっ》の意味をこめて使うだろうし、彼の息子に自分の娘を与えたり自分のほうで彼の娘をもらったりするのは、いやだと言うだろう。しかしそう言う君が、自分の仕事をどんな根拠にもとづ
d いて賞揚しているかを考えてみるに、兵器製造人その他、いまぼくがあげてきたような人たちを君が蔑んでよいという正当ないわれは、いったい、どこにあるのだろうかね？

むろん、君は、自分が彼らよりすぐれた人間であり、すぐれた家柄の生まれだと言いたいのだろう。それはわかっている。だがね、その「よりすぐれている」ということがかりにぼくの言うような意味ではなくて、どのような資質の人間であろうとおかまいなく、ただ自分と自分のものを救って安全に保つという、それだけのことが人間としての卓越性にほかならぬとするなら、兵器製造人であれ、医者であれ、その他、何であれ、およそわれわれを安全に救う目的でつくられている技術に君が難くせをつけるのは、笑止千万なことになるだろう。

e いや、君、よく考えてみたまえ。気高いとか、すぐれているとかいうことは、安全に救うと
か、救われるとか、そんなこととは別のことがらではないだろうか。どれだけの期間生きなが
らえるかというようなことをくよくよ考えて、いたずらに生命を惜しんだりするのは、いやし
くも真の男子たる者のなすべきところではないだろうからね。いや、そうした点については、
いっさいを神にまかせ、女たちの言うとおり、何人《なんびと》も定められた死の運命をまぬがれることは
できぬと信じて、考えるべきはそのつぎに来る問題、すなわち、いかにすればその定められた
生の期間をできるだけ善く生きることができるかという問題なのだ。人は自分の住む国の政治
513 形態に自己を同化させながら生きてゆくのがいったい、最上の生き方なのであろうか。すなわ
ち、いまの君のばあいなら、君がアテナイの民衆に好かれて、この国の有力者になろうとする
なら、君はできるだけ、アテナイの民衆に似た性格の人間にならなければならないのだろう
か……。

さあ、そういうふうにすることが、はたして、君にとって、またこのぼくにとっても、ほんとうに得になることなのかどうか、考えてみてくれたまえ。よく気をつけないと、君、ぼくたちは、あの月をひき下ろすテッタリアの女たち[1]がその代償としてこうむったと伝えられるような目にあわされないともかぎらないからね。つまり、一国において君の推奨するような権力を得ようとする途《みち》を選ぶとすれば、われわれは、この選択に自分のいちばん大切なものを賭《か》けな

ければならないのだからね。

b ところで、もしも君が、この世のだれにせよ、君をこの国の政治形態と善きにつけ悪しきにつけ似ていない人間のままでこの国の有力者たらしめるような何らかの技術を授けてくれるだろうなどと考えているとしたら、そんなもくろみは、ぼくの見るところでは、見当違いと言わなければならないね、カリクレス。なぜといって、君がアテナイの民衆《デモス》に対して、さらには、ピュリランペスの子のデモスに対してもそうだが、もし表面《うわべ》だけならぬ真正の友愛のきずなを達成しようとするのなら、彼らの性格をただまねるだけではだめなのであって、君自身のもって生まれた性格そのものが彼らと同化してしまうのでなければならないのだからね。したがって、だれでも君を彼らとそっくりの人間に仕上げてくれる人がいるとしたら、その人こそが、君を君がなりたがっているような意味での政治家にしてくれるだろうし、また、弁論家
c にしてくれることだろう。ほかでもない、人はだれでもそれぞれ自分の性《しょう》にあった内容の話を聞けば喜ぶし、自分の性格と無縁な話を嫌うものだから。

もし君のほうでべつに異議がなければ、これだけのことを言わせてもらおう、わが親しき友よ。ぼくたちは、これに対して、何か反対することがあるだろうか、カリクレス？

(1) テッタリア地方の女は魔法に長じ、月をひき下ろす（月蝕《げっしょく》をおこさせること）力をもっていたが、その魔力の代償として視力を奪われたり、自分の子供を犠牲にしなければならなかったという伝

説をさす。

69

カリクレス
あなたの言うことには、ソクラテス、どことなく人を肯《うなず》かせるところがあるような気もする。けれども、わたしの結局の気持はと言えば、大部分の人たちと同じように、あなたの言葉にすっかり承服することはできないのだ。

ソクラテス
それはね、カリクレス、君の心のなかにある民衆《デモス》への恋情が、ぼくに抵抗しているからなの
d だ。しかし、ぼくたちが同じこうした問題を何度もくりかえして、もっとよく徹底的に考察し
てみるならば、君はきっと承服してくれるようになるだろう。

だが、それはともかくとして、ここでひとつ、思い出してもらいたいのだが、ぼくたちはさっき（500b）、対象が身体にせよ魂にせよ、それぞれを世話するための二通りのやり方があるという主張をとっていたね？　つまり、その一つは、自分が世話をする対象を取り扱うにあたって相手に快楽を与えることを目標とするもの、そしてもう一つのほうは、その目標を最善の

ことがらにおき、ご機嫌取りを排して、あくまでもまじめな闘いをつづけるもの、というのであった。こうした区別を、ぼくたちは、あのとき定めたのではなかったかね？

カリクレス　たしかに。

ソクラテス　そうすると、その一方、すなわち、目標を快楽におくもののほうは卑しい性格のものであり、おべっか以外の何ものでもないのだ。そうだね？

カリクレス　e お望みなら、あなたのために、そうだということにしておこう。

ソクラテス　これに対して、もう一つのほうは（もっと気高いものであり）、その目ざすところはどこまでも、われわれが世話をしようとする相手が、身体であろうと魂であろうと、できるだけすぐれたものになるように、ということにあるのだね？

カリクレス　たしかに。

ソクラテス

それなら、われわれが国家とその国民たちに対してこころみるべきは、まさに、そのような態度での奉仕ではなかろうか。すなわち、国民たち自身をできるだけすぐれた人間たらしめようとつとめるべきではないかね？

ほかでもない、さきの議論（504d以下）でぼくたちにわかったように、それなくしては他に
514 どのような善いことをしてやったとしても、なんの甲斐もないのだから。かりにいかに莫大《ばくだい》な財産を、あるいは、他人を支配する権力を、あるいは、その他どのような権力をわがものとする定めにあろうとも、もし当人たちの精神が立派ですぐれたものでなかったとしたならばね。これはこのとおりだ、としてよいだろうか。

カリクレス

よいとも。それがあなたのお気に召すのなら。

ソクラテス

それでは、カリクレス、いまかりにぼくたちが公人の資格で国家公共の仕事に何かたずさわろうとしていて、建築関係の事業、つまり、城壁なり船渠《せんきょ》なり神殿なりを造るという最も重要な建造物構築の仕事にとりかかるよう、たがいに勧めあっているところだとしよう。そのよう
b なばあいには、ぼくたちとしては当然、ぼくたち自身をよくしらべてみて、まず第一に、ぼくたちにその当の技術すなわち建築術の心得があるかどうか、あるとすればだれからそれを学ん

だのかを、たがいによく吟味すべきではないだろうか。どうだね、その必要があるだろうか、ないだろうか。

カリクレス　たしかにそうすべきだろう。

ソクラテス　さらに、第二番目に、そもそもぼくたちは、これまで個人的に何か建物を建てた経験があるかどうか、それはだれか友人のために建てたのでもよし、ぼくたち自身のためのものでもよいが、とにかく、そうした建築の実績があるかどうかということ、そして、もしあるとすれば、その建物は立派なものかまずいものかということ、この点をしらべてみなければならぬだろう。

c　そして、調査のうえで、ぼくたちがすぐれた有名な先生について習ったことや、また、その助けをかりて数多くの立派な建物をつくり、先生のもとを離れたのちもたくさんの建物を独力で建てた実績があることがわかったならば、これだけの条件をぼくたちが充《み》たしていてこそはじめて、公共の仕事に向かうということも思慮をわきまえたふるまいと言えるだろう。

これに反して、もしぼくたちが自分たちの先生をあげることもできないし、自分の建てた建物も何一つ示すことができなかったり、あるいは、たくさんあるにはあるがいずれも取るにたらぬものばかりだったりするのであれば、このばあいには、公共の仕事を手がけたり、おたが

いにそうするように勧めあったりするのは、疑いもなく愚かなことであろう。このように言う
d のは正しいと主張すべきだろうか、どうだろうか。

カリクレス　たしかに、正しいと言うべきだろう。

70

ソクラテス　このことは万事につけて同様ではないだろうか。とくに、ぼくたちが国の医者となって公けのために働こうとこころみるばあいなども、もしぼくたちがそれだけの資格がじゅうぶんあるつもりでたがいに勧めあうとするならば、まずそのまえに、ぼくは君を、また君はこのぼくを、こんなふうに言いながらしらべあったことだろう、「さあ、神々に誓って、そもそもそういうソクラテス自身の身体は、どのような健康状態にあるか。あるいは、これまでにだれか、奴隷でも自由市民でも、ソクラテスの手によって病気から解放された者がいるか」とね。また、思うに、ぼくのほうでも、同じそれらの点を、君について別にしらべたことだろう。
e そして、そのうえで、もし万一、ぼくたちのおかげで身体のよくなったという者がよ

その国の人たちのなかにも、この町の人たちのなかにも、男にも女にも、どこを探してもだれ一人見つからなかったとしたら、ゼウスに誓って、カリクレス、人間の馬鹿さ加減にもいろいろあるが、これほどまでに愚かな考えをおこすとは、まことにもって滑稽なことと言うべきではないだろうか。

なにしろ、そのばあい、ぼくたちは、本来ならば、一個人としての仕事のあいだにいろいろとうまくいったりいかなかったりする経験を数多くかさねたうえで、その当の技術にじゅうぶん習熟する、というところまでいっていなければならぬのに、そういった経験と練習をぜんぜん抜きにして、それこそ諺の文句そのままに《陶工の術を学ばんとして大甕《おおがめ》よりはじめる》ことをあえてして、自分も公けの仕事を手がけようとこころみ、また、似たりよったりの状態にある他の人たちにもそれを勧めようというわけだからね。こうしたふるまいを、君は愚かだとは思わないかね？

カリクレス

たしかにそう思う。

ソクラテス

515 ところで、話をじっさいのことにもどすならば、世にもすぐれた友よ、君はげんに自分で国家公共の仕事を手がけはじめたばかりのところだし、そして、このぼくにもそうするように勧め、ぼくがそれをしないと言って非難しているわけだ。それならば、ぼくたちはおたがいによくしらべてみるべきではないかね？

「さあ、それでは、そもそもカリクレスは、これまでに、市民たちのだれかをすぐれた人間にしたことがあるか。以前は性《たち》の悪い人間で、不正、放埒、無思慮であったのが、カリクレスのおかげでひとかどの立派な人間になったという者が、よそ者にせよこの町の者にせよ、奴隷にせよ自由市民にせよ、はたしてだれかいるかどうか」

b さあ、どうか言ってくれたまえ、だれかが君をこういった点について吟味するとしたら、カリクレスよ、君はなんと答えるつもりかね？　君と交わったおかげで以前よりもすぐれた人間になった者としてだれを君はあげるね？

べつに、答えるのをためらわなくてもよいだろう？　かりにも、君が公共の仕事を手がける以前の、まだ私人として働いていたころの、君の業績が、ほんとうにあるとするならばね。

カリクレス

人をやりこめたくてたまらないのだね、ソクラテス。

71

ソクラテス

いや、けっして、君をやりこめたくてたずねているわけではないのだ。そうではなくて、われわれのところでの政治活動は、いったい、どのようなあり方をとるべきかについて、君の考えをほんとうに知りたいからなのだ。

c 君が国の仕事に乗り出したとき心にかけるべきことがらとしては、われわれ国民ができるだけすぐれた人間になるようにということ以外に、何か考えられるだろうか。いや、まさにそれが政治にたずさわる人間のなすべきことだというのは、すでにぼくたちが何回となく同意を与えてきたところではなかったろうか。どうだね、同意を与えたかね、与えなかったかね？

答えてくれたまえ。――同意したのだ。君にかわって、このぼくが答えよう。

そこで、すぐれた人物なら自国のためにその実現をこそ心がけなければならないのだとすると、ここでひとつ、すこしまえに君があげていたあの人物たちについて、もう一度思いおこし
d て、ぼくに言ってもらいたい。君には、いまでもまだ、彼らペリクレス、キモン、ミルティアデス、テミストクレスといった人たちがすぐれた政治家であったと思えるかね？

カリクレス

思えるとも。

ソクラテス では、いやしくもすぐれた政治家であったとすれば、むろん、彼らはみんなそれぞれ、同国民たちを以前よりもすぐれた人間にしたはずだ。どうだね？ ほんとうにそうしただろうか。

カリクレス そうだ。

ソクラテス そうすると、ペリクレスが民衆に向かって言論活動をはじめたころは、アテナイ人たちは、彼がその活動を終えたときとくらべて、劣った人間であったわけだね？

カリクレス たぶんね。

ソクラテス いやいや、君、たぶんなどとは、もってのほか。これまで同意されたことがらから考えて、それはかならずそうでなければならぬはずだ。いやしくもあの人が、ほんとうにすぐれた政治家であったならばね。

カリクレス

それでいったい、どうだと言うのかね？

e

ソクラテス いや、べつに。ただ、つぎにもうひとつ、教えてもらいたいことがあるのだが、いったい、ふつうには、アテナイ人たちはペリクレスのおかげで以前よりすぐれた人間になったと言われているのかね？ それとも、まったく反対に、彼のために堕落したというふうに言われているのかね？ というのは、じつは、ぼくはこんなことを耳にしているのでね。つまり、ペリクレスという人は国の公務員に給料を支給する制度をアテナイ人たちのためにはじめて定めたことによって、すっかりアテナイ人たちを怠け者で、臆病で、おしゃべりで、金銭欲のつよい人間にしてしまったというのだ。

カリクレス そんなことは、耳のつぶれたスパルタ崇拝者の連中(1)から聞いたのだろう、ソクラテス。

ソクラテス ところが、これから言うことは、もはやたんなる噂《うわさ》ではなくて、ぼくも君も、はっきりと知っている事実なのだ。つまり、ペリクレスは最初のころはなかなか評判がよくて、アテナイ人たちは彼に対して一

516

度たりとも破廉恥な罪を宣告するようなことをしなかった。彼らがまだ劣悪な人間であったあいだはね。ところが、ペリクレスの生涯の終わるころ、アテナイ人たちが彼のおかげで立派なすぐれた人間となるにおよんで、彼らはペリクレスに対して、公金横領のかどで有罪を宣告したばかりか、あわやもうすこしで死刑の判決を下すというところまでいったのだ。(2) これは、むろん、ペリクレスを悪い人間と見なしてのことだろう。

(1) 民主派に対抗して、スパルタとの提携による寡頭政治の実現を望んでいた若い人々の一派。スパルタに心酔してその風俗を模倣したが、拳闘の愛好もその一つで、これが「耳のつぶれた」と呼ばれるゆえんである。

(2) 前四三〇年秋、ペリクレスは、その政策を喜ばぬ市民たちから公金横領または不正行為を理由に訴えられ、有罪となって罰金を課せられた。翌年、これを後悔した市民たちにふたたび将軍に選ばれたが、同年まもなく死んだ。

72

カリクレス　だから、どうだと言うのかね？　そのためにペリクレスが無能な人物だったとでも言うのかね？

ソクラテス
すくなくとも驢馬《ろば》や馬や牛の世話をする管理人がそんなていたらくだったとしたら、さだめし無能な管理人だと思われたことだろうね。もしそういった家畜たちが、手もとに引き受けたときには管理人を蹴《け》ったり突いたり噛《か》んだりすることはなかったのに、世話をした結果、粗暴になって、すべてそういった乱暴をはたらくようになったとしたらね。
b
それとも君には、たとえどんな動物のどんな管理人にせよ、おとなしいのを引き取っておきながら、引き受けたときよりも粗暴にしてしまうような管理人がいるとしたら、そんな管理人は無能であるとは思えないのかね？　どうだね、そう思われるかね、思われないかね？

カリクレス
たしかにそう思われる、と答えよう。あなたを喜ばせるために。

ソクラテス
では、ついでにもう一つ、ぼくを喜ばせるために、つぎのことに答えてくれたまえ。人間もまた、動物の一種かね？　それとも、そうではないのかね？

カリクレス
そうでなかったら、たいへんだ。

ソクラテス

で、ペリクレスは、人間たちの世話をしていたわけではないかね？

カリクレス　そう。

ソクラテス　すると、どういうことになるだろう？　まさにたったいまぼくたちが同意しあっていたよう
c に、もし人間たちの世話をしたペリクレスが国家社会の仕事に関してすぐれた能力をもっていたとしたら、人々は彼の力によってそれまでよりも正しい人間になったはずではないかね？

カリクレス　たしかに。

ソクラテス　ところで、正しい人間ならばその性《さが》温和であるとは、ホメロスの言うところだ。これに対して君は何と主張するか。同意見かね？

カリクレス　そうだ。

ソクラテス　しかるにペリクレスは、人々を、自分の手に引き受けたときよりも粗暴な人間にしたのであ

った。しかも、これは彼として最も不本意なことだったろうが、ほかならぬ彼自身に対して粗暴な人間にね。

カリクレス
お望みとあれば、同意しようか？

ソクラテス
ぼくの言うことがほんとうだと思ったらね。

カリクレス
では、そうだということにしておこう。

ソクラテス
では、以前より粗暴にしたとすれば、以前より不正で劣った人間にしたことになるね？

カリクレス
d そうだとしよう。

ソクラテス
してみると、ペリクレスという人は、この議論の示すところによれば、国家社会の仕事に関してすぐれた能力をもつ政治家ではなかった、ということになる。

カリクレス

と、まあ、あなたは主張するわけだ。

ソクラテス

いやいや、ゼウスに誓って、君が同意を与えてきたことがらの帰結として、君もやはりそう主張していることになるのだ。

では、こんどは、キモンについて言ってくれたまえ。彼がずっと世話してやってきたその当の人々が、彼に対して何をしたかと言えば、彼の声を十年間聞くことがないようにと彼を陶片追放[1]の処分にしてしまったのではないかね？

また、テミストクレスに対しても人々は同じそうしたことをして、さらに本格的な追放の刑を与えたのではないかね？

e また、かのマラトンの英雄ミルティアデスに対しては竪穴[2]に投げこんで死刑にするという判決を下し、もし政務審議会の議長の介入がなかったら、彼はじっさいに竪穴に投げこまれていたところではなかったかね？

しかしこれらの人物たちは、もし君の主張するようにすぐれた政治家であったとしたら、けっしてこんな目にはあわなかっただろう。じっさい、すくなくともこれが馭者《ぎょしゃ》のようなばあいだったら、すぐれた馭者たるものが、はじめのうちは馬車から振り落とされなかったのに、馬たちの世話をして自分もいっそうすぐれた馭者となったら落ちたといったようなことは、けっしてありえないはずだからね。そのようなことは、馬を馭することにかぎらず、ほかのどんな仕事のばあいだって、考えられないことだ。それとも君には、ありうると思われるかね？

カリクレス　いや、そうは思えない。

ソクラテス　してみると、さきにぼくたちが言っていたこと（503b～c）は、どうやら正しかったらしいね。517 すなわち、このアテナイの国には、ぼくたちの知るかぎり、すぐれた政治家は一人も出なかったということは。

君はそれに対して、現今の人々に関するかぎりだれ一人そういう政治家はいないということには同意したけれども、むかしの人たちのなかにはたしかにいたと抗議して、いま話に出た人物たちを選びだしたのだった。ところが、いまや、この人たちも結局のところ、現代の政治家たちとべつに変わりはないことが明らかになったわけだ。

したがって、この人たちが弁論家であったとすると、彼らの用いた弁論術は真正の弁論術ではなかったし——もしそうだったとしたら彼らは失脚しなかっただろうからね——そうかといってまた、おべっか弁論術の使い手であったとも言えないことになる。

（1）オストラキスモスという。クレイステネスの改革（前五〇八～七年）いらいの制度で、独裁僭主《せんしゅ》の出現を防止するため、危険人物と思われる者の名を陶器の破片に記して投票し、十年間国外へ追放する。キモンは前四六一年に、テミストクレスは前四七一年に、この投票によって追放されている。テミストクレスがさらに三年後に受けた本格的な追放処分とくらべて、陶片追放のばあいは財産没収を含まず、帰国後は市民権を回復することができた。

（2）アテナイのプニュクス丘の西方にあった穴で、死刑囚を投げこんだ。ミルティアデスはマラトンの戦いの勝利者であったが、前四八九年、アテナイ人を説いてパロス島遠征をこころみて失敗し、反対派から訴えられた。

73

カリクレス
b いや、しかしだね、ソクラテス、いま話に出た人物のだれを考えてもらってもよいのだが、そのなしとげた業績に匹敵するほどの仕事を、きょうこのごろのだれかにやりおおせることができたらおなぐさみだろうね。

ソクラテス
おお、どうか君、誤解のないように願いたい。このぼくとても、彼らを国家の召使いとして見るかぎり、けっして非難するつもりはないのだ。現代の政治家たちとくらべれば、彼らのも

っていた召使いとしての腕前は一枚上であり、国家に対してその欲するところのものをよく提
供する能力があったとぼくは思う。
　しかしながら、肝心なのは、そういったいろいろの欲望の言うなりにならずに、その方向を
向け変えて、国民がもっとすぐれた人間になるために必要なことがらのほうへ、説得や強制に
よって導いてゆくということであって、この点に関しては、あの人たちは現代の政治家とくら
c べて、なんら卓越したところもないと言ってさしつかえないだろう。そのことこそ、すぐれた
政治家たる者のはたすべきただ一つの仕事なのだからね。しかし、軍船だとか城壁だとか、そ
の他多くのこれに類するものを提供することにかけては、彼らが現代の政治家連中のおよびも
つかぬ手腕家であったことを、ぼくとても君に同意することにやぶさかではないつもりだ。
　さて、こうしてみると、ぼくと君とがこの議論のなかでしていることは、なんだか滑稽なこ
とだね。なにしろ、ぼくたちは、こうして話しあっているあいだじゅう、たえずめぐりめぐっ
て、いつも同じところへもどり、相手の言っていることの意味をいつまでたってもおたがいに
わからずにいるしまつなのだから。とにかく、ぼくのほうのつもりでは、君はもう何回もぼく
の言うことに同意してくれて、その意味をじゅうぶんわかってくれていたはずなのだ。つぎの
ようなことをね。
d 身体についても、魂についても、これを対象とする仕事には二通りのやり方があって、その

一方は召使いとしての働きをするものであり、人はそれによって、たとえば、われわれの身体が飢えていれば食べ物を、渇いていれば飲み物を、寒ければ着物や蒲団《ふとん》や履物をというように、その他、身体が欲しがるさまざまのものを、供給してやることができる。ぼくは、君にわかりやすいようにと思って、ことさらに同じ例を使って説明するわけだ。
　そこで、そういったさまざまのものを供給してくれる者であれば、たとえば小売商人であろ
e うと、貿易商であろうと、あるいは、同じくその種のものの一つを作りだす人であるところの、パンつくりの職人であろうと、料理人であろうと、織物工であろうと、靴造りであろうと、皮なめし工であろうと、とにかく、彼がその仕事のそういった性格のために自分を「身体の世話人」であると思いこみ、また、他人にもそう思われるのは、何らふしぎなことではないだろう。ほかでもない、みんな、つぎの事実を知らないから、そう思うのだ。すなわち、いまあげたようなすべての仕事とは別に、医術や体育術のような技術がちゃんとあって、これこそがほんとうの意味で身体の世話を心がける仕事なのであり、そしてこの技術こそは本来、さきに述べたすべての技術を支配し、それらが作りだす産物を自分のために利用してしかるべきものなのだ、ということを。
　なぜなら、この技術は、どんな食べ物や飲み物が身体をよくするのに役だち、どれが害にな
518 るかを知っているのに対して、さきにあげた他のすべての技術は、それを知らないのであるか

ら。だからまた、そういった他の技術は、身体のために働くにあたって、召使い的、奴隷的、非自由人的な性格を示すのであり、これに対して医術と体育術とは、当然の権利として、それらのものの上に君臨する女王たるべきものなのである。

　ところで、同じこういったことがらが魂のばあいについても言えるということは、ときには君がぼくのそう言う意味を理解してくれているように思ったし、また、君がそれに同意を与えるときの様子も、ぼくの言わんとすることがわかっているかのような調子だった。

b　ところが、すこしあとになってから、君はこの国に政治家として立派なすぐれた人物たちがいたというようなことを言いだした。そこでぼくが、それはいったいだれのことなのかとたずねてみると、そのとき君が政治に関してもち出した人物たちというのは、どうもぼくには、体育術について言えば、さしずめ、つぎのような人物たちをあげるのとすこしも変わりがないように思われた。つまり、ぼくが体育に関してどのような人たちが身体の世話人としてすぐれた能力をもっていたか、あるいは、現在そうであるかとたずねたとき、君がまったく大まじめでパン屋のテアリオン①だとか、シケリア風料理について本を書いたミタイコス②だとか、酒屋のサランボス③だとかいった人たちの名をあげ、これらの人たちは、あるいはすばらしいパン菓子を
c 提供し、あるいはご馳走《ちそう》を、あるいは酒を提供することによって、いずれも、身体の世話人として驚くべき能力をもっていたのだと、こうぼくに答えるわけだ。

（1）アテナイの人で、上等のパン菓子製造者として有名であった。
（2）ぜいたくなので有名なシケリア料理の調理人として第一人者と言われた。
（3）プラタイアの人、酒つくりの名人。

74

そこでぼくが、そう言う君に向かってこんなふうに語ったとしたら、君はおそらく憤慨するのではないだろうか。

「君、君は体育術についてなにひとつ、わかっていないね。君のあげるような人たちはね、あれは、人々の欲望に召使いのようにかしずいて、その欲しがるものを用意してやるのが商売の連中なのだよ。それも、自分の扱うものについてちゃんとした立派な知識は何一つ、もっているわけではないのだ。なるほど、そういう連中は、たまたま、世の人々の身体に腹いっぱい詰めこんで肥《ふと》らせ、世人のお褒めにあずかるということもあるかもしれないけれども、結局は、人々が以前からもっていた肉づきまでも失わせることになるのがおちだろう。

d　ところが、そのばあい、世人はまた世人で、真相にうといものだから、自分たちがそのように病気になって、以前よりももっとやせてしまったことの責任者として、ご馳走をしてくれたその連中を咎めることはしないだろう。かえって、健康を顧慮せずにやたらに詰めこんだ罰として、そのときの飽食がかなりあとで彼らに病気をもたらすことになったとき、ちょうどそのときにたまたま彼らのそばに居合わせてなにか忠告を与えるような人たちがいると、その人たちに責任をおわせて非難し、そしてもし危害を加えることができるとすれば、危害を加えさえするだろう。これに反して、災難のほんとうの責任者であるさきの連中に対しては、これを褒めそやすことだろう」

e 君がいましていることも、カリクレス、ちょうどこれとそっくりのことだと言えるだろう。君が褒めたたえている人物たちというのは、あれは、人々の欲しがっているものをふんだんにご馳走して、もてなす連中なのだ。

しかも世人は、そういう人物たちが国を大ならしめたなどと言っている。他方、あのむかし
519 の政治家たちのために国はむくんで脹《は》れあがり、病いが内攻して膿《う》み腐っているという事実には、世人は気がつかないのだ。なにしろ、あのむかしの政治家たちは、節制や正義を顧慮することなしに、港湾だとか、船渠だとか、城壁だとか、貢租だとか、そういった数々の愚にもつかぬもので国を腹いっぱいにしてしまったのだからね。かくして、やがて、さっき言ったような病いの発作がやってくると、人々は、ちょうどそのときそばにいて忠告する者たちに責任をおわせ、これに対してテミストクレスやキモンやペリクレスといった、災難の真の責任者たち

のほうは、これを褒めたたえるだろう。

君もよく気をつけないと、また、ぼくの仲間のアルキビアデスなどもそうだが、ひとたび人々があらたに得たもののみならず、もともと持っていたものまでも失ってしまうようなとき
b
が来たら、人々から攻撃されるようなことになるよ。じっさいは君たちはその災難のほんとうの責任者ではなく、まあ、従犯ぐらいのところだろうがね。

とはいえ、ぼくは、じつに理解に苦しむような現象をいままでもよく目にするし、また、むかしの人たちについてもそういう例を聞いている。ほかでもない、ぼくが気づいているというのは、そうした政治家たちのうちのだれかを国家が犯罪者として扱うようなばあい、彼ら政治家たちは、なんというひどい目にあわされるのかと言って、憤慨したりこぼしたりするということだ。自分たちは国のために数々の善いことをしてやったのに、あにはからんや、その当の国によって不当にも滅ぼされるとは！　と言うのが彼らの言い分である。だが、これは、まったくの嘘《うそ》っぱちだ。
c
なぜと言って、いやしくも国の指導者たるものが、自分が指導するその当の国によって不正な仕方で滅ぼされるというようなことは、どんな人のばあいにも、絶対にありえようわけがないからである。おそらく、この間の事情は、自称政治家のばあいもソフィストたちのばあいも、まったく同じであると言えるだろう。

というのは、ソフィストたちもやはり、ほかのいろいろのことにかけてはよく知恵のまわる人たちだが、この点については、どうも彼らのすることはおかしいと言わねばならぬ。なぜなら、彼らは、みずから徳の教師であると公言しているくせに、しばしば自分の弟子たちを非難して、弟子たちが彼らから恩恵を受けたにもかかわらず謝礼金を拒んだり、そのほかの礼をはらわなかったりして、自分たちに対して不正を働くといって詰《なじ》ることがよくあるからだ。

d

しかし何が馬鹿げていると言って、いったい、こんな理屈にあわぬ話がほかにあるだろうか？ 弟子たちが、先生によって自分のなかから不正を取り除いてもらい、正義の徳を身につけたうえで、すぐれた正しい人間になったというのに、彼らがもはやもっているはずのないその悪徳によって、こともあろうに不正を働くとは！ これが君には、おかしいと思えないのかね、え、君？

やれやれ、君がさっぱり答えようとしてくれないものだから、カリクレス、おかげでぼくは、ほんとうに大道演説をやらされてしまったではないか。

75

カリクレス

しかし、あなたは、人から答えてもらわなければ話すことのできないような人でもないだろう？

ソクラテス

e どうもそうらしいね。げんに、こうして、かなりの長広舌をふるっているくらいなのだから。君が答えてくれようとしないためにね。

しかし、どうか君、友情の神ゼウスの名において、頼むから言ってくれたまえ。だれかをすぐれた善き人間にしたと称しながら、自分のおかげで善き人間となり、げんに善き人間であるその相手の者を、悪いやつだと言ってこれを非難するのは、理屈にあわぬ話だと、君には思えないのかね？

カリクレス

たしかにそう思える。

ソクラテス

では、君は、人間を教育してすぐれた徳性を授けると称している人たち（ソフィスト）がまさにそういったことを言っているのを、聞いたことはないかね？

カリクレス

520 それはいかにも、聞いてはいる。だが、何らとるにたらぬ徒輩のことを、なんだって話題にとりあげなければならないのだね？

ソクラテス

では、なんだって君は、あの人たちのことを、話題にとりあげなければならないのかね？　国を指導すると称しながら、そして、できるだけ国が善くなるように気をつかっていると称しながら、いったんことがあれば、向きなおって、その当の国家を最も悪い国だと言って非難する、その人たちのことを？　いったい、君には、この人たちが、さきの人たちとくらべて、いささかでも違うところがあると思えるのかね？

いやいや、まったく同じことなのだ、君、ソフィストと弁論家とはね。あるいは、ぼくがさきにポロスに向かって言っていたように（465c）、ごく近い、よく似た関係にあるのだ。しか

b

るに君は、そのことを知らないものだから、一方の弁論術だけをなにかたいへん立派なものだと思い、これに対して片方を軽蔑している。しかし、ほんとうは、立法術は司法術よりも立派な技術であり、体育術は医術よりも立派な技術であるとすれば、ちょうどそれと同じ程度だけ、本来ソフィストの技術のほうが弁論術よりも立派な技術なのだ。

とはいえ、余人はいざしらず、この大衆演説家とソフィストたちだけは、自分たちに悪いことをするという理由で、自分が教育するその当のものを非難することはゆるされないというのが、このぼくがかねてからもっていた考えである。なぜなら、もしそんなことを言って非難す

るとすれば、その同じ言葉は同時に自分自身にも向けられることになって、彼らが善くしてやったと主張するその相手の人たちを、じつは、すこしも善くしてやっていなかったというかどで、われとわが身を非難することになるはずなのだから。そうではないかね？

カリクレス
c たしかに。

ソクラテス
だからまた、きまった報酬なしにすすんで無償の奉仕をしてやるということも、いやしくも彼らの言うことがほんとうだとしたら、当然、ただこの人たちだけがよくなしうるところであるはずだ。なぜなら、かりに何かほかの善いことをしてもらうばあいだったら、たとえば、体育家の指導を受けて足が速くなったというようなばあいだったら、その体育家が相手に自発的に奉仕して、そして、あらかじめ相手と報酬を取り決めたうえで、足を速くしてやるのと同時にできるだけ早くその金を受けとるようにしないと、おそらく、その弟子がお礼をはらわない
d ということだってありうるだろうからね。というのは、思うに、人間が不正をおこなうのは、足が遅いということによってではなく、その人がもっている不正さによるのだからね。そうだろう？

カリクレス

そうだ。

ソクラテス

だから、まさにこの不正という悪徳そのものを相手から取り除いてしまうならば、その人から不正なことをされるおそれは、もうまったくないわけだ。いや、ただそのような人だけが、報酬の取り決めなどなくても、安全にそういう恩恵を与えることができるだろう。もしもほんとうにすぐれた善き人間にすることができるとするならばね。そうではないかね？

カリクレス

そうだ。

76

ソクラテス

だから、思うに、きっとそういった事情があるからこそ、ほかのいろいろの相談事にのってやるばあい、たとえば、家を建てることについてとか、その他さまざまの技術についてとか、そういうばあい、助言を与えるにあたって金を受けとっても、べつにみっともないことではないのだ。

カリクレス
そうかもしれない。

e
ソクラテス
しかしながら、どうしたらできるだけすぐれた人間になれるか、どのようにすれば自分の家や国を最も立派に治めることができるかといった仕事に関するかぎり、金をくれなければ助言するのはいやだというような態度は、みっともないことだと一般に考えられているのだ。そうだろう？

カリクレス
そう。

ソクラテス
それというのも、明らかに、こういう理由があるからだろう。すなわち、人に善くしてやるのにもいろいろ種類があるけれども、そのなかでただ一つ、いま言ったようなことがらに関して善くしてやるばあいだけは、善くしてもらったほうの者の心にその恩を返したいという気持を起こさせるはずのものだから、そういう種類の恩恵を与えることによって人に善くしてやり、そのあとで相手から恩返しとして善いことをしてもらうとすれば、それは、自分の仕事がうまくいった証拠であると思われるし、もし恩返しを受けることがなければ、その逆ということになるわけなのだ。どうだね、これはこのとおりだろうね？

カリクレス

521 そうだ。

ソクラテス

さて、それでは、君はいったい、どちらのやり方で国の世話をすることを、ぼくに勧めようというのか。それをどうか、ここではっきりときめてくれたまえ。アテナイ人たちに対して、彼らができるだけすぐれた人間になるようにと努力し闘いつづける、医者のようなやり方で世話をしろと、そう勧めるのかね？ それとも、召使いのようにひたすらかしずいて歓心を買うことを目標に付き合おうとするやり方のほうなのかね？

どうか、ほんとうのところをぼくに言ってくれたまえ、カリクレス。君は当然、このぼくに向かって何でも率直に話した最初の、あの態度を最後まで押しとおして、心に思うことをそのまま言ってくれるべきだからね。だから、いまも、いさぎよく、堂々と言ってくれたまえ。

カリクレス

では、言おう。召使いとしてかしずこうとやるやり方のほうだ。

ソクラテス

b おや、すると、世にもけだかき君ともあろう人が、このぼくにおべっか使いになれと勧めるわけかね？

カリクレス　そう言ってもよいだろう、もしミュシア人という呼び方[1]のほうがあなたのお気に召すのならね、ソクラテス。とにかく、もしあなたがわたしの勧めにしたがわないならば……。

ソクラテス　それを言うな、もうなんども君がくりかえし言ったことではないか。君の勧めにしたがわないと、ぼくは、だれにでも思いのままに死刑にされてしまうだろうと、こう言いたいのだろう？　そうなれば、ぼくはまたぼくで、同じ答えをくりかえさなければならなくなる。たしかにそうだが、それは、邪悪な人間でありながら、すぐれた人間を死刑にすることなのだよ、とね。

それからまた、何か持っているものがあれば、だれにでも思いのままに捲《ま》きあげられるだろうと、そう言って、またまたぼくに同じ答えをくりかえさせるようなこともしてくれるな。いくら捲きあげてみたところで、その人はそれをどう使ってよいかわからぬだろう、いや、不正
c な仕方で奪ったのであれば、手に入れてからも、やはり同じように不正な仕方でそれを使うことだろう、しかるに、不正な使い方であるとすれば醜い使い方ということになり、そして、醜いということは自分に害を与えるということだ、という答えをね。

（1）ミュシアは小アジア北西部の地方。「ミュシア人のはしくれ」（『テアイテトス』209b参照）と言えば「劣等人種中の最劣等者」という意味で、ミュシア人は人間の屑のように考えられ、ひじょうに軽蔑されていた。

「召使い的なやり方」というカリクレスの答えを、ソクラテスが「おべっか使い」という語で置きかえたので、それに対してカリクレスが「もし、ミュシアという、その名を口にするのも不愉快な存在を、そのままはっきりとミュシア人と呼ぶほうが好きなのなら」、すなわち「もし、おべっか使いというような不愉快な呼び方をあえて露骨に使うほうがあなたの気に入るなら、そう言ってもよかろう」と答えたわけである。

77

カリクレス

なんとあなたは、ソクラテス、自分がそういった目にあわされることなど、何一つないと信じきっているように見えることか！　まるで、自分が浮世の外に住んでいて、法廷へ引っぱり出されることなど——それもおそらくはじつにやくざな、つまらぬ男のためにだよ——ありえないとでもいったみたいに！

ソクラテス

そうすると、このぼくは、よくよくほんものの馬鹿だということになるね、カリクレス。もしもぼくが、このアテナイの国では、どんな人間でも、いつどのような運命にあわぬでもないということに思いいたらないでいるとすれば。

しかしぼくは、これだけはよくわかっているのだ。もし、いつの日か、ぼくが法廷へ引き出
d されて、君の言うような危難にあうとしたら、そのばあい、ぼくをそこへ引っぱり出す者はきっと邪悪な人間にちがいあるまいと。なぜなら、罪をおかしてもいないのに法廷へ引っぱり出されるようなことは、善い人間ならばだれもしないだろうからね。

また、ぼくは自分でよくわかっているのだ。たとえかりにぼくが死刑にされるとしても、それは、けっして意外なことではないだろうとね。

なんなら、ぼくがなぜそう予期しているか、君に話してあげようか。

カリクレス

そう願いたい。

ソクラテス

ぼくはね、みずから信じているところでは、アテナイ人のなかでぼく一人だけがそうだとはあえて言わないまでも、ほんとうの意味の政治の技術を手がけている少数の人たちのなかに入る人間なのであって、現代の人々のなかではぼくだけがほんとうの政治の仕事をおこなってい

るのだ。
だから、ぼくは、いつだって、人に語りかけるばあい、自分の言葉によって相手の歓心を買
おうと念じるようなことはけっしてない。ぼくが話すときの目標は最善のことがらにあるので
あって、最も快いことには向けられないのだ。それにまた、ぼくには、君が推奨すること「そ
e んな気のきいたふうなこと」（486c）をやろうという気持もない。これらの理由によって、さ
ぞやぼくは、法廷では何一つ、言うべき言葉もわからないようなことになるにちがいない。
思えば、さっきポロスに話していたとおりのこと（464d〜e）が、ぼくについてあてはまるこ
とになるわけだ。つまり、ぼくは、ちょうど医者が料理人から告発されて、小さな子供たちの
なかで裁きを受けるのと同じように裁かれるだろう。まあ、考えてもみたまえ。そのような人
間がそのような裁判官たちの前にひきすえられて、いったい何を弁明することができるという
のか。もし告発者がこんなふうに言って、彼を告発するとしたらね、
「子供のみなさん、ここにひかえた男は、一般にあなた方のすべてに対して、数々の悪業を重
ねてきた男ですが、とくに、あなた方のなかでもいちばん年のいかない子供たちをつかまえて
は、メスで切ったり、鏝《こて》で焼いたり、もうすっかり身体を台なしにしてしまうのです。そうか
522 と思えば、おそろしく苦い薬を服《の》ませて息をつまらせるやら、むりやりにひもじくさせたり、
喉を渇かさせたりして瘠《や》せおとろえさせてしまうやらで、子供たちを途方にくれさせるような

ことをしています。このわたしとくらべて、なんという違いでしょう。わたしのほうは、ありとあらゆるおいしいものを、たくさんあなた方にご馳走してあげてきたというのに！」こういう不幸な事態におちいったとき、いったい、医者は何を言うことができると思うかね？ もし彼がありのままの事実を申し立てて、「それもこれも、子供さん方、あなた方の健康のためにしたことなのです」などと言ったら、そのような裁判官たちは、どんなに大きな声で騒ぎたてるだろうと思うかね？ たいへんな騒ぎになるのではないか。

カリクレス おそらくね。いや、たしかに、そう思わなければなるまい。

ソクラテス かくて、その医者は、言うべき言葉を失って、まったく途方にくれてしまうだろうとは思わぬかね？
b

カリクレス たしかに。

ソクラテス　そこで、このぼくも、自分が法廷へ出頭させられたとしたら、これと同じような目にあうだろうということを、よく知っているのだ。

じっさい、自分としてはこれだけの快楽を提供してあげましたと裁判官たちに申し立てることさえ、ぼくにはできないだろう。その快楽をしも彼らは恩恵であり利益であると心得ているわけだが、ぼくのほうは、快楽を提供する人たちも提供される人たちも、べつにこれを羨ましいとは思っていないのだから。

さらにまた、だれかがぼくのことを、青年たちを途方にくれさせる（問答によって答えに窮させる）ことによって彼らをすっかり台なしにしてしまう（堕落させる）だの、年輩の人たちに対しても、私事につけ公事につけ、苦い言葉を語り聞かせることによって彼らを悪しざまに罵《ののし》るだのと、そう主張するとしたら、ぼくはそれに対して、ありのままを正直に言うわけにもいか
c ぬだろう。それもこれも、みんな、正義のためにこそ、わたしは言ったりしたりしているのです、裁判官諸君――とここで、君たちのきまり文句で呼びかけてね。

しかしそうかといって、何か別のことを言うこともできないだろう。その結果として、ぼく

はおそらく、どんな運命になろうとも、それをそのまま甘受するよりほかはないだろうね。

カリクレス　いったい、あなたは、ソクラテス、人が一国においてそんなていたらくでいて自分自身を守ることさえできないのが、立派なことだと思っているのかね？

ソクラテス　そう、カリクレス、もしもその当人に、君がいくたびか同意を与えた、あのただ一つのことさえ、そなわっているならばね。すなわち、その人が、人間に対しても、神々に対しても、何
d
一つ不正なことは言ったこともなければ、おこなったこともないという、この一事によって自分自身を守りおおせているならばね。なぜなら、これこそが、すでにいくたびとなくぼくたちによって同意されてきたように、自分自身を守る方法として最上のものなのだから。

だから、もしもだれかが、このぼくこそそのやり方では自他を守ることのできぬ者であることを証明し、それによってぼくを反駁するとしたら、それが大勢の前でなされようと、少数の人たちの前でなされようと、あるいは一対一でなされようと、ぼくはただただ、恥じいるばかりだろう。そして、ぼくはほかならぬその点での無能力のゆえに死刑にされなければならなくなるとしたら、嘆き悲しむだろう。

しかしぼくは、自分が死ななければならなくなったとしても、それがおべっか弁論術の不足

e のためであるとしたら、確信をもって言うことができるが、君はきっと、ぼくが平静な心で死の運命に耐えるのを見ることだろうね。なぜなら、ただ死ぬというだけのことなら、まったくもののわからぬ臆病な人間でもないかぎり、こわがることは何もないのであって、恐ろしいのは不正をおかすことのほうなのだから。じっさい、魂が数々の悪業をいっぱい背負《しょ》いこんだままハデスの国（冥界《めいかい》）に行きつくようなことがあれば、およそありとあらゆる不幸のなかでこれほど恐ろしい不幸はないであろう。

もしよければ、ぼくは、君に、それがほんとうにそのとおりだということを示すような話を一つしてあげてもよいがね。

カリクレス

よかろう。ほかのことはみんな片をつけたのだから、その点も決着をつけてもらうことにしよう。

79

ソクラテス

523 では、聞くがよい、世にもすばらしき物語を……と、ぼくは語部《かたりべ》をまねて、この話をはじめよう。これを君は、きっと作り話《ミュートス》だと考えるだろうと思われるが、しかしぼく自身は、ほんとうの話《ロゴス》だと考えているのだよ。と言うのは、ぼくは、これからはじめようとしている話の内容を真実のことと見なして、君に話すつもりなのだからね。

そのむかし、ホメロスの語りつたえるように、①天地の支配権は、ゼウスとポセイドンとプルゥトンがそれを父なる神（クロノス）から承けついでよりこのかた、この三柱の神のあいだで分けもたれることになった。

b さて、クロノスの治世のころ、人間に関する法として、つぎのようなことが定められていたが、それはそのままひきつづき、こんにちにいたるまで、神々のあいだでまもられているのである。すなわち、その法によると、人間たちのなかで正義をまもり神の意にしたがいつつその生をおくってきた者は、死んでからのちは幸福者たちの島に移り住み、そこで、もろもろの禍いから解放されて、まったき幸福のうちに日をおくることになり、これに対して、不正にして神を蔑《なみ》する一生をすごした者は、人呼んで「タルタロス」②と言う償いと裁きのための牢獄へおもむかなければならないことが定められているのである。

ところで、こうした人間たちと、これを裁く裁判官たちとであるが、クロノスの御代《みよ》には、そして、もっと最近にいたってゼウスの治《しろ》しめす時代となってからも、裁くほうも裁かれるほうもまだ生きているあいだに裁判がおこなわれ、その期日は、人々がまさにこの世の生を終え

ようとする日、ときめられてあった。これがしばしば、裁きにあたって、誤った判決が下され
る因《もと》となっていたのである。
　そこで、あるとき、プルゥトンと、幸福者の島を管理する者たちとが、ゼウスのもとにおも
むき、どうも自分らのところへは、プルゥトンのほうにも、幸福者の島のほうにも、本来くる
c べきではないような人間たちがよくやってきて、困ると訴えた。これを聞いてゼウスは、つぎ
のように答えた、
「よろしい、いかにもこのわたしが、そういうことの起こらないように、とりはからうとしよ
う。じっさい、いまの裁判のやり方は、どうもよろしくない。
　だいたい、裁きを受ける者たちが服飾を身にまとったまま裁かれるのがいけないのであって、
それというのも、彼らが生きているあいだに裁かれることになっているためだ。そのために多
くの人間が内に邪な魂をもちながら美しい肉体や家柄や富などをまとって自分を包みかくすこ
とになり、しかも、ひとたび裁判がおこなわれるとなると、とかくそういう者たちのためには
d 証人がたくさんやって来て、この人は正しい生涯をおくりましたと証言したがるもの。だから、
裁き手たちは、これらによってすっかり混乱させられてしまうし、同時に、裁くほうの彼ら自
身がまた、同じようにいろいろのものをまとっていて、肉眼や、耳や、さらには身体の全体に
よって、自分たちの魂の前をすっかりおおい隠してしまっている。かくして、これらすべての

ものが、つまり自分たちのまとっているものも、裁きを受ける者たちがまとっているものも、彼らの前に立ちふさがって、邪魔をすることになるわけだ。

されば、まず第一に、裁きを受ける人間たちが自分の死をあらかじめ知るということからして、やめさせなければならないだろう。いまのところ、彼らは、自分がいつ死ぬかをまえもっ
e て知っているのであるから。しかしこのことに関しては、すでにもうプロメテウス[3]に指令ずみであって、人間たちにそれができなくなるようにせよと、申しつけてある。

つぎに講ずべき対策としては、彼ら人間たちは、裁きを受けるにあたって、すべていま申したようなものをすっかり脱ぎすてて、まったくの裸になっているようにしなければならぬ。つまり、死んでから裁きを受けるようにすべきである。また、それとともに、裁き手のほうもやはり死んで裸になっていなければいけない。一人一人の人間が死んだならば、すぐそのときに、その魂だけを、純粋に魂のみによって、直接観察するようにするのだ。あらゆる身内縁者たちから離れてただ一人となり、かのいっさいの飾りを地上に置き残してきたあとの人間を。かくするならば、判決も公正におこなわれよう。

さて、わたしは、おまえたちよりもいち早くこれらのことに気づいていたので、わたしみずからの子らを裁判官に任じておいた。そのなかの二人はアシア（アジア）に生まれたミノスと
524 ラダマンテュス[4]、あとの一人はエウロペ（ヨーロッパ）に生をうけたアイアコス[5]である。され

ば、この息子たちは、やがて彼らが死んだならば、あの牧場《まきば》のなかの三叉路《さんさろ》のところ、道はそこから二つにわかれて、一方は幸福者たちの住む島へ、もう一つはタルタロスへと通じる、かの三叉路のところにあって、裁きをおこなうことになるであろう。アシアより来た死者たちを裁くのはラダマンテュス、エウロペより来た死者たちを裁くのはアイアコス。そしてミノスには、あとの二人が思いあまってきめかねることがあるとき、その上にあって最後の判定をくだす権限を与えることにしよう。人間たちにとって、あの世の旅路の行方《ゆくえ》をきめる裁判が、できるだけ公正なものとなるために」

（1）『イリアス』第一五巻一八七行以下参照。ゼウスの使者（イリス）に向かって、海神ポセイドンがつぎのように言っている。「クロノスによってレイアがもうけたゼウスとわたしと、地下にいる者どもを統治するアイデース（プルゥトン）とは、三人兄弟であって、全世界を三つに分け、めいめいがそれぞれの職分を引き受けることにした」

（2）地下の世界のいちばん奥にある底なしの奈落。

（3）人類に火をさずけたことでよく知られている神。

（4）ミノスとラダマンテュスはともにゼウスとフェニキアの王女エウロペの子。ミノスはクレテ島の王となり、ラダマンテュスはその補佐役として、法をたて正しく治めたといわれる。

（5）アイアコスはゼウスとアイギナ（河の神アソポスの娘）の子。アイギナ島の支配者となり、神々への敬虔で知られた。

80

b 以上が、カリクレス、ぼくが聞いた話であって、ぼくはこれを真実のことであると信じているのだよ。そして、これらの話をいろいろと考えてみて、そこからつぎのような結論をひき出しているのだ。

死とは、ぼくの考えるところによれば、魂と肉体という二つのものがたがいに分離しあうということなのであって、それ以外のなにものでもない。そこで、この二つのものがたがいに分離したのちには、両者のどちらも、その人間が生きていたときにもっていたのとほとんど変わらぬ自己の状態を、それぞれそのまま保持しているわけだ。

まず、身体のほうはと言えば、それは、自分がもって生まれた本来の体質をはじめ、あとか
c らの養育の結果も、外部から偶然におよぼされたいろいろの影響もことごとくはっきりと保存する。たとえば、ある人の身体が生前において、生まれつきにせよ、養育の結果にせよ、あるいは、その両方によって、大きかったとすれば、死んでからのちもその人の屍体《したい》は大きく、生前肥満していた体軀《たいく》はその人の死後においても肥満し、その他同様である。また、ある人が長髪を蓄えるのをならわしとしていたとすれば、その屍体も長髪である。さらにまた、ここに一

人の笞刑にされた悪漢があって打擲された跡をとどめ、それが鞭《むち》で打たれた跡であれ、他の傷
の跡であれ、瘢痕《はんこん》となって身体に残っていたとすれば、死んだのちもその身体はそれらの傷跡
をそのまま歴然ととどめる。あるいは、生前、手足が折れたり、ねじ曲がったりしていた人が
いるとすれば、死後もやはり、それがそのまま同じ状態でありありとわかる。要するに、一言
d で言えば、人が生前、自分の身体において形づくっていた特徴は、そのすべてもしくは大部分
が、死後においても一定期間のあいだ、はっきりとそのまま認められるわけである。

じつにこれとまったく同じことが、思えば、魂についても言えるはずだというのが、カリク
レス、ぼくの考えなのだ。すなわち、魂がいったん肉体という着物を脱ぎすてて裸になったな
らば、その魂が生まれつきもっていたものも、また、それぞれの仕事にたずさわったことによ
って魂のなかにあとから受けたいろいろの影響も、全部そのまま、その魂にはっきりと認めら
れることになるわけだ。

かくして、死者たちが裁判官のところまでやって来ると、すなわち、アジアから来た死者た
e ちならばラダマンテュスのところまでやって来ると、ラダマンテュスは彼らに停止を命じて、
一人一人の魂をつぶさに観察するのであるが、そのさい、自分の見ている魂が何者の魂である
かは彼の知るところではない。いや、しばしば、ペルシア大王であろうと、その他どのような
王や権力者であろうと、それとわからずにつかまえてみると、その魂にはなにひとつ健全なと

525 ころがなく、誓いを破ったり不正をおかしたりしたために、さんざん鞭打たれて瘢痕だらけであるのを、まざまざと見てとるのである。これこそは、生前における彼の行為の一つ一つが魂のなかに消しがたく刻印したところのものなのだ。

また、その魂が嘘と虚言のためにすっかり歪《ゆが》んでしまっていて、真実《まこと》なき養育の結果、どことしてまっすぐなところのないさまを見てとる。さらには、何でもしたい放題の自由や、わがままな贅沢《ぜいたく》や、思いあがった傲慢《ごうまん》や、何をしても節度がなかったことなどのために、その魂が不均衡と醜悪さでみたされているのも見る。

すべて、こういったありさまを見てとると、ラダマンテュスは、侮蔑の思いをこめて、この魂からいっさいの権利を奪いさり、これを牢獄へ直送する。そして、そこへたどり着いてからは、この魂は、そのような魂にふさわしい数々の責め苦を耐えしのばなければならぬ運命《さだめ》となるのである。

81

b ところで、すべて刑罰に処せられる者はその刑罰が他者によって正しく加えられるものとすれば、つぎの二つのうちのどちらかになるのが定めである。すなわち、当の人間がそれによって改善され利益を受けることになるか、それとも、他の人々への見せしめとなって、彼がさまざまの責め苦にあっているのを目にする他の人々がそれをこわがって心をあらため、すぐれた人間となるために役だつか、このどちらかであるべきだ。

このうち、神々や人間から罰を受けて益を受ける者というのは、そのおかした罪過がなお治癒の見込みのある人たちである。とはいえ、そうして受けとる利益は数々の苦痛と苦悶《くもん》のすえにはじめて彼らのものとなるのであって、この世においても、ハデスの国においても、その点はすこしも変わりがない。なぜなら、それ以外に自分のおかした不正な罪からまぬかれる途《みち》はないのだから。

c 他方、これに対して、極悪非道のかぎりをつくし、そしてそのような数々の罪悪のために治癒の見込みもなくなってしまった者があれば、見せしめとして使われるのは、このような人たちである。これらの人たちは癒《いや》される余地のない人間であってみれば、もはや、自分たち自身が益を受けるということはまったくない。利益を受けるのはほかの人々――不治の罪人たちがみずからの罪のために最もひどい、最も苦しい、最も恐ろしい責め苦によって、たえまなく苛《さいな》まれつづけるのを見せつけられる人々である。いわば、この不治の悪人たちは、かのハデスの国の牢獄のなかに、まったく文字どおりの見本として吊《つ》りさげられているわけであり、つぎつぎにそこへやって来る他の罪人たちの観覧に供されて、彼らに対する戒めとされるのである。

d　ぼくに言わせるならば、さしずめアルケラオス（471a〜d）なども、そうした見せしめとして使われる者たちの一人となることだろうし、また、もしほかにも似たような独裁者がいるとすれば、やはり同じ運命をたどることだろう。じっさいまた、ぼくは思うのだが、そういった見せしめとされる者たちのうち、そのほとんどは、前身が独裁者とか、王とか、権力者とか、国事を動かした指導者といった人たちなのだ。ほかでもない、これらの人たちは、自分が何でも自由勝手にできる身分にあるために、そのおかすところの罪過も他のだれよりも大きな、不敬虔きわまるものとなりがちだからである。

　ホメロスが述べているところも、こうしたことを裏づける一つの証拠となるだろう。なぜな
e　ら、彼がその作品のなかでハデスの国にあって永遠の刑罰を受けつづける者として描いたのは、いずれも、王とか権力者とかいった人たちではないか。タンタロスにしても、シシュポスにしても、ティテュオス[1]にしても、みなそうだ。

　これに反して、テルシテス[2]とか、そのほか同じくふつうの身分の邪悪な人間がいたとしても、そういう者を不治の罪人として重い刑罰を身に受けているように描いた詩人は、一人としていないのである。思うに、そういうふつうの身分の者には、それだけの大きな罪をおかすことができなかったからであろう。それだけにまた、それができる身分にあった者たちよりも運がよ

かったことになる。

526 まあ、その点はともかくとして、ぼくが言いたいのは、カリクレス、極度に邪悪な人間は、さきに言ったような権力者たちのなかからこそ出ているという事実なのだ。しかしむろん、そういう権力者たちのなかにもすぐれた人物があらわれていけないといういわれは何もないし、また、もしあらわれたとしたら、そういう人々に対しては大いに感心してしかるべきだろう。なぜなら、カリクレス、不正をおこなおうと思えばいくらでもできる身分にありながら、一生涯正義をまもりとおすということは至難のわざであり、どれだけ褒められてもよいことなのだからね。

しかしそのような人々は、しょせん、ごく少数しかあらわれぬものだ。なるほど、われわれのこの土地にも、よその土地にも、かつてそのような人々がいたことは事実だし、また思うに、将来においても、人から託されたものをなんでも正しく取り扱わずにはおかぬ立派な徳性をそ
b なえた人物は、きっと何人か出ることであろう。げんに一人、よその国のギリシア人たちにまでも大いにその名声がひろまった者もいる。リュシマコスの子アリステイデス(3)がそれだ。

しかしながら、まずたいていのばあいは、よき友よ、権力をもった人たちというものは悪しき人間となるのがつねなのだ。

(1) ホメロス『オデュッセイア』第一一巻五七六〜六〇〇行参照。

タンタロスはゼウス神とニュンペの間に生まれた子で、リュディア国王。死後冥界において、罰により、ひどくのどがかわきながら、あごまで水につけられ、その水を飲もうとするとなくなって、飲むことができない。またひどい空腹になやまされながら、頭上にさがる果実をとろうとすると空へはね上がってしまう。犯した罪については、いろいろの説があってはっきりしない。

シシュポスはコリントス市の創建者。狡猾《こうかつ》で名高く、ゼウスの秘密をあばいたために、冥界において、石を坂の頂上まで押し上げる刑罰を与えられた。石が頂きに達しようとすると転がり落ち、いつまでもそれをくり返す。

ティテュオスはガイア（大地）の子。巨人。ゼウスの后《きさき》レトに乱暴した罰として、死後冥界において、二羽の禿鷹《はげたか》に肝臓をついばみつづけられる。

（2）身分卑しく、下品で醜く、指揮官に悪態をつく男。『イリアス』第二巻二一二行以下に出てくる。

（3）前五二〇～四六八年ころ、廉直と公正と愛国心で聞こえた民主派の政治家、将軍。

82

そこで、さっき話していたことにもどると、上に述べたように、かのラダマンテュスが右のような人間をだれかつかまえたとき、その人間に関するほかのことがらは、それが何者であるかということも、どんな家柄の出であるかということも、いっさいラダマンテュスの知るところではない。ただ、邪悪な人間であるという事実だけがはっきりと彼にわかるのである。この点を見とどけたならば、ラダマンテュスは、治癒の見込みがあるかないかの裁定を示す標識をつけたうえで、この人間をタルタロスへ送る。そして、その人は、そこへ行きついたのち、そ
c のような人間にふさわしい仕置きを受けるのである。

　しかし、ときにはまた、別の魂をしらべてみて、それが神の意にしたがい真実を守りながら一生を送った魂であることを見てとることもある。それは、ふつう一般の人の魂であるばあいもあるし、他のだれかの魂であるばあいもあるが、しかしぼくは、ここでつよく主張したいのだ、カリクレスよ。それは、とりわけ他の何者にもまして、知を愛し求めてきた哲学者の魂、その生涯においてみずからの本分を守り、よけいなことには手出しをしなかった哲学者の魂であることを。このような魂を見ると、ラダマンテュスは、心をよろこばせて、これを幸福者たちの島へ送ってやる。

　同じくこのようにして、アイアコスもまた、彼のつとめをはたす。裁く彼らはそれぞれに職務を示す杖《つえ》を手にもつ。他方、ミノスは、監督としてことのしだいを見まもりながらその席に
d 坐り、ひとり彼のみが黄金の笏《しゃく》をたずさえる。それは、ホメロスがうたうところの、オデュッセウスが彼ミノスの姿を目にしたと言ってその様子を述べるときの描写そのままである。すなわち、いわく——

黄金の笏を手にしつつ　死者らに裁きを与える

……ミノスを[1]、と。かくして、このぼくは、カリクレスよ、これらの話をかたく信じて疑わない者だ。そして、どうすれば裁判官に自分の魂をできるだけ健全な魂として示すことになるだろうかと、もっぱらそのことを考えているのだ。

だからぼくは、世の多くの人々の評価を気にかけるのはやめて、ただ真実を身につけることを習いながら、生きているあいだも、死ぬ時が来たら死んでゆくときも、ぼくの力のおよぶかぎり、ほんとうの意味ですぐれた善き人間であるようにつとめたいと思っている。

e そして、ぼくにできる範囲内で、他のすべての人々にも、そうするように勧めるつもりだが、とくに君に対しては、さきの君の勧めへのお返しの意味をこめて、この生き方をともにし、この競争に参加するように勧めたい。この競争こそは、ぼくをして言わしむれば、この地上でおこなわれるありとあらゆる競争の全部にも匹敵するだけの価値があるものなのだ。

また、ぼくは、さきの君の非難へのお返しとして、ここで君を非難したい。ぼくがさっき話したような裁判と判決に君がのぞむとき、君は「自分自身を守る」ことができないだろうと。
527 いや、君が裁判官のもとへ、あのアイギナの子（アイアコス）のもとへ行ったとき、彼が君をつかまえて引き立てようとするにおよんで、かの世における君は、この世におけるぼくにすこしも劣らず、「ただ大口をあげて、なすすべもなく茫然としている」ことだろうと。そしておそらく、だれでも、君に対して「横っ面に一撃くらわせ」て面目を踏みにじり、また、あらゆるやり方で侮辱を加えることだろうと。

（1）『オデュッセイア』第一一巻五六九行からの引用。

83

さて、たぶん君は、こうした話を老婆が語って聞かせる物語ぐらいに思って、これを軽蔑するかもしれない。またじじつ、もしわれわれがこれよりも立派な、もっと真実性に富んだ話をなんとか探して見いだすことができているのであれば、いまの話の内容を軽蔑したとしてもべつにふしぎはないであろう。しかしじっさいには、君たちが三人かかっても、それも、当代に
b
おけるギリシアきっての知者であるところの君とポロスとゴルギアスがそろっているというのに、これ以外の別の生き方をしなければならぬとは証明することができないでいるのだ。しかも、この生き方たるや、かの世においてまでも有利であることが明らかにされているではないか。いや、これだけの長い議論のあいだに他の説がつぎつぎと反駁打破されてゆくなかにあっ

て、ただ一つこの言説だけがびくとも揺るがずに残っているのだ。その説は、つぎのように告げる。

人は、自分が不正を受けることを警戒するよりも不正をはたらくことのほうを警戒して避けなければならぬ。人間がなににもまして心がけねばならぬのは、公私いずれにおいても、すぐれた人間だと思われることではなく、じっさいにすぐれた人間であるということだ。しかし、もし人がなんらかの点で悪しき人間となったならば、かならず懲らしめを受けなければならぬ。そして、そのことこそは、正しい人間であることについで第二番目に善きことなのである。す
c なわち、懲らしめられて罰を受け正しい人間となることが。また、あらゆるおべっかは、それを向ける相手が自分自身であれ他人であれ、少数の人間であれ大勢の人間であれ、すべてこれを避けなければならぬ。そして、弁論術もこのように、つねに正しいことに役だてるためにこそ用いなければならぬ。他のすべての行為と同じように。

されば、君よ、このぼくの言うことにしたがって、わが目ざす方へと、ともについて来たまえ。その目標にたどり着いたならば、君は生きているあいだも、この世を終えてからも、きっと幸福にすごすことができるだろう。それは議論が示しているところなのだ。

そして、もしだれかが君を愚か者よと軽蔑するなら、軽蔑させておくがよい。侮辱を加えたいとだれかが思うのなら、勝手に侮辱を加えさせるがよい。また、ゼウスに誓って、例の不名

d 誉な一撃を君にくらわせるというのなら、君よ、心を安んじてその一撃を受けたまえ。もし君が徳をおさめて真に立派ですぐれた人間となっているならば、君が受けるそのような仕打ちはなんら恐るべきものではないのだから。

そして、そのうえで、われわれがあいともにそのようにして徳をおさめたならば、そのときになってはじめて、もしそうすべきだと思われるなら、国家社会に関する仕事に乗りだすのもよいだろうし、あるいは、どのようなことでも、われわれの思うところにしたがって自分たちの案を立てればよいのだ。

とにかく、それは、われわれがいまよりも、もっとそうするだけの能力をもつ、すぐれた人間となってからでなければならぬ。なぜなら、われわれがいまみずから暴露しているような状態にありながら、それでいてなにかひとかどの者であるかのように競《きお》いたつのは、まことに見苦しいことなのだから。げんに、われわれは、同じことがらについて考えながら、それも、最
e も重大なことが問題にされているというのに、一度たりとも同じ見解を保てなかったではないか。われわれの無教養ぶりはそれほど情けないところまできているのだよ。

だから、われわれは、いまここに明らかにあらわれた言説《ロゴス》を、われわれに与えられた先達として受け入れることにしようではないか。それは、われわれに対して、こう啓示しているのだ。正義をはじめ、そのほかの徳をおさめつつ、かつは生き、かつは死ぬという、このような人生

のあり方こそが最もすぐれたものであると。

さらばよし、われわれはこの言説の導きにしたがおうではないか。そして、ほかの人々をも、そうするようにいざなおうではないか。われわれがしたがわなければならぬのは、君が信じてこのぼくに勧めているような、あんな言説ではない。あれは、なんの価値もないものなのだからね、カリクレス。

関係年譜

前四六九年

ソクラテス *Σωκράτης* アテナイ東郊外のアロペケ区で生まれる。アテナイは、ペルシア戦役後の前四七八年に結成されたデロス同盟の盟主として、二百余の同盟諸国に君臨する実質上の大帝国となり、地中海世界における軍事・政治・経済の中心地となりつつあった。

各種の知識人がアテナイを訪れるようになり、アテナイが「ギリシアの学校」と呼ばれるようになっていったのも、このころからである。哲学の舞台はイオニアとイタリアの地方にあって、地理的にその中間にあるアテナイは哲学の本流からはずれており、アテナイ生まれの哲学者は、まだあらわれていなかった。

前四六一年　（ソクラテス八歳）

このころから政治家ペリクレスの勢力が強くなり、以後、前四二九年まで、民主制下のアテナイは「ペリクレス時代」と呼ばれる黄金時代を迎える。

前四三一年　（ソクラテス三十八歳）

ペロポンネソス戦争が始まり、以後断続しながら二十七年間つづく。この戦争は、一時代まえのペルシア戦争のようにはなばなしく単純な戦争ではなく、国内の党派間の闘争が対外戦とからみあい、複雑で苛酷《かこく》な様相を呈した。この戦争について不朽の史書を残したトゥキュディデスによれば、この戦争は「人間の性質が同じであるかぎり、これからさきもつねに起こりつづけるであろうような多くの苛酷な禍《わざわ》い」を生み、

「人々の品性を改変せしめる、有無を言わせぬ荒々しい教師」であった（第三巻八二節）。ソクラテスの後半生と、この四年後に生まれるプラトンの青少年時代は、ペロポンネソス戦争と重なっている。

前四二九年　（ソクラテス四十歳）

ペリクレス死す。アテナイの盛運も峠を越して、しだいにくだり坂に向かう。

前四二七年　（ソクラテス四十二歳）

プラトン *Πλάτων* アテナイに生まれる。生年についていろいろと異説はあるが、前二世紀の学者アポロドロスの『年代記』によると、生まれたのは、「第八十八回オリュンピア祭年の第一年目、タルゲリオン月の七日」とあり、これは前四二八／七年にあたる。「タルゲリオン」というのは五月のことで、今日の暦では十一月に相当する。この年、弁論術の大家ゴルギアスが、シケリア島レオンティノイからの使節代表として、初めてアテナイを訪れ、その雄弁は人々に強い感銘を与え、青年たちを魅惑したと言われている。

前四二四年　三歳（ソクラテス四十五歳）

この年、ソクラテス、ボイオティア地方東端の要地デリオンの占領作戦に従事。作戦は失敗に帰し、いったん占領したアテナイ軍はまたすぐに退却を余儀なくされた。この退却にさいしてソクラテスは殿《しんがり》をつとめて、沈着の勇を示したと言われる。このときのソクラテスの兵種は重甲兵で、これは一定の財産がなければなれなかった兵種であるから、のちに貧乏になった彼も、このころはまだ親ゆずりの財産をもっていたものと思われる。

前四二三年　四歳（ソクラテス四十六歳）

ソクラテスを主要登場人物とする喜劇作品、アリストパネスの『雲』が上演される。

前四二一年　六歳（ソクラテス四十八歳）

前年の北部ギリシアにおけるアテナイ・スパルタ軍の衝突により、両陣営の積極的戦争指導者が戦死し、両国間に和平交渉がすすめられて、いわゆる〈ニキアスの講和〉が成立する。この年までがペロポンネソス戦争の第一期とされる。

前四一五年 十二歳（ソクラテス五十四歳）

アテナイはシケリア島に遠征軍を送って、人的にも物的にも大打撃を受けた。アテナイが衰運に向かう転機となる。

前四〇七年 二十歳（ソクラテス六十二歳）

二十歳のプラトンは、悲劇の競演に参加しようとしていたとき、ソクラテスと初めて会って、そのことばに触れ、おのれを恥じて、自分の悲劇作品を火中に投じたという言い伝えがある（ディオゲネス・ラエルティオスの史書第三巻五～六節）。これはたしかに、ソクラテスとプラトンという大きな〈出会い〉にふさわしい情景であるかも知れない。しかし事実は、これほど劇的であったとは考えられない。おそらく、プラトンは幼少のころから身内の年長者たちとともにソクラテスと接触し、ソクラテスの影響は、目だたぬながらも、確実にプラトンの柔らかい魂に植えつけられていたと考えるべきであろう。

前四〇六年 二十一歳（ソクラテス六十三歳）

ソクラテスが、政務審議会の執行委員となり、アルギヌゥサイ島沖の海戦における漂流者放置の責任を問われた十人の軍事委員に対する違法の措置に最後までただ一人反対した（『ソクラテスの弁明』32a～b参照）。

前四〇四年 二十三歳（ソクラテス六十五歳）

アテナイの無条件降伏によって、三十年近くにわたったペロポンネソス戦争は終結した。亡命していたクリティアスらが帰国。彼を首領として三十人の委員会が結成されたが、クリティアスはスパルタの勢力と結んで、これを実質上の寡頭独裁政権たらしめる。

前四〇三年　二十四歳（ソクラテス六十六歳）

国外へ逃れていたアニュトスやカイレポンを含む人々は、隣国テバイにあって、トラシュブロスの指導のもとに三十人政権に対する武力抵抗団を組織し、アテナイの外港町ペイライエウスに進出、クリティアスの軍と対戦し、これを破った。クリティアスの独裁政権が崩壊して、民主制が回復する。

前三九九年　二十八歳（ソクラテス七十歳）

ソクラテスは、民主派の首領アニュトスや弁論家リュコンを後《うし》ろ楯《だて》とするメレトスという青年によって、アテナイの法廷に告発された。ソクラテスは有罪ときまり、さらに刑の決定において、原告側の主張していた死刑が票決される。一ヵ月後、毒杯を仰いで刑死した。

プラトンの回復しかけていた実際政治への参加の意欲は、これによってふたたび大きな打撃を受ける。以後約十二年間、〈遍歴時代〉と呼ばれる時代にはいってゆく。

前三九五年　三十二歳

アテナイ、テバイ、アルゴス、コリントスなどが、スパルタに対抗して同盟を結び、やがてコリントスの戦いがはじまる。プラトンはこれに騎兵として参加したと伝えられる。

前三九二年　三十五歳

イソクラテスがアテナイに学校を開き、弁論術を中心とした教育活動をはじめる。その教育理念を織りこんだ『ソフィストを駁《ばく》す』が、二年後、前三九〇年に公表される。

前三八七年　四十歳

遍歴時代の締めくくりとして、イタリアおよびシケリア島へと旅をした。帰国後、学園「アカデメイア」を創設。

前三六七年　六十歳

シュラクサイのディオニュシオス一世が死去し、その大帝国がディオニュシオス二世の手に遺されることになった。二十年前にプラトンがその地で知りあった愛弟子ディオンは、プラトンの理想に沿った国制改革をこの強大な国に実現したいと望み、若き君主ディオニュシオス二世の教育のために、プラトンの渡航を熱心に懇望してきた。プラトンはいろいろとためらったが、「哲学と友情」を裏切ることはできないと考え、意を決してシケリアへ赴く。しかし、プラトンの到着後四ヵ月後に、ディオンは王権への陰謀のかどで国外に追放され、プラトンは、ディオニュシオス二世になかば強制的に引き止められて、約一年間滞在したのちアテナイへ帰国した。

このころ、アリストテレス（当時十七歳）が北部ギリシア、カルキディケ地方の都市スタゲイラからアテナイへ出て、アカデメイアに入門している。彼はその後、プラトンの死去するまで二十年間をアカデメイアで過ごすことになる。

前三六一年　六十六歳

シュラクサイのディオニュシオス二世が、再度プラトンの来訪を懇望してくる。しかし、老齢をおして、三たびシケリアへ渡航したプラトンの前には、さらに不幸な結果が待っていた。追放中のディオンの財産問題をめぐってディオニュシオス二世とのあいだで話がこじれて、ディオンは逮捕され、プラトン自身も監禁されて、生命すら危うくなった。プラトンは、事の次第を、知友となっていたタラスのアルキュタスにしらせ、アルキュタスの外交手段によって、ようやく救出されて、前三六〇年、アテナイに帰国する。

前三五九年　六十八歳

ピリッポスが、マケドニアの王位につく。このころから、しだいにマケドニアの勢力が擡頭《たいとう》しはじめる。

前三五七年 七十歳

ディオンが、アカデメイアの学徒などの応援をうけて、シュラクサイを強襲し、占領する。ディオニュシオス二世は国外に退去し、ディオンは一時シュラクサイの政権をにぎる。プラトンは、いろいろの情報を受けながら事のなりゆきを心配し、ディオンやその仲間、あるいはディオニュシオス二世などに手紙を送って、忠告をつづけている。

前三五六年 七十一歳

のちのマケドニアの大王アレクサンドロス生まれる。

前三五三年 七十四歳

シュラクサイの政情は安定せず、この年、ディオンは暗殺される。

前三四七年 八十歳

プラトン死す。キケロによれば、「書きながら死んだ scribens est mortuus」(*Cato*, 1. 58) とされ、ディオゲネス・ラエルティオスの史書によれば「婚礼の宴において死んだ」(第三巻二節) と伝えられるが、他にもいくつかの違った伝承があり、つまびらかでない。アカデメイアの構内に葬られ、学頭は、甥《おい》のスペウシッポスが継いだ。

アリストテレスは、これを転機にアテナイを去り、同門のクセノクラテスとともに小アジア地方のアッソスに移り住む。

タ　行

ナ　行

ハ　行

マ　行

ラ　行

〔固有名〕

マ　行

ヤ　行

ラ　行

タ　行

ナ　行

ハ　行

サ　行

カ　行

索　引

以下の索引は、本書に収めた各対話篇の事項・固有名のうち重要項目に限ってまとめた。各篇の略号は、①＝『ソクラテスの弁明』、②＝『クリトン』、③＝『ゴルギアス』とする。該当箇所は、ステファヌス版によるページ数と段落づけをもって示す。＊印は、その事項に訳注のあることを、太数字は、とくに重要な箇所であることを示す。〔 〕内は、原語の読みまたは意味を表わす。なお、ここでは、固有名以外のギリシア語の表記は、必ずしも本文における表記法にはよらずに長音記号を付した。

〔事　項〕

ア　行

中公
クラシックス
W14

ソクラテスの弁明《べんめい》 ほか
プラトン

2002年1月10日初版
2025年2月15日13版

訳 者 田中美知太郎
藤 澤 令 夫

発行者 安 部 順 一

印 刷 TOPPANクロレ
製 本 TOPPANクロレ

発行所 中央公論新社
〒100-8152
東京都千代田区大手町 1-7-1
電話 販売 03-5299-1730
編集 03-5299-1740
URL https://www.chuko.co.jp/

訳者紹介

田中美知太郎（たなか・みちたろう）
1902年（明治35年）新潟県生まれ。京都帝国大学文学部哲学科選科修了。京都大学教授、退官後は名誉教授。文化勲章受章。著書に『ロゴスとイデア』『哲学初歩』『プラトン』『田中美知太郎全集』。1985年死去。

藤澤令夫（ふじさわ・のりお）
1925年（大正14年）長野県生まれ。京都大学文学部哲学科卒。九州大学助教授などを経て京都大学教授。退官後、京都国立博物館長をつとめた。著書に『ギリシア哲学と現代』『プラトンの哲学』『藤澤令夫著作集』ほか。2004年死去。

©2002 Michitaro TANAKA / Norio FUJISAWA
Published by CHUOKORON-SHINSHA, INC.
Printed in Japan ISBN978-4-12-160022-6 C1210

定価はカバーに表示してあります。
落丁本・乱丁本はお手数ですが小社販売部宛お送りください。
送料小社負担にてお取替えいたします。

●本書の無断複製（コピー）は著作権上での例外を除き禁じられています。また、代行業者等に依頼してスキャンやデジタル化を行うことは、たとえ個人や家庭内の利用を目的とする場合でも著作権法違反です。

■「終焉」からの始まり
――『中公クラシックス』刊行にあたって

二十一世紀は、いくつかのめざましい「終焉」とともに始まった。工業化が国家の最大の標語であった時代が終わり、イデオロギーの対立が人びとの考えかたを枠づけていた世紀が去った。歴史の「進歩」を謳歌し、「近代」を人類史のなかで特権的な地位に置いてきた思想風潮が、過去のものとなった。

人びとの思考は百年の呪縛から解放されたが、そのあとに得たものは必ずしも自由ではなかった。固定観念の崩壊のあとには価値観の動揺が広がり、ものごとの意味を考えようとする気力に衰えがめだつ。おりから社会は爆発的な情報の氾濫に洗われ、人びとは視野を拡散させ、その日暮らしの狂騒に追われている。株価から醜聞の報道まで、刺戟的だが移ろいやすい「情報」に埋没している。応接に疲れた現代人はそれらを脈絡づけ、体系化をめざす「知識」の作業を怠りがちになろうとしている。

だが皮肉なことに、ものごとの意味づけと新しい価値観の構築が、今ほど強く人類に迫られている時代も稀だといえる。自由と平等の関係、愛と家族の姿、教育や職業の理想、科学技術のひき起こす倫理の問題など、文明の森羅万象が歴史的な考えなおしを要求している。今をどう生きるかを知るために、あらためて問題を脈絡づけ、思考の透視図を手づくりにすることが焦眉の急なのである。

ふり返ればすべての古典は混迷の時代に、それぞれの時代の価値観の考えなおしとして創造された。それは現代人に思索の模範を授けるだけでなく、かつて同様の混迷に苦しみ、それに耐えた強靭な心の先例として勇気を与えるだろう。そして幸い進歩思想の傲慢さを捨てた現代人は、すべての古典に寛く開かれた感受性を用意しているはずなのである。

（二〇〇一年四月）

中公クラシックス既刊より

法の哲学ⅠⅡ

ヘーゲル
藤野渉／赤沢正敏訳
解説・長谷川宏

「ミネルヴァの梟は黄昏を待って飛翔する」。哲学を指すこの有名なフレーズは、ヘーゲル最後のこの主著の中に出てくる。法とは正義のこと、本書はまさしく社会正義の哲学といえる。

大衆の反逆

オルテガ
寺田和夫訳
解説・佐々木孝

近代化の行きつく先に、必ずや「大衆人」の社会が到来することを予言したスペインの哲学者の代表作。「大衆人」の恐るべき無道徳性を鋭く分析し、人間の生の全体的立て直しを説く。

死にいたる病 現代の批判

キルケゴール
桝田啓三郎訳
解説・柏原啓一

絶望という病根にこれほど深くメスを加え、これをえぐり出した書物は他に類がない。そしてその絶望や不安から脱する道、自己回復の道をさし示した本書は、実存思想の始点となった。

意志と表象としての世界ⅠⅡⅢ

ショーペンハウアー
西尾幹二訳
解説・鎌田康男

ショーペンハウアーの魅力は、ドイツ神秘主義と18世紀啓蒙思想という相反する二要素を一身に合流させていたその矛盾と二重性にある。いまその哲学を再評価する時節を迎えつつある。

中公クラシックス既刊より

方法序説ほか
デカルト
野田又夫ほか訳
解説・神野慧一郎
「西欧近代」批判が常識と化したいま、デカルトの哲学はもう不要になったのか。答えは否である。現代はデカルトの時代と酷似しているからだ。その思索の跡が有益でないわけはない。

省察　情念論
デカルト
井上庄七ほか訳
解説・神野慧一郎
デカルト道徳論のかなめは欲望の統御にあり、「高邁」の精神こそはあらゆる徳の鍵である。形而上学的次元における心身二元論と日常的次元における心身合一とをつなぐ哲学的探究。

存在と時間ⅠⅡⅢ
ハイデガー
原佑／渡邊二郎訳
解説・渡邊二郎
現代哲学に絶大な影響を与えつづける巨人ハイデガーは、１９２７年に刊行された本書の斬新で犀利な問題提起によって、20世紀の哲学界に激流を巻き起こす衝撃的地点に立つことになった。

パンセⅠⅡ
パスカル
前田陽一／由木康訳
解説・塩川徹也
近代ヨーロッパのとば口に立って、進歩の観念を唱導し良心の自由を擁護しながら、同時に合理主義と人間中心主義の限界と問題性に鋭い疑問の刃を突きつけた逆説的な思想家の代表作。

中公クラシックス既刊より

人性論
ヒューム
土岐邦夫／小西嘉四郎訳
解説・一ノ瀬正樹

ニュートンの経験的実証的方法を取り入れ、日常的な経験世界の観察を通して人性の原理を解明し、その人間学の上に諸学問の完全な体系を確立しようとした。イギリス古典経験論の掉尾を飾る書。

エネアデス（抄）ⅠⅡ
プロティノス
田中美知太郎ほか訳

世界、あるいは全存在の構造を認識したいとする欲求と自己を至高のものへ同一化したい憧憬…「すべてのものの上にある神に近づき、合一する」ことを願った哲学書。

悲しき熱帯ⅠⅡ
レヴィ＝ストロース
川田順造訳・解説

文化人類学者による「未開社会」の報告はおびただしい数にのぼるが、この本は凡百の類書をはるかに超える、ある普遍的な価値にまで達した一個の作品としての通用力をもっている。

語録　要録
エピクテトス
鹿野治助訳
解説・國方栄二

古代ローマの哲人エピクテトスは奴隷出身でストア派に学び、ストイックな思索に耽るがその思想行動の核は常に神の存在だった。平易な言葉で人生の深淵を語る説得力を持つ。

中公クラシックス既刊より

西洋の没落ⅠⅡ
シュペングラー
村松正俊訳
解説・板橋拓己
百年前に予見されたヨーロッパの凋落。世界史を形態学的に分析し諸文化を比較考察、第一次世界大戦中に西欧文化の没落を予言した不朽の大著の縮約版。

仏教の大意
鈴木大拙
解説・山折哲雄
昭和天皇皇后両陛下のための講演を基に大智と大悲という二つのテーマでわかりやすく構成される本書は、『日本的霊性』と並ぶ大拙自身の言葉で語る仏教の核心に迫る主著。

禅仏教入門
鈴木大拙
増原良彦訳
解説・ひろさちや
禅とは何か？　禅は虚無的か？　禅を世界に知らしめた、英文でかかれた画期的作品を学生だったひろさちやが邦訳。半世紀を経て校訂し、新たな解説をつけて甦る。

墨子
金谷治訳
解説・末永高康
侵略戦争を否定する「非攻」。自己と同じように他者を愛することを説く「兼愛」。儒家と思想界を二分する勢力を誇りながら、統一王朝の出現とともに急速に消えていった集団の特異な思想の全貌。